Die Staaten des Deutschen Bundes 1848/1849

VdN

Gunther Hildebrandt

Die Paulskirche

Parlament in der Revolution 1848/49

Verlag der Nation
Berlin

ISBN 3-373-00069-6

1. Auflage 1986

Lizenznummer: 400/73/86
LSV 0269
Lektor: Gisela Donath
Technische Mitarbeit: Marga Lippert
Gesamtgestaltung: Manfred Damaszynski
Satz und Druck: VEB Druckhaus Köthen
Buchbinderische Verarbeitung:
VEB Druckhaus «Maxim Gorki», Altenburg
Bestell-Nr. 696 766 3
01480

Bildnachweis: Archiv des Autors 19; Deutsche Fotothek Dresden 6; Dietz-Verlag 4; Institut für Marxismus-Leninismus 2; Museum für Deutsche Geschichte 1; Museum für Geschichte der Stadt Leipzig 3; Stadtarchiv Berlin 3

Reproduktionen: Renate und Horst Ewald, Berlin

Was verkörperte und was wollte die Frankfurter Nationalversammlung, das erste bürgerliche Nationalparlament in Deutschland – angetreten und untergegangen im Ringen um den gesellschaftlichen Fortschritt?

Diese Versammlung entstand in den Frühlingstagen der Revolution von 1848, und sie blieb auch deren ureigenstes Kind. Es war ihr bestimmt, zur revolutionären Überwindung des reaktionären Systems der Fürsten- und Adelsherrschaft in Deutschland beizutragen, dazu bestanden reale Möglichkeiten. Und es gebrach diesem Parlament, wenigstens anfänglich, auch nicht an der politischen Autorität, «den Herren ‹von Gottes Gnaden› den Daumen aufs Auge zu setzen ... und dem deutschen Volke endlich einmal Genugtuung und Recht zu verschaffen». (Friedrich Engels)

Was geschah damals in der Paulskirche?

Wie wurde dieses Parlament den Erwartungen des Volkes gerecht und den Chancen, die sich ihm boten?

Der Weg zur Paulskirche

Heinrich Hoffmann von Fallersleben

Uralte Nationalhymne

(1844)

Was ist des Deutschen Ehr' und Ruhm?
Was nennet er sein Eigentum?
Verfassung zeitgemäß und fest,
Die sich nicht untergraben läßt?
O nein, o nein, o nein, o nein!
Sein ist die Hoffnung nur allein.

Was ist des Deutschen Ehr' und Ruhm?
Was nennet er sein Eigentum?
Wohl freies Wort und freien Sang?
Und nirgend Lehr- und Glaubenszwang?
O nein, o nein, o nein, o nein!
Sein ist die Hoffnung nur allein.

Was ist des Deutschen Ehr' und Ruhm?
Was nennet er sein Eigentum?
Wohl mündlich öffentlich Gericht?
Wohl gleiches Recht, Geld, Maß, Gewicht?
O nein, o nein, o nein, o nein!
Sein ist die Hoffnung nur allein.

Was ist des Deutschen Ehr' und Ruhm?
Was nennet er sein Eigentum?
Wohl freien Handel und Verkehr
Im deutschen Land und übers Meer?
O nein, o nein, o nein, o nein!
Sein ist die Hoffnung nur allein.

Was ist des Deutschen Ehr' und Ruhm?
Was nennet er sein Eigentum?

Wohl deutscher Länder Einigkeit?
Daheim und draußen Sicherheit?
O nein, o nein, o nein, o nein!
Sein ist die Hoffnung nur allein.

Erhalt uns, Gott, dies letzte Gut.
Den frischen, frohen Hoffnungsmut!
Daß nie das deutsche Herz erschlafft,
Und freudig strebt und wirkt und schafft.
Daß kommen mag, daß kommen mag
Für Deutschland bald ein Ostertag!

Der preußische Außenminister Canitz hatte noch am 13. März 1848, als sich auch in Preußen das Wetterleuchten der bevorstehenden Revolution ankündigte, die Einberufung einer parlamentarischen Volksvertretung für undenkbar erklärt. Der hochnäsige und unnachgiebige Aristokrat befürchtete, mit der Konstituierung eines vom Volke gewählten Parlamentes würde das alte halbfeudale System zusammenbrechen. Er und seinesgleichen waren nicht bereit, hierzu ihre Zustimmung zu geben. Bereits kurze Zeit später hatte sich die Lage geändert.

Wie ein Frühlingssturm war die Revolution über ganz Europa hinweggebraust. In Frankreich, Deutschland, Italien, Polen, Ungarn, den tschechischen Ländern – überall zeigten sich Vorboten eines wahrhaften Völkerfrühlings. Von Südwestdeutschland ausgehend, hatte die Märzrevolution nahezu alle deutschen Einzelstaaten erfaßt und in Preußen und Österreich ihren Höhepunkt erlebt.

Vor allem in Preußens Hauptstadt ereignete sich zwischen dem 13. und dem 18. März Entscheidendes. Militär hielt Schloß und Zeughaus besetzt, an mehreren Orten der Stadt standen Kanonen, in den Straßen patrouillierte Kavallerie. Brutal ging das Militär gegen friedliche Kundgebungen vor. Unruhe und Spannung wuchsen, nachdem Nachrichten über den Volksaufstand in Wien bekannt geworden waren. Am 14. März hatte der König erstmalig eine Abordnung des Magistrats und der Stadtverordneten empfangen. Der Volkszorn auf den Militärterror entlud sich in den Straßen des Stadtzentrums. Am 17. März tagten in verschiedenen Stadtbezirken Volks- und Bürgerversammlungen. Dort wurde beraten, auf welche Weise man das reaktionäre Ministerium zum Abtreten zwingen könnte und wie die Volksbewaffnung durchzusetzen sei. Unter dem Druck der Volksbewegung mußte die preußische Staatsführung ihre Ignoranz aufgeben. Am 18. März hatten Arbeiter, Handwerksgesellen und Studenten in Berlin einen revolutionären Sieg errungen, und dem preußischen König war die Angst derart in die Glieder gefahren, daß selbst ihm, der bis dahin jede Form von Parlamentarismus strikt ablehnte, Worte wie «Nationalrepräsentation» flott vom Munde gingen. Andere deutsche Fürsten, wie der Großherzog von Baden, der Kurfürst von Hessen-Kassel und der Herzog von Nassau hatten ihrer Bourgeoisie bereits Anfang März einen Teil der Macht abtreten müssen und der Einberufung eines nationalen deutschen Parlaments zugestimmt.

Das aristokratisch-monarchische System in Preußen und in ganz Deutschland war in den Tagen und Wochen nach dem 18. März 1848 gelähmt. Um dieses System zu retten und Zeit zu gewinnen, spielten sich Reaktionäre auf einmal als Anhänger des Fortschritts auf. Der Hohenzollernkönig ließ sich – wie die meisten seiner dreiunddreißig Standesgenossen – zu einigen großen Gesten und äußerst bescheidenen Zugeständnissen herbei.

Am 21. März begab er sich, dekoriert mit den Farben Schwarz-Rot-Gold, auf einen Umritt durch die Straßen Berlins. Er berief den stockkonservativen Grafen Arnim-Boitzenburg zum neuen Ministerpräsidenten. Schließlich sprach sich der preußische König für die Einsetzung einer gesamtdeutschen Ständevertretung aus. Nicht das Volk sollte zur Wahl aufgerufen, sondern die einzelnen Landtage zu einer Art Gesamtlandtag zusammengefaßt werden. Über Konzessionen solcher Art war die Entwicklung in den Märztagen 1848 jedoch längst hinweggeschritten. Schon im Vormärz hatten Vertreter der Bourgeoisie und des Volkes nach einem demokratisch gewählten nationalen Parlament verlangt.

Die Märzrevolution hatte einer souveränen Volksvertretung und nicht einem Parlament von fürstlichen Gnaden den Weg gebahnt. Energischer als je zuvor forderten Bourgeoisie und Volk jetzt die Einberufung eines Parlamentes, dem alle deutschen Staaten angehören sollten. «Nationalrepräsentation, aus der freien Wahl der Nation, ohne Unterschied des Standes, des Vermögens und des Glaubens, hervorgehend», so liest man in einem Flugblatt, das bereits in den ersten Märztagen 1848 in Südwestdeutschland auf Straßen und Plätzen in Windeseile verbreitet worden war.

Am 22. März trifft auf dem Schlesischen Bahnhof in Berlin eine Deputation aus Breslau ein. Sie überbringt dem preußischen König eine Petition, die an erster Stelle das Begehren nach «Urwahlen» – also direkten Wahlen – nennt. Das kämpfende Volk wünscht keine indirekten Wahlen, noch viel weniger die Berufung der Abgeordneten durch die Regierungen. Zwei Tage nach Ankunft der Breslauer Deputation faßt eine Berliner Volksversammlung in den «Zelten», einem traditionellen Versammlungslokal der revolutionären Arbeiter und Handwerker im nördlichen Tiergarten am Spreeufer, ihre Forderungen in dem prägnanten Satz zusammen: «Jeder Preuße ist Wähler und wählbar.»[1] Auch in anderen Zentren der Revolution, im Rheinland, in Sachsen, in Baden, werden in jenen Tagen Erklärungen und Adressen ähnlichen Inhalts verfaßt.

Das Volk erwartet 1848, daß der Scheinkonstitutionalismus der Vormärzzeit überwunden werde. Die Parlamente sollten endlich gegenüber Fürsten und Regierungen souverän werden, die revolutionären Errungenschaften schützen und Gesetze sowie eine Verfassung verabschieden, die den Interessen des Volkes dienten. Bis 1848 verkörperten die einzelstaatlichen Landtage die einzige konstitutionelle Beschränkung der feudalen Herrschaft. Sie besaßen aber nur geringe Machtbefugnisse. Die Kompetenzen der Landtage erschöpften sich im wesentlichen darin, Adressen an die Fürsten und ihre Kabinette zu richten, in denen sie ihre politischen Ansichten in untertäniger Weise kundtaten, nur wenig hatten sie bei der Gesetzgebung und Steuerfestsetzung mitzureden. Sie durften die Könige, Großherzöge oder Kurfürsten lediglich beraten. Mißfiel ihr Votum dem allergnädigsten Alleinherrscher, so konnte er sie auflösen.

Auch der Bourgeoisie in Deutschland lag an einem nationalen Parlament. Am stärksten artikulierte sie sich in den Zentren der Industrie und des Handels, nämlich im Rheinland, in Schlesien, in Sachsen, in Berlin und in den norddeutschen Küstenstädten. Als politischer Wortführer der Industriellen, Handelskapitalisten, Bankiers und Verleger trat vor allem die rheinisch-preußische Bourgeoisie in Erscheinung. Sie forderte die Einigung Deutschlands, um den wirtschaftlichen Fortschritt, vor allem Industrie und Handel voranzubringen. Da sie eine Volksrevolution fürchteten, die vielleicht auch vor ihrem Besitz und Vermögen nicht haltmachte, wünschten die Großbourgeois, das bestehende aristokratisch-monarchische System allmählich in eine bürgerlich-kapitalistische Gesellschaftsordnung umzuwandeln, mit Hilfe von Reformen. Die Bourgeoisie war bereit, sich mit dem Adel zu verständigen und sich zunächst mit einem Teil der politischen Macht zufriedenzugeben.

So befand sie sich bereits als aufstrebende Klasse gleichsam in der Rolle eines jungen Unternehmers, der unbedingt geschäftlichen Erfolg braucht, aber das hiermit verbundene Risiko scheut. Ganz so verhielt es sich auch mit dem von ihr gewünschten Nationalparlament. Eine souveräne, vom Volke direkt gewählte und diesem verantwortliche Versammlung sollte es nicht sein. Die Unternehmer mißtrauten nicht nur direkten Wahlen, sie standen zudem einem allgemeinen Wahlrecht ablehnend gegenüber. Um den Einfluß des Volkes auf das künftige Parlament zu beschränken, wollten sie ärmeren Bevölkerungsschichten – Tagelöhnern, Unterstützungsempfängern – das Wahlrecht verwehren. Das Nationalparlament sollte vor allem die Interessen der Bourgeoisie wahrnehmen, mit den Fürsten und deren Beauftragten über «zeitgemäße» Reformen und über einen beiderseitigen Interessenausgleich verhandeln.

Seit den dreißiger Jahren, in denen die industrielle Revolution in Deutschland voll eingesetzt hatte, war das ökonomische und politische Gewicht der Bourgeoisie mehr und mehr gewachsen. Sie trat jetzt auch als oppositionelle Kraft in Erscheinung, bald stellte sie sich sogar an die Spitze der antifeudalen Opposition. Nunmehr hielt sie die Zeit für gekommen, ihrem Wunsche nach einer nationalen Vertretung

Ausdruck zu verleihen. Karl Theodor Welcker, ein namhafter gemäßigt-liberaler Professor aus Freiburg im Breisgau, hatte 1831 die Einberufung einer parlamentarischen Versammlung gefordert, die allerdings nicht selbständig amtieren, sondern dem Bundestag des Deutschen Bundes lediglich beigeordnet werden sollte.

In den folgenden Jahren verlangten innerhalb des liberalen Lagers immer mehr Stimmen, Preußen müsse die Einigung Deutschlands herbeiführen. 1834 war auf Initiative Preußens der Deutsche Zollverein gegründet worden, dem die meisten deutschen Länder beitraten, Österreich ausgenommen. Damit entstanden günstigere Entwicklungsmöglichkeiten für den Kapitalismus. Preußen verkörperte den wirtschaftlich stärkeren Staat und besaß einen besser funktionierenden Verwaltungsapparat als Österreich.

Bereits im Vormärz erblickten nicht wenige bürgerlichliberale Fabrikanten, Handelskapitalisten und Bankiers in Deutschland in der preußischen Zollpolitik gleichsam die ausgestreckte Hand der Berliner Regierung, in die man nur einzuschlagen brauchte. Eine Versammlung süd- und westdeutscher liberaler Universitätsprofessoren, Unternehmer und Redakteure in Heppenheim bekundete daher am 10. Oktober 1847 ihre Absicht, «auf die Ausbildung des Zollvereins und eine Vertretung seiner Bevölkerung im Zollkongreß durch Notable» hinzuwirken.[2]

Nach der Märzrevolution 1848 war nicht einmal mehr die Mehrheit der liberalen Bourgeoisie – vom Volke ganz zu schweigen – bereit, sich mit einem so gering bemessenen Zugeständnis abzufinden. Ein beratendes Organ beim reaktionären Bundestage oder ein Zollparlament unter der Protektion der preußischen Regierung – dies war jetzt undenkbar geworden.

Auch die liberale Bourgeoisie trat nun für ein vom Bundestag unabhängiges Parlament ein. Ein Parlament, welches auf dem Boden der Revolution entstand, konnte jedoch nur existieren, wenn es diese Revolution unterstützte. Die Bourgeoisie zitterte jedoch vor dem Schreckgespenst eines Revolutionsparlamentes nach dem Vorbild des revolutionären Konvents aus den Zeiten der Französischen Revolution. Die Geschichte des Konvents gab ein Beispiel dafür, wie ein bürgerlich-demokratisches Parlament revolutionäre Macht ausübte und die Monarchie stürzte. Der Konvent hatte mehr als fünfundfünfzig Jahre zuvor mit 361 gegen 360 Stimmen den ehemaligen Bourbonenkönig Ludwig XVI. zum Tode verurteilt. Deshalb setzte die deutsche Bourgeoisie alle Hebel in Bewegung, um das geplante nationale Parlament von Anfang an unter ihre Regie zu bringen. Einerseits mußte der Erfolg der Revolution für das Zustandekommen einer solchen Versammlung genutzt werden, andererseits sollte der Einfluß der demokratischen Kräfte auf die Zusammensetzung und die Politik dieses Parlamentes von vornherein beschränkt bleiben.

In Heidelberg, auf dem Territorium jenes Staates, wo die Revolution in den Märztagen 1848 zuerst eine Bresche geschlagen hatte, versammelten sich am 5. März 1848 einundfünfzig Vertreter der antifeudalen Opposition. Die meisten von ihnen waren gemäßigte Liberale, bürgerliche Unternehmer, Regierungsbeamte, Professoren, unter ihnen der hessendarmstädtische Minister Heinrich von Gagern, der Mannheimer Verlagsbuchhändler Friedrich Daniel Bassermann, die Historiker Gottfried Gervinus und Ludwig Häusser, der Aachener Großunternehmer David Hansemann und der bereits erwähnte Karl Welcker.

Das Parlament
Flugblatt
(1848)

Wie Jubel klang's: ein deutsches Parlament,
Ein Parlament in unserm Vaterlande,
Das dreißig Jahr' zersplittert und getrennt
In dreißigfarb'gem Knechtsgewande!
Hurra, mein Volk! der deutsche Morgen tagt,
Du hast für Recht und Pflicht,
Für Wahrheit, Licht
Dein kühnes Schwert gewagt.

Die deutschen Stämme, heißt sein heilig Amt,
Zu einem ein'gen, freien Bund zu führen,
Den Drang, der in Millionen Seelen flammt,
Zu einer ein'gen Glut zu schüren!
Hurra, mein Volk! der freie Morgen tagt,
Wo du mit Hand und Mund
Den freien Bund,
Den freien Kampf gewagt.

Da träumt' ich mir ein trotziges Gesicht,
Ein Volk im Purpur, einen Platz umgattert,
Wo man der Knechtschaft endlich Urteil spricht,
Ein Banner, das auf Königstrümmern flattert;
Hurra, mein Volk, die alte Nacht verflog,
Wie aus des Meeres Flut
Stieg frisch die Glut
Der jungen Freiheit hoch.

Ein jedes Weib hätt' ein Panier gestickt,
Ein jeder Mann hätt' durch die Welt gerufen:
's sind ein'ge Fürsten, die das Volk gedrückt,
Doch ein'ge Völker, die uns Freiheit schufen;
Verkündete mit Lust
Aus freier Brust
Den ersten deutschen Tag.

Doch wie erzürnte sich der deutsche Aar,
Da der Verrat aus jedem Fürstenschopfe
Zu ziehn versucht ein schwachergrautes Haar
Zu einem alten deutschen Kaiserzopfe.
Hurra, mein Volk, der Hecker hat's geahnt,
Er hat das Vaterland
Mit starker Hand
Zu seiner Pflicht gemahnt.

Sieh! ungeduldig harrt die junge Zeit,
Ihr Auge blitzt, ihr Wort verkündet Taten,
Sie hat ihr Schwert dem freien Geist geweiht,
Sie ruft, was schiert mich schwätzerisch Beraten?

Hurra! das Volk ist selbst mein Parlament,
Mein Sitzungssaal das Feld,
Wo für die Welt
Der heiße Kampf entbrennt.

Wer für die Freiheit je sein Leben bot,
Der duldet nicht, daß man ihm Knechtschaft zahle,
Der spritzt den letzten Tropfen frisch und rot
Als letzten Ausschlag in die volle Schale.
Hurra! mein Volk, der deutsche Morgen tagt,
Für Freiheit, Wahrheit, Licht,
Für Recht und Pflicht
Sei unser Schwert gewagt.

Edmund Monecke

Nur wenige Demokraten, wie der Publizist Gustav von Struve und der Rechtsanwalt Friedrich Hecker, nahmen an der Heidelberger Zusammenkunft teil. Sie verlangten vor allem von einem Nationalparlament die Durchsetzung der «Freiheit, gleichviel, in welcher Staatsform sie zu erreichen ist». Sollten sich die Fürsten der Freiheitsbewegung entgegenstellen, dann hatte das Parlament deren Widerstand zu überwinden und wenn nötig zu brechen.

Die in Heidelberg versammelten Liberalen überstimmten jedoch die Demokraten. Sie verabschiedeten zwei Kernsätze: «Die Versammlung», so lautete der erste der beiden Sätze, «einer in allen deutschen Ländern gewählten Nationalvertretung ist unaufschiebbar sowohl zur Beseitigung der nächsten inneren und äußeren Gefahren wie auch zur Entwicklung der Kraft und Blüte deutschen Nationallebens.»[3] «Gemeinschaftlichkeit der Verteidigung und der Vertretung nach außen» galten als wichtigste Aufgabe des Nationalparlamentes, ferner sollte es als «kräftiger Schutzwall» für das «gesamte deutsche Vaterland und die Throne» wirken.[4]

Die Bourgeoisie hielt es einerseits für unabdingbar, dem Drängen des Volkes wenigstens teilweise nachzugeben und ein Parlament zu schaffen, welches die zentralen politischen Aufgaben wahrnahm. Andererseits sollte aber die monarchische Ordnung geschont und nicht zur «Auktion der Fürstenhüte» geschritten werden, wie es in einem damals populären Revolutionslied so treffend hieß.

In Heidelberg wurde ein Siebenerausschuß beauftragt, unverzüglich mit den Vorbereitungen zu beginnen. Diesem Gremium gehörten an: der Frankfurter Rechtsanwalt Binding, Karl Stedtmann, Heinrich von Gagern, der Badenser Karl Welcker – alles gemäßigte Liberale, der Linksliberale Friedrich Römer, seit dem 9. März Minister in Württemberg, der kleinbürgerliche Demokrat Adam von Itzstein und Justus Friedrich Willich. Da die Vorbereitungen für ein Nationalparlament, einschließlich der Wahlen, voraussichtlich Wochen, wenn nicht Monate in Anspruch nahmen, sollte zunächst ein sogenanntes Vorparlament nach Frankfurt am Main einberufen werden. Zwar äußerten einige Liberale, wie Heinrich von Gagern, Bedenken, befürchteten sie doch, die Eröffnung des Vorparlamentes ohne vorherige Verständigung mit den Fürsten und deren Regierungen könnte das künftige Verhältnis belasten. Dennoch entschieden sie sich dafür, dem Druck des Volkes nachgebend.

Das Vorparlament

In vielen hundert Exemplaren gelangte in den Märztagen 1848 die Einladung des Siebenerausschusses für das Vorparlament in nahezu alle Teile Deutschlands. Sie richtete sich vornehmlich an jene Volksvertreter, die, bislang mit schwachen Machtbefugnissen ausgestattet, in den regionalen Landtagen wirkten: Alle «früheren oder gegenwärtigen Ständemitglieder und Teilnehmer an gesetzgebenden Versammlungen in allen deutschen Landen (natürlich Ost- und Westpreußen und Schleswig-Holstein mit einbegriffen)» sollten sich Donnerstag, den 30. März, in Frankfurt am Main versammeln.[5]

Der Einladung folgten vor allem Vertreter der Bourgeoisie – des Besitzbürgertums, der bürgerlichen Intelligenz – und liberal gesinnte Angehörige des Adels, die sich mit der Eisenbahn oder per Postkutsche auf die Reise in die alte Kaiserstadt machten. Aus Preußen reisten zahlreiche Vertreter an. Der Siebenerausschuß hatte hier mit besonderem Nachdruck, sogar mit zusätzlichen Einladungsschreiben, zur Teilnahme am Vorparlament aufgefordert. Der Siebenerausschuß lud nicht ausschließlich frühere Ständevertreter ein, er wünschte außerdem «eine bestimmte Anzahl anderer durch das Vertrauen des deutschen Volkes ausgezeichneter Männer, die bisher nicht Ständemitglieder waren»,[6] heranzuziehen. Auf Initiative des Ausschußmitgliedes von Itzstein erhielten auch Republikaner Einladungen, von denen eine nicht unbeträchtliche Zahl die Reise nach Frankfurt antrat.

An den Höfen der deutschen Fürsten, in Berlin und Wien, in Karlsruhe, Kassel, Darmstadt, vor allem am Sitz der Bundesversammlung zu Frankfurt am Main in der Eschenheimer Gasse, wurden die Vorbereitungen für das Nationalparlament mit größtem Argwohn beobachtet. Die Vertreter der deutschen Fürsten befürchteten, daß die Einberufung einer Nationalversammlung des deutschen Volkes das Ende des Bundestages des Deutschen Bundes bedeuten würde. Deshalb bemühten sie sich, der Konstituierung eines Nationalparlamentes mit eigenen Maßnahmen zuvorzukommen und gaben am 10. März die Anweisung, «Männer des allgemeinen Vertrauens» spätestens bis Ende des Monats mit Vorschlägen für eine Revision der Bundesverfassung zu beauftragen. Als Vertrauensmänner des Bundestags beriefen die Regierungen prominente bürgerliche Liberale, wie die Geschichtsprofessoren Friedrich Dahlmann und Johann Gustav Droysen, Gottfried Gervinus, den Buchhändler Friedrich Daniel Bassermann, den Wiesbadener Ministerialbeamten Max von Gagern (ein Bruder Heinrich von Gagerns), der auch den Vorsitz in dem Gremium übernahm. Diese Männer unterstanden der Bundesversammlung, von ihnen waren keine die Macht der Fürsten gefährdenden Vorschläge zu erwarten. Die Fassade des überlebten aristokratisch-monarchischen Systems sollte lediglich zeitgemäß dekoriert werden.

Die Regierungen in Berlin und Wien luden ferner am 25. März die übrigen deutschen Kabinette zu einer Konferenz nach Dresden ein, um über eine Reform des Bundes und die allgemeine politische Lage zu beraten. Hier wollten die Fürsten und ihre Beauftragten über das weitere Schicksal des

Deutschen Bundes verhandeln, ohne die Stimme des Volkes zu hören. – Mit diesen im Grunde genommen lächerlichen Konzessionen gelang es jedoch nicht, die Vorbereitungen für ein nationales Parlament zu stoppen. Im Gegenteil, diese nahmen ihren Fortgang, und zwar im wesentlichen in der von den Liberalen gewünschten Art und Weise.

Daß Frankfurt zur Parlamentsstadt auserkoren wurde, entsprang der Absicht eines großen Teiles der bürgerlichen Liberalen und kam den Demokraten ebenfalls entgegen. Im Südwesten Deutschlands verfügten nicht nur die Welcker, Gagern und Bassermann über eine zahlreiche Anhängerschaft, hier war auch der revolutionäre Geist besonders lebendig. Mit der Entscheidung für die Mainmetropole dokumentierte 1848 die bürgerlich-parlamentarische Bewegung in Deutschland ihr antifeudales Selbstbewußtsein.

Frankfurt am Main besaß weitere günstige Voraussetzungen, um zur ersten Parlamentsstadt Deutschlands zu werden. Die alte Reichsstadt, in der im Mittelalter deutsche Kaiser gewählt worden waren und in späterer Zeit Kaiserkrönungen stattfanden, hatte sich von jeher Unabhängigkeit gegenüber den deutschen Territorialfürsten bewahrt. Frankfurt galt um die Mitte des 19. Jahrhunderts als wirtschaftlich und politisch bedeutendste Stadt im Südwesten Deutschlands. Wohlhabende und einflußreiche bürgerliche Handelshäuser und Banken, in denen sich der wirtschaftliche Einfluß der aufstrebenden Bourgeoisie ausprägte, hatten ihren Sitz in dieser Stadt. In Frankfurt regte sich ein politisch aktives, zumeist demokratisch eingestelltes Kleinbürgertum.

Am Schnittpunkt alter Handelsstraßen gelegen, war Frankfurt gut zu erreichen. Die Stadt war auf Fremdenverkehr eingestellt, wenn es auch zweifelhaft erschien, ob sie in der Lage sein würde, den zu erwartenden großen Besucherstrom zu bewältigen. Für die Sitzungen des Parlamentes konnte der Rundbau der 1833 fertiggestellten geräumigen und im Zentrum der Stadt gelegenen Paulskirche genutzt werden. Die für den Parlaments- und Parteienbetrieb notwendigen Lokalitäten – Versammlungs- und Klubräume – standen in bekannten Frankfurter Gasthöfen, wie Weidenbusch, Casino, Mainlust, Englischer Hof und anderen zur Verfügung.

Der 1848 besonders zeitig einsetzende Frühling unterstützte die festliche Stimmung, auf die die Mitglieder des Vorparlamentes bei ihrer Reise durch die malerische Landschaft vor allem in den südlicheren Gefilden Deutschlands trafen. Je mehr die Abgeordneten sich Frankfurt näherten, desto öfter gab es Ehrengeleit, Böllerschüsse und Fackelzüge. Frankfurt erstrahlte in hellem Lichterglanz, Straßen und Plätze waren mit den alten Reichsfarben Schwarz-Rot-Gold geschmückt. «Die ganze Bevölkerung», schrieb ein Beobachter, «hatte sich in den Anstalten zum würdigen Festschmuck überboten, jeder, der Geringste wie der Reichste, wurde von dem Gefühl gehoben und getragen, daß das, was jetzt geschehe, der Anfang sei eines neuen Lebens, daß damit gleichsam für das deutsche Volk die Weltgeschichte von Neuem beginne.»[7]

Die Organisatoren des Vorparlamentes hatten an alles gedacht. Das Anmeldungsbüro befand sich im Gasthof Weidenbusch. Hier sowie im Holländischen Hof wurden auch die Karten für Zuhörer ausgegeben. Wegen der starken Nachfrage und des relativ beschränkten Raums erhielten Frauen keine Karten. Am Abend des 30. März brachte das Frankfurter Stadttheater zu Ehren des bevorstehenden Ereignisses «Wilhelm Tell».

Am Morgen des 31. März 1848, um halb neun Uhr, drängten sich in den engen Räumen des Römer, des Frankfurter Rathauses gegenüber der Paulskirche, mehrere hundert Mitglieder des Vorparlamentes, um den Präsidenten für die Versammlung zu wählen. Die Fülle und das Stimmengewirr waren so groß, daß dies nur mit Mühe geschehen konnte. Die Wahl fiel auf Karl Mittermaier, einen Universitätsprofessor und bekannten Staatsrechtslehrer aus Heidelberg. Mittermaier war ein Vertreter der gemäßigten Liberalen, dessen Wahl auch die meisten anwesenden Demokraten akzeptierten. Als früherer Präsident der zweiten badischen Kammer besaß er einige parlamentarische Erfahrung. Dennoch verkörperte er unter den Liberalen des Vorparlamentes keineswegs die überragende Persönlichkeit. Die vier Vizepräsidenten waren prominenter – der preußische Historiker Friedrich Dahlmann, der frühere Präsident der zweiten kurhessischen Kammer Sylvester Jordan, welcher wegen oppositioneller Betätigung im Vormärz Jahre hinter Gefängnismauern hatte zubringen müssen, ferner die beiden Demokraten Adam von Itzstein und der Leipziger Verleger und Publizist Robert Blum.

Nach dem Wahlakt formierten sich die Mitglieder des Vorparlamentes zu ihrem festlichen Zug hinüber zur Paulskirche. Die Zugänge zum Paulsplatz waren durch Bürgerwehr, Festordner und Turner abgesperrt. Den Paulsplatz durfte nur betreten, wer eine Eintrittskarte vorweisen konnte. Um halb zehn Uhr setzte sich der feierliche Zug der Abgeordneten in Bewegung, wenig später nahmen die Delegierten in der Paulskirche ihre Plätze ein.

Das Innere der Kirche war in einen Parlamentssaal umgestaltet worden. Orgel, Kanzel und Altar präsentierten sich mit schwarz-rot-goldenem Tuch verkleidet. Davor hatte man den Präsidentenstuhl, das Rednerpult und die Tische für die Stenografen und die Presse aufgestellt. Nachdem alle Abgeordneten in den Bänken des Kirchenschiffs und die Gäste und Diplomaten auf der Besuchergalerie versammelt waren, eröffnete Präsident Mittermaier um zehn Uhr die erste gesamtdeutsche parlamentarische Versammlung, das Frankfurter Vorparlament.

Erstmals gründete sich ein deutsches Parlament nicht, wie die vormärzlichen deutschen Landtage, auf einen fürstlichen Gnadenerweis, erstmals versammelten sich Volksvertreter aus eigener Machtvollkommenheit zu einem Parlament. Der Sieg des Volkes über Adel und Fürsten hatte die Konstituierung des Vorparlamentes ermöglicht. Für das Vorparlament bestand die Chance, den errungenen Erfolg der revolutionären Bewegung auszubauen, denn die Kräfte der Reaktion waren im Augenblick kaum handlungsfähig. In Berlin hatte der König den reaktionären Ministerpräsidenten Arnim-Boitzenburg entlassen und die Repräsentanten der Bourgeoisie Camphausen und Hansemann mit der Regierung betrauen müssen. Auch in einer Reihe anderer deutscher Staaten, wie in Württemberg, Baden, Sachsen, Hessen-Darmstadt und Hessen-Kassel, waren «Märzminister», die Interessenvertreter der liberalen Bourgeoisie, an die Macht gekommen. Die Bestrebungen der Fürsten, einer wirklich tiefgreifenden Reform des Deutschen Bundes durch eine sogenannte «Bundesrevision» zuvorzukommen, zeitigten vorerst noch keine Ergebnisse. Wenn das Vorparlament energisch gegen den Bundestag des Deutschen Bundes vorging, konnte es zur obersten politischen Instanz in Deutschland werden.

Mit insgesamt 573 Abgeordneten war das Frankfurter Vorparlament die nach Zahl zweitstärkste parlamentarische Vertretung, die es bis dahin in Deutschland gegeben hatte. Nur der preußische Vereinigte Landtag von 1847 (613 Sitze) hatte dieses an Umfang übertroffen. Die landsmannschaftliche Zusammensetzung des Vorparlamentes war sehr ungleichmäßig, da die Abgeordneten auf unterschiedliche Weise ihr Mandat erhalten hatten. Manche wurden auf Volksversammlungen benannt, in vielen Fällen galt lediglich das Einladungsschreiben des Siebenerausschusses als Legitimation. Nach Südwestdeutschland hatte man besonders viele Einladungen verschickt, daher waren die süd- und südwestdeutschen Staaten überrepräsentiert. Gemessen an der jeweiligen Bevölkerungszahl verfügten Hessen-Darmstadt (84), Baden (73), Württemberg (52), Bayern (44) und Hessen-Nassau (26) über die stärksten Vertretungen. Das größte Kontingent stellte jedoch Preußen mit 141 Mitgliedern, während lediglich 2 Abgeordnete Österreich vertraten.

Rund 70 Prozent der Parlamentarier waren Liberale aller Schattierungen. Es handelte sich vor allem um Wortführer und Interessenvertreter der kapitalistischen Unternehmer, des Besitzbürgertums, der bürgerlichen Intelligenz oder gemäßigt-konservativer Bauern und Kleinbürger. Als prominenteste Vertreter der Liberalen galten der Vizepräsident Friedrich Dahlmann, der hessen-darmstädtische Minister Heinrich von Gagern, Friedrich Daniel Bassermann, Karl Welcker und der Mannheimer Rechtsanwalt Alexander von Soiron – mit Ausnahme von Dahlmann alle der erwähnten Heidelberger Initiativgruppe zugehörig.

Die Demokraten verkörperten die Minderheit, die Linke des Vorparlamentes. Ihre wichtigste Forderung war die nach der Umwandlung Deutschlands in eine Republik. Sie vertraten die demokratischen Kräfte des Volkes – Arbeiter, Bauern, Kleinbürger und progressive Kreise der Intelligenz. Innerhalb des Vorparlamentes fielen vor allem so namhafte Zeitgenossen wie Adam von Itzstein, Robert Blum sowie Friedrich Hecker und Gustav von Struve auf. Neben Wilhelm Wolff, dem Kampfgefährten von Karl Marx und Friedrich Engels, und dessen schlesischem Landsmann Friedrich Wilhelm Schlöffel durften die beiden Letztgenannten als die entschiedensten Volksvertreter gelten, die 1848/49 auf den Bänken eines bürgerlichen Parlamentes Platz gefunden hatten.

Die Demokraten verfügten über eine relativ schwache Ausgangsposition. Hinzu kam, daß die Liberalen unverzüglich die Initiative ergriffen und der Versammlung bereits bei ihrer Konstituierung ein Programm zur Beschlußfassung vorlegten. Es enthielt die Forderung nach Wahl eines monarchischen Bundesoberhauptes nebst verantwortlichem Ministerium und sah ferner die Einführung eines Zweikammersystems vor – eines «Senates der Einzelstaaten» und eines «Hauses des Volkes». Heer und Diplomatie wurden zu Reichsangelegenheiten erklärt, auch sollten Handel und Verkehr, Gerichtsverfahren und Gesetzgebung in allen Territorien einheitlich gestaltet werden.

Selbst dieses Programm ging wesentlich über die Zugeständnisse hinaus, die von den adlig-monarchischen Kräften im Frühjahr 1848 erwogen worden waren. Dennoch blieb es hinter den Forderungen der revolutionären Kräfte des deutschen Volkes zurück, da es die Verständigung mit Adel und Fürsten propagierte. Die Tagungen des Vorparlamentes sollten auf zwei Sitzungen zu je sieben Stunden beschränkt bleiben[8] und alle weiteren Aufgaben durch einen fünfzehnköpfigen geschäftsführenden Ausschuß wahrgenommen werden.

Diesem halbherzigen politischen Konzept der gemäßigten Liberalen setzte die Linke des Vorparlamentes ein Alternativprogramm entgegen. Bereits kurz nachdem Präsident Mittermaier die Versammlung eröffnet hatte, meldete sich Gustav von Struve zu Wort. Der radikale Flügel der Opposition verlangte «Aufhebung der erblichen Monarchie», die «Aufstellung einer alle waffenfähige(n) Männer umfassenden Volkswehr», die Trennung von Kirche und Staat, die Einführung einer progressiven Einkommenssteuer, die Abschaffung aller Adelsprivilegien sowie die Verbesserung der sozialen Lage des Volkes.[9]

Dieses Programm gründete sich auch auf die bürgerliche Ordnung, beinhaltete jedoch ein hohes Maß an Demokratie für alle Schichten des Volkes innerhalb des zu schaffenden bürgerlichen Staates. Auf Struves Programm trafen in vielen

Punkten die Worte zu, mit denen Marx und Engels die siebzehn «Forderungen der Kommunistischen Partei in Deutschland», das Programm des Bundes der Kommunisten für die bürgerlich-demokratische Revolution, charakterisierten: Es war ein Programm «im Interesse des deutschen Proletariats, des kleinen Bürger- und Bauernstandes».[10]

Die materielle und soziale Lage der werktätigen Bevölkerungsschichten in Deutschland hatte sich im Laufe der vierziger Jahre des 19. Jahrhunderts rapide verschlechtert. Ständig wachsende Steuerlasten bedrückten das Volk, die Jahre 1842 und 1844 hatten Mißernten gebracht. Hinzu kamen die Auswirkungen der Wirtschaftskrise von 1847 – wer wußte zu entscheiden, was schwerer wog. Die von Struve aufgestellten Punkte, wie «Beseitigung des Notstandes der arbeitenden Klassen und des Mittelstandes, Hebung des Handels, des Gewerbsstandes und der Landwirtschaft» und «Ausgleichung des Mißverhältnisses zwischen Kapital und Arbeit» gingen von der Notlage der arbeitenden Klassen aus. Forderungen dieser Art waren zuvor auf zahllosen Volksversammlungen in ganz Deutschland erhoben worden. Nun sollte sich das bürgerliche Parlament dazu bekennen.

Die liberale Majorität des Vorparlamentes lehnte jedoch jede Diskussion über diese Vorschläge ab, sei es, daß sie sich ihrer Mehrheit nicht sicher fühlte, sei es, daß sie fürchtete, sich dem Druck der revolutionären Massenbewegung nicht entziehen zu können. Welcker erklärte dazu vielsagend: «Es gibt Leute, die wollen, daß wir alle acht und dreißig Regierungen absetzen und die meinen, wir könnten dies. Ich meine dagegen, wir können es nicht, und ich will es auch nicht.»[11]

Damit war die erste große Auseinandersetzung über die künftigen Verfassungsprinzipien zunächst aufgeschoben. Die Reaktion wertete den Verzicht des Vorparlamentes auf eine verfassungspolitische Grundsatzentscheidung verständlicherweise als deren politische Schwäche. Sie gewann Zeit, und es verbesserte sich ihre Chance, bei der späteren verfassungsmäßigen Umgestaltung Deutschlands selbst ein gewichtiges Wort mitreden zu können.

Den Gegnern eines bürgerlichen Nationalparlamentes kam auch der Umstand zu Hilfe, daß die Liberalen die Permanenz des Vorparlamentes, das heißt die Ausdehnung seiner Amtsperiode bis zur Eröffnung der Nationalversammlung, vereitelten. Während Struve sein Programm mit der Forderung verknüpfte: «Wir werden in Frankfurt am Main vereinigt bleiben, bis ein frei gewähltes Parlament die Geschicke Deutschlands leiten kann»,[12] waren die Liberalen dagegen, daß sich das Vorparlament ohne vorherige Verständigung mit den Fürsten an die Stelle des Bundestages setzte und als oberstes politisches Organ in Deutschland amtierte. Daher lehnten die Liberalen die Permanenz des Vorparlamentes ab und wünschten, die spätere Nationalversammlung solle eine bürgerliche Verfassung ausarbeiten. Um keinen Preis lag ihnen an einer Konfrontation mit der noch immer in Frankfurt am Main tagenden Bundesversammlung. Das zeigte auch das Rededuell zwischen dem radikalen Republikaner Struve und dem gemäßigten Liberalen Gagern im Vorparlament:

Struve: «Die alte Autorität (der Bundestag – G. H.) ist eine Leiche.»

Gagern: «Wenn sie dies ist, so wollen wir sie wieder ins Leben rufen, indem wir Männer beifügen, die ihr das Vertrauen der Nation wieder gewinnen. Der Bundestag oder die Personen, die früher demselben zugehörten, mag man Leichen nennen, aber den Bund nicht ... Sie müssen wünschen, daß der Bund eine Wahrheit werde, und diese kann er nur durch die Wahl der Personen werden, die ihm wieder Vertrauen verschaffen. Man muß nicht vernichten, sondern aufbauen.»

Struve: «Gerade weil ich den deutschen Bund will, will ich nicht den deutschen Bundestag.»

Gagern: «Weil auch ich den deutschen Bund will, will ich auch eine Versammlung, die ihn vertritt.»[13]

Da die Liberalen um Heinrich von Gagern alle ihre Hoffnungen auf einen Kompromiß mit Adel und Fürsten setzten, reiste bereits während der Vorbereitungen für das Vorparlament Gagerns jüngerer Bruder Max von Residenz zu Residenz, um die deutschen Könige, Großherzöge und andere Potentaten für eine gemäßigt-bürgerliche Reform des Deutschen Bundes zu gewinnen. Er verhandelte nur mit den nichtösterreichischen Regierungen, da an die Gründung eines von Preußen geführten kleindeutschen Bundesstaates gedacht war. Aber er wurde hingehalten oder erhielt offene Absagen. Dennoch arbeiteten die Liberalen auch weiterhin auf eine

Übereinkunft hin. Daher lehnten sie auch die «Epuration» des Bundestages des Deutschen Bundes ab, worauf ein weiterer Antrag der demokratischen Linken innerhalb des Vorparlamentes zielte.

Epuration bedeutete Säuberung, Entfernung der reaktionärsten Vertreter der deutschen Fürsten aus der Bundesversammlung. Nachdem die Liberalen die Permanenzerklärung durch das Vorparlament vereitelt hatten, unternahm die demokratische Linke einen weiteren Vorstoß.

Mit diesem Antrag griffen die Demokraten um Hecker, Struve und Blum ein Anliegen der revolutionären Kräfte außerhalb des Parlamentes auf. Es gab wenige Einrichtungen in Deutschland, die beim Volke derart verhaßt waren wie der Bundestag, der mehr als dreißig Jahre lang jede nationale und freiheitliche Regung verfolgt hatte. Auf zahlreichen Volksversammlungen war immer wieder die Entmachtung des Bundestages gefordert worden. Dem Vorparlament lag unter anderem eine Adresse des Leipziger Vaterlandsvereins mit 2300 Unterschriften vor, worin die Auflösung der Bundesversammlung verlangt wurde.[14]

Auch den Interessen der Liberalen hätte es entsprochen, wenn in den Bundestag verständigungsbereite Vertreter der Einzelstaaten aufgenommen worden wären. Durch einen formalen Trick nahmen sie dem Antrag der Linken jedoch die Spitze. Nicht bevor (wie die Linke verlangt hatte), sondern indem die Bundesversammlung die Bildung einer konstituierenden Versammlung in die Hand nehme, sollte sie sich «von den verfassungswidrigen Ausnahmebeschlüssen lossagen und die Männer aus ihrem Schoß entfernen, die zur Hervorrufung und Ausführung derselben mitgewirkt haben». Die Art und Weise, wie die Partei Heinrich von Gagerns, Bassermanns und Welckers den Antrag der Linken aufgegriffen und gleichzeitig entschärft hatte, war typisch für ihr Bemühen, die parlamentarische Vertretung für ihre Interessen auszunutzen. Ihr äußerlich nur geringfügig veränderter Antrag, der die Vorlage der Linken in Wirklichkeit in ihr Gegenteil verkehrte, erlangte bei der Abstimmung eine klare Mehrheit.

Das Ergebnis dieser Abstimmung löste einen Vorgang von größerer Tragweite für die Geschichte des deutschen Parlamentarismus von 1848/49 aus. Struve, Hecker, Franz Zitz – ein Rechtsanwalt aus Mainz – verließen zusammen mit etwa vierzig weiteren Vertretern der Linken unter dem Beifall eines Teils der Zuhörer die Paulskirche, nachdem das Ergebnis bekannt geworden war. Dieser Schritt resultierte nicht nur aus der Enttäuschung über die gerade erlittene parlamentarische Niederlage. Hecker und Struve waren radikale Demokraten. Sie hatten von vornherein bezweifelt, ob es möglich sein werde, die demokratische Umgestaltung Deutschlands auf parlamentarischem Wege durchzusetzen. Die Führer des radikalen Flügels der Opposition vertraten die Auffassung, daß die Linke im Vorparlament nichts mehr ausrichten könne und daß wahrscheinlich auch die Nationalversammlung selbst den Demokraten keine besseren Chancen biete. Sie beschlossen daher, den revolutionären Kampf nunmehr ausschließlich außerhalb des Parlamentes weiterzuführen.

Demgegenüber setzten die gemäßigten Demokraten um Robert Blum und Adam von Itzstein grundsätzlich auf das Parlament, daran vermochte auch die gerade erlittene Niederlage nichts zu ändern. Sie vertrauten weiterhin auf die Möglichkeiten des Parlamentarismus und hofften, in den Wahlen für die Nationalversammlung ein gutes Ergebnis zu erreichen.

Noch während der Parlamentssitzung bestürmten sie die Ausgetretenen, ihren Schritt rückgängig zu machen. Am Abend wurden die internen Debatten in verschiedenen Frankfurter Gasthöfen fortgesetzt. «Struve und Hecker sind wahre Viehkerls, rennen durch die Wand wie geschlagene Ochsen», schrieb Robert Blum echauffiert an seine Frau nach Leipzig.[15] Er forderte die Radikalen zur Solidarität mit dem gemäßigten Flügel auf. Solange eine Chance innerhalb des Parlamentes bestehe, dürfe dem Gegner nicht das Feld überlassen werden. Aber auch er konnte die Zweifel der Ausgetretenen nicht ausräumen. Hecker, Struve und ihre Anhänger kehrten am darauffolgenden Tage noch einmal für einige Stunden in die Paulskirche zurück, ohne jedoch ihren Standpunkt zu ändern.

Bei den zum Abschluß des Vorparlamentes durchgeführten Wahlen des Fünfzigerausschusses, der bis zum Zusammentreten der Nationalversammlung als geschäftsführendes Organ amtieren sollte, gingen die Radikalen leer aus. Dafür erzielten die gemäßigten Demokraten ein überraschend gutes Ergebnis. Adolf Wiesner (457), Adam von Itzstein (443) und Robert Blum (435) erhielten von allen Gewählten die höchsten Stimmenzahlen. Die prominentesten Liberalen unter den Mitgliedern des Fünfzigerausschusses waren Alexander von Soiron (390), Karl Mathy (356), Karl Jürgens (340) – ein evangelischer Pfarrer aus Stadtoldendorf im Braunschweigischen.

Der Auszug der radikalen Demokraten um Hecker und Struve aus der Paulskirche am 2. April 1848 bedeutete zugleich ihr Ausscheiden aus dem Parteienspektrum des bürgerlichen Parlamentarismus von 1848/49. Durch die frühzeitige Absage des radikalen Oppositionsflügels an das Parlament verschlechterten sich die Positionen der demokratischen Kräfte innerhalb des bürgerlichen Parlamentarismus, noch bevor sich dieser überhaupt richtig entfaltet hatte.

Hecker und Struve zogen die falschen Konsequenzen. Anstatt vor allem für eine Stärkung und Ausweitung der Massenbasis der demokratischen Bewegung im außerparlamentarischen Bereich zu wirken, bereiteten sie einen bewaffneten Handstreich in Südwestdeutschland vor, für dessen Gelingen im Frühjahr 1848 die Voraussetzungen fehlten.

Das Vorparlament schöpfte seine politischen Möglichkeiten zwar nicht aus. Dennoch wurden, auch mit Zustimmung der Vertreter der Bourgeoisie, einige wichtige und fortschrittliche Beschlüsse gefaßt. Liberale und Demokraten bekräftigten, im Geiste ihrer gemeinsamen Solidaritätsbewegung gegenüber Polen nach 1830, ihre Sympathie gegenüber dem unterdrückten Nachbarvolk: «Die Versammlung erklärt die Teilung Polens für ein schmachvolles Unrecht. Sie erkennt die heilige Pflicht des deutschen Volkes, zur Wiederherstellung Polens mitzuwirken.»[16]

Die Wahlen

Unter dem Druck der Volksbewegung und im Vertrauen auf die relativ starke Position in den Märzministerien stimmte die liberale Mehrheit des Vorparlamentes der Durchführung allgemeiner Wahlen für die Nationalversammlung zu. Erstmals verkündete ein deutsches Parlament folgende Beschlüsse:

«Die Wahlberechtigung und Wählbarkeit darf nicht beschränkt werden durch einen Wahlzensus, durch Bevorrechtung einer Religion, durch eine Wahl nach bestimmten Ständen.»

«Jeder volljährige, selbständige Staatsangehörige ist wahlberechtigt und wählbar. Der zu Wählende braucht nicht dem Staate anzugehören, welchen er bei der Versammlung vertreten soll.»

«Die politischen Flüchtlinge, die nach Deutschland zurückkehren und ihr Staatsbürgerrecht wieder antreten, sind wahlberechtigt und wählbar.»

«In allen übrigen Beziehungen» stellte es das Vorparlament jedem Einzelstaate anheim, «auf welche Weise er die Wahlen zu ordnen angemessen findet». Das Vorparlament sprach sich jedoch grundsätzlich für das direkte Wahlverfahren aus.[17]

Jeder selbständige und volljährige männliche Bürger sollte also wählen dürfen. Unterschiede zwischen Reichen und Armen durften nicht gemacht werden. Jede Stimme sollte das gleiche Gewicht besitzen. Dieses weitgehend allgemeine Wahlrecht, verbunden mit der Empfehlung, direkt zu wählen, stellte einen bedeutenden Fortschritt dar. Vor 1848 hatte es nirgendwo in Deutschland allgemeine Wahlen gegeben.

Allerdings besaßen die Beschlüsse des Vorparlamentes lediglich den Charakter von Empfehlungen, und die einzelstaatlichen Regierungen ließen nichts unversucht, um an ihnen herumzudeuteln und sie in ihrem eigenen Interesse auszulegen. Zwar war die Bourgeoisie kein Freund des allgemeinen Wahlrechts. Unter dem Druck des Volkes kamen die Liberalen im Frühjahr 1848 allerdings an der Zustimmung zu einem weitgehend allgemeinen Wahlrecht nicht mehr vorbei. Das Mindestalter der Wähler wurde fast durchweg auf 25 beziehungsweise 24 Jahre festgesetzt, lediglich in den linksrheinischen Gebieten auf 21 Jahre. Frauen besaßen kein Wahlrecht, Empfängern von Armenunterstützung und sogenannten Unselbständigen, das heißt Personen ohne eigenen Hausstand, wurde das Wahlrecht ebenfalls verwehrt.

Dennoch war das relativ ausgedehnte Wahlrecht ein großer Erfolg. Die Regierungen hatten es nicht wagen können, breitere Schichten der werktätigen Bevölkerung von der Wahl auszuschließen. Im Gebiet des Deutschen Bundes besaßen etwa 85 Prozent der volljährigen männlichen Bevölkerung, also etwa 20 Prozent der Gesamteinwohnerzahl, das Wahlrecht. Daraus resultierend, stellten Arbeiter, Bauern, Kleinbürger und Bedienstete die Mehrzahl der Wähler.

In den meisten Staaten des Deutschen Bundes ordneten die Regierungen jedoch indirekte Wahlen an. Lediglich in Württemberg, Hessen-Kassel, Schleswig-Holstein, Sachsen-Altenburg, Reuß jüngere Linie und in den Stadtstaaten Frankfurt am Main, Hamburg und Bremen wurde direkt gewählt. Da der weitaus größte Teil der Wahlberechtigten indirekt wählte – also Urwähler lediglich Wahlmänner bestimmen durften, die die eigentliche Abgeordnetenwahl vornahmen, wurde der Wählerwillen abgeschwächt. Häufig entschieden die Wahlmänner nicht im gleichen Sinne wie ihre Urwähler, sondern nach eigenem Gutdünken. Sie spielten in den Wahlen zur Frankfurter Nationalversammlung eine relativ selbständige Rolle.

Auch das zahlenmäßige Verhältnis Wahlmänner–Urwähler unterschied sich in den einzelnen Ländern erheblich. Während ein Wahlmann in Hessen-Nassau und Sachsen auf 100 Urwähler, in Hessen-Darmstadt auf 250 entfiel, kam in Preußen und Bayern sogar auf 500 Wähler und in Hannover auf 1000 nur ein Wahlmann. Insgesamt nahmen etwa 35 bis 50 Prozent der wahlberechtigten Urwähler an den Wahlen teil, während in den direkt wählenden Ländern, zum Beispiel in Hessen-Kassel und in Württemberg, die Wahlbeteiligung sogar bei 75 Prozent lag.

Deutschland war 1848 ein Agrarland. Etwa zwei Drittel seiner Bevölkerung lebten auf dem Lande. Hier wußten die reaktionären Kräfte ihren Einfluß besonders drastisch zur Geltung zu bringen. Sie versuchten, die Landräte, die mit der Durchführung der Wahlen beauftragt waren, für sich zu gewinnen, setzten Urwähler wie Wahlmänner unter Druck oder erteilten ihren Bediensteten «Ordre», wem diese ihre Stimme geben sollten.

Die revolutionäre Arbeiterbewegung war 1848 in Deutschland zahlenmäßig noch schwach. Dem Bund der Kommunisten, Ende 1847 in London gegründet, gehörten nur wenige hundert Mitglieder an. Die organisierten Arbeiter konnten in den Wahlen für die Frankfurter Nationalversammlung 1848 keinen eigenen Kandidaten durchbringen (erst in den Nachfolgewahlen im Frühjahr 1849 errang Wilhelm Wolff ein Mandat). Dennoch sprachen sich Karl Marx und Friedrich Engels dafür aus, diejenige Kraft innerhalb der bürgerlichen Parlamente zu unterstützen, die die Interessen des Volkes noch am ehesten wahrnahm – nämlich die kleinbürgerlichen Demokraten –, ohne die beiderseitigen politischen Differenzen zu verkennen.

Soziale Zusammensetzung der Abgeordneten der Frankfurter Nationalversammlung (Erstmandate und Nachfolgeabgeordnete)

	Anzahl	*in Prozent*
Staats- und Gemeindebeamte	*157*	*19,7*
Juristen (ohne Richter und Staatsanwälte)	*130*	*16,3*
Universitäts- und Schullehrer	*123*	*15,4*
Richter und Staatsanwälte	*119*	*14,9*
Geschäftsleute	*75*	*9,4*
Gutsbesitzer	*68*	*8,5*
Kleriker, Pfarrer	*45*	*5,6*
Schriftsteller	*36*	*4,5*
Ärzte	*25*	*3,1*
Offiziere	*15*	*1,9*
unbekannt, ohne Beruf	*6*	*0,7*

Insgesamt gesehen, gab es in den Wahlen einen überzeugenden Sieg der antifeudalen Kräfte. Nahezu 95 Prozent der etwa 600 Abgeordneten waren Vertreter des antifeudalen Lagers. Hierzu zählten nicht nur die gemäßigten kleinbürgerlichen Demokraten, überzeugte Republikaner, von denen sich die meisten jedoch gegen die Anwendung revolutionärer Gewalt aussprachen, sowie Linksliberale, die ausschließlich auf das Parlament vertrauten. Auch die gemäßigten Liberalen waren den antifeudalen Kräften innerhalb der Frankfurter Nationalversammlung zuzurechnen. In dem von ihnen angestrebten Klassenkompromiß mit Adel und Fürsten beanspruchten sie immerhin die führende Rolle. Ihre kompromißlerische Reformpolitik zielte letzten Endes auf die Schaffung einer bürgerlich-kapitalistischen Gesellschaftsordnung.

Die Interessenvertreter des Volkes verkörperten die Minderheit; sie errangen rund 20 Prozent der Mandate für die Frankfurter Nationalversammlung. Wie schon im Vorparlament befanden sich ihre Kontrahenten in der Überzahl – die Liberalen aller Schattierungen – Repräsentanten der Großbourgeoisie, Fabrikbesitzer, Verleger, liberal eingestellte Gutsbesitzer, Angehörige der Intelligenz.

Das Wahlergebnis war sowohl im Wahlsystem als auch im unterschiedlichen politischen Reifegrad der Bevölkerung in den einzelnen Gebieten begründet. Das indirekte Wahlverfahren kam fast ausnahmslos den Kandidaten der Liberalen zugute. Unter den Wahlmännern, die ja von den Urwählern – den Wahlberechtigten aller Klassen – gewählt wurden, befanden sich beispielsweise weitaus mehr Angehörige der werktätigen Klassen als unter den Parlamentsabgeordneten. Hier stellten die Vertreter der liberalen Bourgeoisie die Mehrheit, denn Angehörige der unteren Bevölkerungsschichten waren aufgrund ihrer Lebensverhältnisse kaum in der Lage, sich um ein Mandat zu bewerben. Ähnlich verhielt es sich mit dem überall praktizierten Mehrheitswahlrecht. Da im jeweiligen Wahlkreis derjenige Kandidat das Mandat erhielt, auf den die meisten Stimmen entfielen, so wurden die angesehensten Oppositionspolitiker beziehungsweise ihre jeweiligen Organisationen bevorteilt – dies waren im Frühjahr 1848 im allgemeinen die bürgerlichen Liberalen.

Im Mittelpunkt des Wahlkampfes standen zumeist einzelne Persönlichkeiten, denn in Deutschland gab es zu diesem Zeitpunkt noch keine großen Partei- beziehungsweise politischen Wahlorganisationen. Die größten Aussichten besaßen vor allem jene Kandidaten, die sich in der antifeudalen Oppositionsbewegung vor 1848 einen Namen gemacht hatten. Wie beim Vorparlament standen in den Kandidatenlisten meist die Liberalen obenan, in vielen Fällen handelte es sich um ehemalige Landtagsabgeordnete, Universitätsprofessoren, Redakteure, Publizisten oder Advokaten. Ihnen folgten gemäßigte kleinbürgerliche Demokraten. In einigen revolutionären Zentren traten die Kandidaten der radikalen bürgerlichen Linken und der revolutionären Arbeiter in Erscheinung, überwiegend standen sich im Wahlkampf gemäßigte Liberale und gemäßigte kleinbürgerliche Demokraten gegenüber.

In den Wahlen zur Frankfurter Nationalversammlung ging es also nicht um die Entscheidung für oder wider die Revolution. Es galt zu wählen zwischen dem Weg der vorsichtigen Reformen im Einvernehmen mit Adel und Fürsten, wie ihn die Liberalen befürworteten, und der Demokratisierung von Staat und Gesellschaft mit Hilfe des Parlamentes, dem Programm der Demokraten. Daß letztere in den Wahlen so deutlich unterlagen, hing mit verschiedenen ungünstigen Umständen zusammen. Schon bei der Aufstellung der Kandidaten für die Abgeordnetenwahlen waren die Demokraten ins Hintertreffen geraten. Dennoch gelang es ihnen in verschiedenen Zentren der revolutionären Bewegung, wie Baden oder Sachsen und in einer Reihe von Städten, Erfolge zu erringen. Der politische Reifegrad der Bevölkerung war in den einzelnen Regionen unterschiedlich. In weiten ländlichen Gebieten des Nordens und Ostens, ebenso in großen Teilen Österreichs, Bayerns und anderer Staaten hatten sich die revolutionären Ideen nicht durchsetzen können. Hier dominierte der Einfluß der Konservativen und der gemäßigten Liberalen. Ohne Chancen blieben die Ultrakonservativen.

Die demokratische Bewegung war zudem nur locker organisiert, daran vermochte auch das «demokratische Zentralkomitee für die Wahlen zur konstituierenden Versammlung» wenig zu ändern. Es war nach dem Vorparlament in Frankfurt am Main gebildet worden, bestehend aus fünfzehn Mitgliedern, überwiegend Teilnehmer des Vorparlamentes, wie Karl Ludwig d'Ester, Friedrich Hecker, Gustav von Struve, Franz Zitz, Martin Mohr, Otto Karl Würth, Oscar von Reichenbach, Nikolaus Titus und Deter(d)ing. Es gab ein zentrales Wahlmanifest heraus, in dem die Einsetzung einer Regierung «aus frei gewählten Volksmännern», die Schaffung von Volkswehren, die Beseitigung des Mißverhältnisses zwischen Kapital und Arbeit sowie die weitgehende Einschränkung des Partikularismus in Deutschland gefordert wurde.[18] Weiterhin enthielt das Manifest Richtlinien für die Gründung von demokratischen Wahlvereinen auf regionaler und lokaler Ebene. Selbst die Erhebung von Mitgliedsbeiträgen war vorgesehen.[19] Die einzelnen Vereine sollten nach den Wahlen ihre Tätigkeit fortsetzen und als Basis für eine nationale Organisation der demokratischen Bewegung dienen. Dem Komitee gelang es jedoch nicht, in der relativ kurzen Zeit größere Aktivität zu entfalten.

Der Ausgang der Wahlen für die Frankfurter Nationalversammlung wurde schließlich auch durch die Tatsache mitbestimmt, daß die radikale bürgerliche Linke um Hecker und Struve nach dem Verlassen des Vorparlamentes die Brücken zur parlamentarischen Bewegung abgebrochen hatte. Für Hecker und Struve reihte sich in den Apriltagen 1848 eine Enttäuschung an die andere. Dem unbefriedigenden Verlauf des Vorparlamentes war die Niederlage in den Wahlen zum Fünfzigerausschuß gefolgt. Auch die Arbeit des zentralen demokratischen Wahlkomitees zeitigte nicht die erhofften Erfolge. Nun faßte Hecker den Plan, auf eigene Faust loszuschlagen, ohne auf die Bedenken und Warnungen Rücksicht zu nehmen, die eine Reihe seiner Freunde äußerten.

Mit 57 Mann, gerade einer halben Kompanie von Freischärlern, rückte Hecker am 13. April morgens von der südbadischen Stadt Konstanz über die Rheinbrücke in Richtung Donaueschingen vor. Der Zuzug hielt sich zwar in Grenzen, aber dennoch wuchs die kleine Schar nach und nach auf mehrere hundert Mann an. In Bernau hatte er eine Unterredung mit zwei Abgesandten des Fünfzigerausschusses, den beiden Demokraten Carl Spatz und Jakob Venedey. Sie boten ihm Straffreiheit an, wenn er von seinem Vorhaben Abstand nehme, obwohl fraglich erschien, ob der Ausschuß dies auch bei der badischen Regierung durchzusetzen vermocht hätte. Hecker, von der Illusion einer unmittelbar bevorstehenden allgemeinen Erhebung erfüllt, kündigte seinerseits den deutschen Fürsten eine Amnestie an, wenn sie innerhalb von vierzehn Tagen ihre Kronen niederlegten. Die beiden Abgesandten aber forderte er auf: «Zieht mit uns, anstatt in Frankfurt leeres Stroh zu dreschen.»[20] Friedrich Hecker bekräftigte somit die bereits in Frankfurt vollzogene Abkehr vom bürgerlichen Parlamentarismus. Nach dem ergebnislosen Ausgang der Unterredung setzte er den Marsch mit seiner kleinen Schar fort. Aber die erhoffte allgemeine Volkserhebung blieb aus. Die Freischärler wurden in der Nähe der Stadt Kandern durch überlegene badische Truppen zersprengt.

Hecker hatte losgeschlagen, ohne diesen Schritt politisch vorzubereiten. Er rechnete mit der Kampfbereitschaft der badischen Bauern und hoffte auf die Resonanz seiner Aktion in den benachbarten deutschen Staaten. Diese Fehleinschätzung traf nicht allein die revolutionäre Bewegung; Heckers Mißerfolg bestärkte auch die Liberalen in ihrer Revolutionsfurcht und verschlechterte die Position der demokratischen Kräfte in den Wahlen zur Frankfurter Nationalversammlung.

Da die gemäßigten Demokraten innerhalb des Fünfzigerausschusses eine relativ starke Position besaßen, versuchten sie noch vor dem Zusammentreten der Nationalversammlung wichtige Vorentscheidungen herbeizuführen. So beantragte das Ausschußmitglied Venedey die Schaffung eines Parlamentsheeres, und Spatz verlangte die Anerkennung des Prinzips der Volkssouveränität durch den Ausschuß. Sogar der Liberale Alexander Pagenstecher ersuchte den Ausschuß, aus eigener Machtvollkommenheit eine bürgerliche Zentralregierung zu bilden, der unter anderen der derzeitige preußische Ministerpräsident, der Kölner Großkaufmann Ludolf Camphausen, und Heinrich von Gagern angehören sollten. Die Einwilligung der deutschen Fürsten hielt Pagenstecher hierbei nicht für nötig. Da aber die Mehrheit der Liberalen innerhalb des Fünfzigerausschusses befürchtete, daß die Übereinkunft mit der Adelsklasse durch einen politischen Alleingang gefährdet werden könne, begnügte sie sich mit der Erklärung, der Ausschuß werde sich mit dem Bundestag der Fürsten über «einheitliche diplomatische Verhandlungen mit dem Auslande» ins Benehmen setzen. Zugleich ersuchte sie die Bundesversammlung, sie möge einen «Bundes-Oberfeldherrn» einsetzen, dem der Oberbefehl über die deutschen Streitkräfte übertragen werden sollte.[21]

Während die Liberalen innerhalb des Fünfzigerausschusses

einerseits bestrebt waren, verfassungspolitische Entscheidungen zu umgehen, förderten sie gleichzeitig die Ausarbeitung des vom Bundestag in Auftrag gegebenen Verfassungsentwurfes. Dieser Entwurf sah die Umwandlung Deutschlands in einen konstitutionell-monarchischen Bundesstaat vor. Aber die Politik des Fünfzigerausschusses erschöpfte sich nicht im Wirken für eine Übereinkunft mit der Adelsklasse. Er ließ einen «Bericht der Arbeiter-Kommission» erarbeiten, in dem die Verbesserung der sozialen Lage der Werktätigen, unter anderem auch eine Steuerreform gefordert wurde.[22] Sozialreformerische Bestrebungen verfolgten sowohl Demokraten als auch ein Teil der Liberalen. Außerdem bekräftigte der Ausschuß sein Bekenntnis zur Unabhängigkeit Polens. Die Erklärung besagte nichts weniger, als «daß das durch die Teilung Polens verübte Unrecht durch dessen Reorganisation als selbständiger Staat zu sühnen sei; daß es den zur Zeit noch unter preußischer und österreichischer Hoheit stehenden Polen freigelassen werden müsse, sich eine Volksrepräsentation durch Wahl zu bilden, daß diese Volksrepräsentation sich mit dem deutschen Parlament über Polens Verhältnisse zu Deutschland zu vereinbaren habe».[23]

Die Verhandlungen des Fünfzigerausschusses wie schon die des Vorparlamentes offenbarten also auch das Bemühen, die Interessen der antifeudalen Kräfte, abhängig von den jeweiligen Umständen, mehr oder minder zur Geltung zu bringen. In den letzten Apriltagen 1848 waren sich die Liberalen und die gemäßigten kleinbürgerlichen Demokraten jedenfalls darin einig, die Vorbereitungen für die Frankfurter Nationalversammlung zu forcieren. Die kleinbürgerlichen Demokraten sahen in dieser Versammlung ein Instrument zur demokratischen Umgestaltung Deutschlands mit friedlichen Mitteln. Die Liberalen gedachten, diese in erster Linie als Gremium zur Verwirklichung ihrer Reformpolitik zu benutzen. Sie bedurften ihrer um so dringender, als alle Versuche zur Erzielung einer dauerhaften Übereinkunft mit Adel und Fürsten bis dahin nicht gefruchtet hatten.

Frankfurt am Main stand seit den letzten Apriltagen erneut im Blickpunkt der deutschen Öffentlichkeit. Ursprünglich war der 1. Mai für die Eröffnung des Parlamentes vorgesehen. Tatsächlich versammelten sich an diesem Tage um elf

Uhr jedoch erst achtzehn Abgeordnete im Kaisersaal, unter ihnen Robert Blum und vier seiner Anhänger. Sie forderten alle nach Frankfurt Gewählten zur «schleunigen Hierherreise» auf.[24]

Vor allem auf Drängen Preußens und Hannovers, wo die Wahlen zu diesem Zeitpunkt zum Teil noch ausstanden, hatten die Organisatoren schließlich festgelegt, daß die Sitzungen am 18. Mai beginnen sollten. In den letzten Tagen vor dem großen Ereignis wurde in allen vertretenen Lagern fieberhaft gearbeitet. Parteiberatungen, persönliche Unterredungen, Sondierungen aller Art zwischen den nach Frankfurt angereisten Parlamentarien und politischen Beobachtern häuften sich. Für jede politische Gruppierung ging es darum, sich schnell zu organisieren und mit den in Frankfurt herrschenden Bedingungen vertraut zu machen. Vor allem die demokratische Linke um Robert Blum mußte ihre zahlenmäßige Unterlegenheit möglichst durch eine bessere Organisation ausgleichen. Nach den Erfahrungen des Vorparlamentes und des Fünfzigerausschusses vermeinte Robert Blum, «aus dem Regen in die Traufe zu kommen». Dennoch äußerte er die Hoffnung, «eine an Zahl stärkere Minderheit, wenn auch ihr Verhältnis kein besseres ist, hält sich mehr gegenseitig».[25] Blum selbst gab in Frankfurt am Main die «Deutsche Reichstagszeitung», die als Sprachrohr der Linken fungierte, heraus. Er hoffte, mit Hilfe dieses Blattes eine Brücke vom Parlament zum Volk zu schlagen. Erbittert wandte er sich gegen die Bemühungen des Führers der Liberalen, Heinrich von Gagern, das Parlament möglichst hinter einem militärischen Kordon abzuschirmen, «um ihm jede Zugluft abzuwehren, und ... wenn es not tut, in zärtlicher Umarmung tot(zu)drücken».[26]

Die Liberalen verfügten in der Frankfurter Nationalversammlung über günstigere Voraussetzungen für die parlamentarische Arbeit als die Linke, sowohl bezüglich ihrer parlamentarischen Erfahrungen, ihres politischen Einflusses in den einzelstaatlichen Regierungen, als auch hinsichtlich der Führungspersönlichkeiten und ihrer zahlenmäßigen Stärke. Ob es den Liberalen der Frankfurter Nationalversammlung aber auch gelingen würde, ihre Stellung gegenüber der revolutionären Volksbewegung auf der einen und dem aristokratisch-monarchischen Lager auf der anderen Seite zu behaupten oder gar auszubauen, stand auf einem anderen Blatt. Alexander von Soiron, der Präsident des Fünfzigerausschusses, hatte dieses Problem in seiner Schlußrede am Eröffnungstage der Frankfurter Nationalversammlung – gleichsam als Bilanz und Ausblick – noch einmal umrissen: «Der Ausschuß hat die größten Gefahren für die Einheit und für die Freiheit Deutschlands in der hereinbrechenden Anarchie und in der zu befürchtenden Reaktion finden zu müssen geglaubt. Der Ausschuß hat deshalb einstimmig den Grundsatz aufgestellt und festgehalten, daß er mit ebensoviel Kraft und Entschiedenheit der Anarchie wie der Reaktion entgegenzutreten habe ... Gerade daraus aber ergibt sich, daß der Ausschuß zum Wächter der deutschen Sache, der so viele Gefahren drohten, berufen, wenn er mit der größten Strenge und Gewissenhaftigkeit seinen Grundsatz durchgeführt hat, eher Lob als Tadel verdient.»[27] Die parlamentarischen Vertreter der Bourgeoisie waren bemüht, den eigenen Machtanspruch gegenüber Adel und Fürsten durchzusetzen und gleichzeitig die revolutionäre Bewegung niederzuhalten. Diese politische Linie hatten die Liberalen in den Verhandlungen des Vorparlamentes und des Fünfzigerausschusses im wesentlichen verfolgt. Sie blieb auch in den Beratungen der Paulskirchenversammlung vorherrschend.

Ein Parlament konstituiert sich

Ferdinand Freiligrath
Schwarz-Rot-Gold
(17. März 1848)

In Kümmernis und Dunkelheit,
Da mußten wir sie bergen!
Nun haben wir sie doch befreit,
Befreit aus ihren Särgen!
Ha, wie das blitzt und rauscht und rollt!
Hurra, du Schwarz, du Rot, du Gold!
Pulver ist schwarz,
Blut ist rot,
Golden flackert die Flamme!

Das ist das alte Reichspanier,
Das sind die alten Farben!
Darunter haun und holen wir
Uns bald wohl junge Narben!
Denn erst der Anfang ist gemacht,
Noch steht bevor die letzte Schlacht!
Pulver ist schwarz,
Blut ist rot,
Golden flackert die Flamme!

Ja, die das Banner ihr gestickt,
Ihr Jungfern unverdrossen,
Derweil am Feuer wir gebückt
Uns Flintenkugeln gossen:
Nicht, wo man singt nur oder tanzt,
Geschwungen sei's und aufgepflanzt! –
Pulver ist schwarz,
Blut ist rot,
Golden flackert die Flamme!

Denn das ist noch die Freiheit nicht,
Die Deutschland muß begnaden,
Wenn eine Stadt in Waffen spricht
Und hinter Barrikaden:
«Kurfürst, verleih! Sonst – hüte dich! –
Sonst werden wir – – großherzoglich!»
Pulver ist schwarz,
Blut ist rot,
Golden flackert die Flamme!

Das ist noch lang die Freiheit nicht,
Die ungeteilte, ganze,
Wenn man ein Zeughaustor erbricht,
Und Schwert sich nimmt und Lanze;
Sodann ein weniges sie schwingt,
Und – folgsamlich zurück sie bringt!
Pulver ist schwarz,
Blut ist rot,
Golden flackert die Flamme!

Das ist noch lang die Freiheit nicht,
Wenn ihr an Brockhaus' Glase
Ausübt ein klirrend Strafgericht
Ob einer Dresdner Nase!
Was liegt euch an dem Sozius?
Drauf: – in die Hofburg Stein und Schuß!
Pulver ist schwarz,
Blut ist rot,
Golden flackert die Flamme!

Das ist noch lang die Freiheit nicht,
Wenn man, statt mit Patronen,
Mit keiner andern Waffe ficht
Als mit Petitionen!
Du lieber Gott: – Petitioniert!
Parlamentiert, illuminiert!
Pulver ist schwarz,
Blut ist rot,
Golden flackert die Flamme!

Das ist noch lang die Freiheit nicht,
Sein Recht als Gnade nehmen
Von Buben, die zu Recht und Pflicht
Aus Furcht nur sich bequemen!
Auch nicht: daß, die ihr gründlich haßt,
Ihr dennoch auf den Thronen laßt!
Pulver ist schwarz,
Blut ist rot,
Golden flackert die Flamme!

Die Freiheit ist die Nation,
Ist aller gleich Gebieten!
Die Freiheit ist die Auktion
Von dreißig Fürstenhüten!
Die Freiheit ist die Republik!
Und abermals die Republik!
Pulver ist schwarz,
Blut ist rot,
Golden flackert die Flamme!

Die eine deutsche Republik,
Die mußt du noch erfliegen!
Mußt jeden Strick und Galgenstrick
Dreifarbig noch besiegen!
Das ist der große letzte Strauß –
Flieg aus, du deutsch Panier, flieg aus!
Pulver ist schwarz,
Blut ist.rot,
Golden flackert die Flamme!

Zum Kampfe denn, zum Kampfe jetzt!
Der Kampf nur gibt dir Weihe!
Und kehrst du rauchig und zerfetzt,
So stickt man dich aufs neue!
Nicht wahr, ihr deutschen Jungfräulein?
Hurra, das wird ein Sticken sein!
Pulver ist schwarz,
Blut ist rot,
Golden flackert die Flamme!

Und der das Lied für euch erfand
In einer dieser Nächte,
Der wollte, daß ein Musikant
Es bald in Noten brächte!
Heißt das: ein rechter Musikant!
Dann kläng es hell durchs deutsche Land:
Pulver ist schwarz,
Blut ist rot,
Golden flackert die Flamme!

Der Eröffnungstag der Frankfurter Nationalversammlung war der 18. Mai 1848. In und um Frankfurt hatte der Frühling Einzug gehalten. Das Wiedererwachen der Natur verband sich gleichsam symbolisch mit der Hoffnung des deutschen Volkes auf einen politischen Neubeginn. Frankfurt hatte alle Anstrengungen unternommen, um sich dieser Hoffnungen würdig zu erweisen.

Die Stadt zeigte sich im Festgewand. Die schmucken Fachwerkhäuser waren mit meterlangen schwarz-rot-goldenen Fahnen beflaggt, über den Straßen und Gassen spannten sich Girlanden. Wer am Morgen des 18. Mai Frankfurt durch eines seiner Stadttore betrat, der vermeinte, sich auf einer riesigen Volksversammlung zu befinden. Seit Tagen strömten die Menschen in die Mainmetropole – sie kamen mit der neuerbauten Eisenbahn oder in der Postkutsche, per Schiff oder einfach zu Fuß. Journalisten, Diplomaten, politische Beobachter und Schaulustige, sie alle drängten sich in einer riesigen durch die Straßen wogenden Menschenmenge und wollten jenen denkwürdigen Augenblick miterleben, da das erste vom Volke gewählte deutsche Parlament eröffnet wurde. Je mehr man sich der Paulskirche näherte, um so dichter wurde das Gedränge. An der Neuen Kräme, am Römerberg, in der Weißfrauengasse und am Liebfrauenberg war kaum noch ein Durchkommen. Auf dem Paulsplatz, rund um die Paulskirche, standen einzeln oder in kleineren Gruppen die Volksvertreter. Sie wurden von allen bestaunt, aber nahmen selbst kaum Anteil am allgemeinen Getriebe. Hier befand sich eine Gruppe liberaler Abgeordneter, wo die Preußen den Ton angaben und in halblautem Ton wichtige Vorgespräche führten. Dort waren die Stimmen temperamentvoller demokratischer Volksvertreter aus Baden zu vernehmen, die ihren Gesinnungsgenossen aus Sachsen eindringlich ihr politisches Programm darlegten.

Obwohl die Konstituierung der Nationalversammlung bereits vom 1. auf den 18. Mai verschoben worden war, hatten sich bis zum Nachmittag des 17. Mai erst etwas mehr als die Hälfte der insgesamt 598 Parlamentsabgeordneten in Frankfurt eingefunden. Die bei der Konstituierung eines Parlamentes notwendigen Formalitäten wurden im Römer vollzogen. Hier lagen Listen aus, in die sich jeder neuangekommene Abgeordnete einzutragen hatte. Im Kaisersaal des Römers, der sich, wie schon bei der Eröffnung des Vorparlamentes, wiederum als viel zu eng für den allgemeinen Andrang erwies, versammelten sich auch die Volksvertreter am Nachmittag des 18. Mai um drei Uhr zu einer kurzen Beratung. Rasch erledigte man die notwendigen Vorbereitungen. Nach parlamentarischem Brauch wurde zunächst der Alterspräsident ernannt, der 70jährige Stadtsyndikus Friedrich Lang aus Verden. Zur Unterstützung beigegeben wurden ihm die acht jüngsten Abgeordneten der Paulskirche als sogenannte Alterssekretäre, unter ihnen der 23jährige demokratische Prediger Franz Schmidt aus Schlesien, später einer der entschiedensten Vertreter der Linken in der Frankfurter Nationalversammlung.

Kurz vor vier Uhr nachmittags erreichte die Spannung auf und um den Paulsplatz ihren Höhepunkt. Der Einzug in die Paulskirche stand bevor. Frankfurter Bürgerwehr war aufgezogen. Nur mit Mühe hatte sie in der dichten Menschenmenge zwischen Römer und Paulskirche für die Abgeordneten eine Gasse bahnen können. Jetzt war Bürgerwehrmann neben Bürgerwehrmann postiert und präsentierte das Gewehr. Als die ersten Abgeordneten die Stufen des Römers herabschritten, verstummte der Lärm. Die Volksvertreter begannen sich in Zweierreihen aufzustellen. Barhäuptig und schweigend zogen sie, angeführt vom Frankfurter Festkomitee, dem Alterspräsidenten und den Alterssekretären, die wenigen hundert Meter vom Römerberg über den Paulsplatz zum Westportal des Kirchenrundbaus. Hinter dem Spalier der Bürgerwehr und einer Absperrungskette drängte sich die dichte Menschenmenge, Frankfurter Bürger und Gäste der Stadt. Die Volksvertreter schritten langsam – ein auffallender und doch wirkungsvoller Kontrast zu der belebten und von Hochstimmung erfüllten Szenerie. Die Glocken der Frankfurter Kirchen läuteten. Hurra- und Vivatrufe, Ehrensalut und Böllerschüsse begleiteten den Akt. Der Zug der Abgeordneten war lang. Die letzten Zweierreihen ließen den Römer eben erst hinter sich, als die ersten bereits am Westportal der Paulskirche anlangten.

Die Rotunde bot ein eindrucksvolles Bild: die Wände mit grünem Tuch verkleidet und den Reichsfarben Schwarz-Rot-Gold geschmückt, über dem Präsidentensitz hatte man die Germania angebracht. Das Kirchenschiff, dessen Bänke den Abgeordneten vorbehalten waren, wurde von der Rednerkanzel und dem Präsidentensitz beherrscht. Über dem Halbrund der Abgeordnetenbänke zog sich die Besuchergalerie.

Wer die Paulskirche zum ersten Mal betrat, war über das Fassungsvermögen erstaunt. Alles in allem bot sie nahezu 2000 Personen Platz und war mithin gut geeignet für den ihr zugedachten Zweck. Dennoch vermochte sie am Nachmittag des 18. Mai bei weitem nicht alle Schaulustigen aufzunehmen. Glück hatten jene, die in der Nähe des Westportals einen Platz fanden. Sie drängten sogleich hinter den Abgeordneten in die Kirche, jetzt nicht mehr in würdevoller Gemessenheit, sondern in höchster Eile und bemüht, noch einen Sitzplatz auf der Besuchergalerie zu finden. Rasch füllte sich diese bis auf den letzten Platz. Lücken zeigten sich dagegen vorläufig in den Abgeordnetenbänken. Reiseschwierigkeiten und Komplikationen bei den Wahlen waren schuld daran, daß sich zur Eröffnungssitzung am 18. Mai erst 384 Abgeordnete einfinden konnten.

Es war sowohl für die unmittelbar Teilnehmenden wie für die aus der Ferne Beobachtenden ein bedeutender Augenblick, als Alterspräsident Lang die konstituierende Sitzung der ersten deutschen Nationalversammlung eröffnete. Er feierte das Paulskirchenparlament als eine Versammlung, «wie sie Deutschland noch nie gesehen, ... deren Beruf es ist, ein bedeutendes Stück der Weltgeschichte zu machen, einen Ab-

Die Paulskirche

Zug der Abgeordneten des Vorparlamentes zur Paulskirche am 31. März 1848. Nach der «Illustrierten Zeitung», 1848

Einzug der Nationalversammlung in die Paulskirche (hier zum Südportal) am 18. Mai 1848
Nach der «Illustrierten Zeitung», 1848

Blick über die Frankfurter Altstadt

Thurn- und Taxissche Postkutschenstation
Nach der «Illustrierten Zeitung», 1844

Besuch des Königs von Preußen
auf der Gewerbeausstellung in Berlin
Nach der «Illustrierten Zeitung», 1844

Blick zum Alten Markt von Frankfurt

schnitt in unserer Zeit, die, so Gott will, Segen bringend von der fernsten Zukunft begrüßt wird».[1] Worte, die dem Überschwang des Augenblicks, aber auch den Erwartungen großer Teile des deutschen Volkes Ausdruck gaben. Es war auch mehr als eine bloße Formalität, wenn sich die Abgeordneten nach Langs kurzer Begrüßungsrede geschlossen von ihren Plätzen erhoben und unter Erheben der rechten Hand verkündeten: «Die Versammlung ist konstituiert. Sie lebe hoch!»

Erstmals in Deutschland hatte sich ein frei gewähltes Parlament aus eigener Machtvollkommenheit, gegen den Willen der adlig-monarchischen Kräfte konstituiert. Somit verfügte das deutsche Volk über eine selbständige, von dem gleichfalls in Frankfurt residierenden reaktionären Bundestag, dem Organ der deutschen Fürsten, unabhängige parlamentarische Vertretung.

Genau zwei Monate nach den Barrikadenkämpfen von Berlin besaß Deutschland ein nationales Parlament, das, wenn es seine Bestimmung richtig verstand, weiter auf dem Wege voranschreiten mußte, den die revolutionären Arbeiter, Gesellen und Studenten damals betreten hatten.

Das Volk erwartete vor allem, daß die Paulskirchenversammlung revolutionär handelte. Ihre Aufgabe war es, schrieb Friedrich Engels, selbst aktiver Teilnehmer an der Revolution, «sich zum einzig gesetzlichen Ausdruck des souveränen Willens des deutschen Volkes (zu) erklären und jedem ihrer Beschlüsse Gesetzeskraft (zu) verleihen». Auch bedurfte sie einer organisierten bewaffneten Macht im Lande, «stark genug, um jeden Widerstand seitens der Regierungen zu brechen».[2] Und nur wenn die Paulskirchenversammlung die Macht der Fürsten brach, konnte eine der wichtigsten Aufgaben der Revolution erfüllt, nämlich Deutschland geeinigt werden. Aber das Volk war auch dann bereit, der Paulskirchenversammlung den Rücken zu stärken, wenn diese nicht sofort mit aller Konsequenz auf dieses Ziel lossteuerte. Sie sollte wenigstens demokratische Rechte festlegen und die Macht der Fürsten zumindest einschränken. Solange die Fürsten, eingeschüchtert durch die Märzrevolution, noch stillhielten, konnte es möglicherweise gelingen, sie mit einer gemäßigten Politik einigermaßen in die Schranken zu weisen.

Die Nachrichten über das Geschehen in der Paulskirche

langten in den Hauptstädten der deutschen Einzelstaaten nicht nur auf verschiedenem Wege – über Diplomatenpost oder Korrespondentenberichte –, sondern auch mit unterschiedlicher Geschwindigkeit an. Preußen, im Besitze einer Telegraphenverbindung von Koblenz bis Königsberg, war schnell im Bilde. Nach Wien, Dresden oder in die norddeutschen Stadtstaaten Bremen, Hamburg, Lübeck ging die Post langsamer. Wenn man ermessen will, wie der 18. Mai 1848 auf die deutschen Fürsten und ihre Ratgeber gewirkt hat, so muß man sich vergegenwärtigen, daß diese, allen voran die preußische Regierung, bis zum letzten Augenblick bestrebt gewesen waren, das Paulskirchenparlament, mußte es sich schon auf der vordersten Bühne des politischen Geschehens etablieren, wenigstens unter Kontrolle zu bringen.

Vergeblich hatte das preußische Kabinett Camphausen seinen diplomatischen Vertreter in Frankfurt am Main, Usedom, angewiesen, er möge veranlassen, daß der Bundestag die Eröffnung der Nationalversammlung vollzog, um so gleichsam als Mentor des Paulskirchenparlamentes in Erscheinung zu treten. Die liberalen Bourgeois waren jedoch nicht bereit, sich von Anfang an politisch entmündigen zu lassen. Sie strebten zwar eine Übereinkunft mit Adel und Fürsten an, wollten aber der tonangebende Partner sein oder doch wenigstens als Gleicher mit Gleichen verhandeln. Für die kleinbürgerlichen Demokraten in der Paulskirche kam ein politisches Arrangement mit der alten Ausbeuterklasse ohnehin nicht in Betracht. So blieb den reaktionären Kräften zunächst nichts übrig, als die souveräne Nationalversammlung in der Frankfurter Paulskirche gewähren zu lassen, abzuwarten und gute Miene zum bösen Spiel zu machen.

Noch waren die reaktionären Kräfte in Deutschland nicht stark genug, um die Initiative des Handelns zurückzuerobern. In Berlin beispielsweise hatten Zehntausende dagegen protestiert, daß die preußische Regierung den im März geflohenen und allgemein verhaßten Prinzen Wilhelm aus seinem Londoner Exil zurückrufen wollte. Gleichzeitig rebellierten Tausende von beschäftigungslosen Arbeitern gegen die unzureichende staatliche Sozialpolitik. In Wien durchkreuzten in den Maitagen 1848 revolutionäre Arbeiter und Studenten die Versuche der reaktionären Kräfte, die Entwicklung zurückzudrehen und zwangen den kaiserlichen Hof zur Flucht nach Innsbruck. Für die Fürsten wäre offenes Einschreiten gegen die Paulskirche zu diesem Zeitpunkt politischer Selbstmord gewesen.

Aber momentane Zurückhaltung oder gar geheuchelte Kooperationsbereitschaft gegenüber den Gemäßigten – dies versprach den reaktionären Kräften Vorteile oder ließ zumindest auf bessere Zeiten hoffen. «Die Nationalversammlung», so schrieb der Preuße Usedom am 24. Mai aus Frankfurt in einem vertraulichen Bericht an König Friedrich Wilhelm IV., «zieht alle Autorität und Gewalt an sich. Sie befindet sich jetzt im aufsteigenden Knoten ihrer Macht und kann moralisch alles, d. h. sie kann alles zerstören in Deutschland – bauen kann sie darauf nichts ... Noch läuft der unwiderstehliche Strom der Volksmeinung furchtbar stark nach einer Richtung; bis er zurückgesunken, bleibt nichts übrig, als die Throne Deutschlands – auch den preußischen – etwas beiseit zu rücken, damit sie nicht hinweggespült werden ... Darum, mein teurer König und Herr, harren Sie aus in Geduld, schikken Sie sich in die Zeit ... Glauben Sie denen nicht, welche Ihnen sagen, es sei jetzt Widerstand not gegen die Bewegung dieser Tage, weil sonst alles verloren gehen werde: mit Widerstand geht alles verloren. Gegen chronische Übel helfen nicht akute Mittel, nur langsam heilt die Krankheit, die uns das System vererbt – das tiefe Mißtrauen, der bodenlose Haß, der nun von unten gegen jede Regierung, auch die bestgewillte, aufgärt.»[3]

Vorläufig abwarten, die eigene Macht festigen, darauf spekulieren, daß sich die antifeudale Bewegung untereinander entzweie und die öffentliche Meinung und vor allem das politische Kräfteverhältnis sich wieder zugunsten der konterrevolutionären Kräfte veränderte – darin bestand also zunächst die Taktik der deutschen Fürsten gegenüber der Nationalversammlung in Frankfurt am Main. Für letztere bedeutete dies, daß sich ihre bedeutendsten Gegner zunächst mit ihrer Existenz abzufinden bereit waren – ein nicht zu übersehender taktischer Vorteil mindestens in der Anfangsphase ihres Wirkens.

Nicht unwichtig für den Start der Paulskirchenversammlung und das Gedeihen ihres Werkes war auch die Tatsache, wie sich die ausländischen Mächte stellten. Sie sahen in der Konstituierung der ersten deutschen Nationalversammlung vor allem den Vorboten eines gestärkten Deutschlands und einer bürgerlich-fortschrittlichen Gesellschaftsordnung. So unterschiedlich wie die Interessenlage waren die Stellungnahmen der einzelnen Mächte. Der Zar beargwöhnte die Begründung eines bürgerlichen deutschen Nationalstaates aus macht- und gesellschaftspolitischen Gründen. Frankreich begrüßte zwar einerseits die Stärkung eines möglichen Gegenspielers zu Rußland, mißbilligte jedoch andererseits eine Machtkonzentration in Mitteleuropa. England, am Gleichgewicht der europäischen Kontinentalmächte interessiert, befürwortete prinzipiell die Bestrebungen des Frankfurter Parlamentes. Die Vertreter der Vereinigten Staaten und des revolutionären Ungarn waren sogar zur Aufnahme diplomatischer Beziehungen bereit. Insgesamt gesehen lagen die äußeren Startbedingungen für die Frankfurter Nationalversammlung also durchaus nicht ungünstig.

Aus der Geschäftsordnung der Frankfurter Nationalversammlung

§ 10 *Die Nationalversammlung wählt nach erfolgter Konstituierung aus ihrer Mitte mit absoluter, nach der Zahl der an der Wahl teilnehmenden Mitglieder zu berechnenden Stimmenmehrheit und durch Stimmzettel einen Vorsitzenden (Präsidenten) für die Dauer von vier Wochen. Der dann Austretende ist wieder wählbar. Bei Stimmengleichheit entscheidet das Los unter den Gewählten.*

§ 14 *Dem Vorsitzenden liegt die Erhaltung der Ordnung im Innern des Hauses ob; er hat das Recht, im Falle von Ordnungsstörungen die Sitzungen zu suspendieren, einzelne Ruhestörer zu entfernen und äußersten Falles die Galerien räumen zu lassen; er wacht über die Beobachtung der Geschäftsvorschriften, leitet die Verhandlungen, erteilt das Wort, stellt die Fragen zur Abstimmung, spricht das Ergebnis der letzteren aus, ist das Organ der Versammlung in ihren äußeren Beziehungen.*

§ 16 *Die Sitzungen der Nationalversammlung sind öffentlich.*

§ 17 *Vertrauliche Sitzungen können ausnahmsweise stattfinden, wenn wenigstens 50 Mitglieder darauf antragen und die Versammlung, nach vorläufiger Entfernung der Zuhörer, den Antrag mit zwei Dritteilen der Stimmen begründet findet. Über die Veröffentlichung der Protokolle solcher Sitzungen entscheidet die Versammlung.*

§ 18 *Die Versammlung ist beschlußfähig, wenn 200 Mitglieder anwesend sind.*

§ 36 *Die Redner sprechen nach der Reihenfolge der Anmeldung. Die Anmeldung kann nicht erfolgen, nachdem die Beratung über den betreffenden Gegenstand angefangen hat.*

§ 37 *Es wird, solange dies möglich ist, zwischen solchen Rednern abgewechselt, welche für und welche gegen den Antrag zu sprechen erklärt haben.*

§ 38 *Die Verhandlung kann zu jeder Zeit von der Versammlung für geschlossen erklärt werden. Wenn 20 Mitglieder den Schluß verlangen, muß der Vorsitzende darüber abstimmen lassen. Ist der Schluß von der Versammlung ausgesprochen, so kann nur noch der Antragsteller oder der Berichterstatter vor der Abstimmung das Wort erhalten.*

§ 39 *Es darf kein Vortrag abgelesen werden, ausgenommen Berichte, welche im Namen eines Ausschusses erstattet werden. Darüber, ob Aktenstücke verlesen werden dürfen, ist die Versammlung ausdrücklich zu befragen.*

§ 41 *Die Abstimmung findet in der Regel durch Aufstehen und Sitzenbleiben statt. Ist das Ergebnis nach der Ansicht des Vorsitzenden zweifelhaft, so wird die Gegenprobe gemacht. Gibt auch diese nach der Ansicht der Mehrzahl des Gesamtvorstandes kein sicheres Ergebnis, so wird von den Schriftführern gezählt.*

§ 42 *Namentliche Abstimmung mit Ja und Nein ohne Motivierung findet nur statt, wenn solche beim Schlusse der Beratung beantragt und solcher Antrag von wenig-*

stens fünfzig Mitgliedern unterstützt wird. Der Antrag geschieht von der Rednertribüne ohne Motivierung.

§ 43 *Bei Stimmengleichheit wird die Frage als verneint angesehen. Der Vorsitzende stimmt niemals ab.*

Wie jedem neugegründeten Parlament, so oblag auch der Frankfurter Nationalversammlung die Aufgabe, zunächst einmal den Geschäftsbetrieb zu organisieren. Am 18. Mai hatte in der Paulskirche vieles noch nicht geklappt. Der Alterspräsident zeigte sich seiner Aufgabe nicht gewachsen. Die Flut der Reden brandete förmlich gegen das Präsidium, die der 70jährige Lang, nur mit einer schwachen Stimme und wenig Energie und Durchsetzungsvermögen ausgestattet, vergeblich zu steuern versuchte. Als die erste Sitzung der Paulskirchenversammlung nach etwa drei Stunden gegen halb acht Uhr zu Ende gegangen war, hatten nicht weniger als einhundert Abgeordnete gesprochen. Der Junghegelianer Arnold Ruge, damals Abgeordneter für Breslau, konstatierte noch am selben Abend Turbulenz und Verworrenheit der ersten Sitzung. «Wie Blitze im Gewitter schlüpften dabei einzelne Figuren über die Tribüne, ohne erkannt zu werden.»[4] So stand in der Hochstimmung des ersten Tages in der Paulskirche die profane Erkenntnis, daß dieses Parlament um zu funktionieren nicht nur des guten Willens seiner Abgeordneten, sondern auch eines organisierten Geschäftsbetriebes bedurfte. Damit setzte aber gleichzeitig der Wettlauf der Parteien, die sich ja ebenfalls noch im Zustande der Konstituierung befanden, um Ämter und Einfluß ein.

Bereits am Morgen des darauffolgenden Tages konnten die gemäßigten Liberalen einen wichtigen Erfolg erringen. Am 19. Mai 1848 wurde der hessen-darmstädtische Minister Heinrich von Gagern zum ersten Präsidenten der Frankfurter Nationalversammlung gewählt. Mit 305 (von 393) hatte er nahezu 80 Prozent der abgegebenen Stimmen erhalten. Seine Gegenkandidaten besaßen allerdings von vornherein keine Chance. Soiron, der Präsident des Fünfzigerausschusses, hatte 85, der Demokrat Robert Blum 3, der Liberale Friedrich

Dahlmann und drei weitere Kandidaten je 1 Stimme bekommen.

Heinrich von Gagern besaß nicht nur innerhalb der Frankfurter Nationalversammlung eine breite Mehrheit. Seine Wahl wurde selbst von Gegnern des Paulskirchenparlamentes toleriert, weil die Einsetzung eines gemäßigten Liberalen unter den gegebenen Umständen für sie gewiß nicht die schlechteste aller denkbaren Lösungen bedeutete. Aber Gagern galt auch beim fortschrittlich eingestellten gemäßigt demokratischen Kleinbürgertum, vornehmlich im Süden und Westen Deutschlands, als populär, weil er den Fürsten und ihren Regierungen zwar stets kompromißbereit, niemals aber ohne Zivilcourage und ein gehöriges Maß an bürgerlichem Selbstbewußtsein begegnet war.

Heinrich Freiherr von Gagern (1799–1880) gehörte dem ehemals reichsunmittelbaren Adel an, der gegenüber den großen Territorialfürsten eine relative Unabhängigkeit genossen hatte. Das ursprünglich flandrische Geschlecht war später auf Rügen und erst im 17./18. Jahrhundert in Südwestdeutschland seßhaft geworden. Die Gagerns waren keine Reaktionäre. Sie traten vielmehr dafür ein, das Feudalsystem in bestimmten Punkten den Erfordernissen der Zeit anzupassen. Ihnen ging es um Reformen der Adelsherrschaft, wobei ihnen vor allem an einer Stärkung des Reichsgedankens lag.

Heinrich von Gagern hatte ursprünglich die Offizierslaufbahn eingeschlagen und bei Waterloo gekämpft. Später studierte er in Heidelberg, Göttingen und Jena Jura, schon frühzeitig schloß er sich den Burschenschaften an. Zeitweilig legte der Burschenschafter Gagern sogar, damit gleichsam seine Verbundenheit mit dem fortschrittlichen Bürgertum dokumentierend, sein Adelsprädikat ab. Schon in jungen Jahren vollzog er den Übergang von der Ideenwelt des liberalen Adels zum bürgerlichen Liberalismus. 1820 trat Gagern in den großherzoglich-hessischen Staatsdienst, und es gelang ihm dank seiner juristischen Fähigkeiten innerhalb von sieben Jahren der Aufstieg vom Landgerichtsassessor zum Regierungsrat. Gleichzeitig lernte er die politische Unterdrückung des Volkes durch den reaktionären Absolutismus aus eigener Anschauung kennen und wurde zum erklärten Gegner des Duodezfürstentums. Obwohl Gagern gegen revolutionäre

Veränderungen war und stets für Reformen eintrat, geriet er in einen scharfen Konflikt mit seinem Landesherrn, der 1833 zu seiner Entlassung aus dem Staatsdienst führte. Als Abgeordneter des darmstädtischen Landtages von 1832 bis 1836 hatte er erste parlamentarische Erfahrungen sammeln können, ehe er – enttäuscht über die erneute Stärkung der Fürstenmacht nach 1834 in Deutschland – vorübergehend die politische Bühne verließ, um als Gutsbesitzer in Monsheim (Rheinpfalz) zu leben.

Heinrich von Gagern trat frühzeitig für eine Reform des Deutschen Bundes ein, eine wesentliche Voraussetzung für die Schaffung eines bürgerlichen deutschen Nationalstaates. Sie sollte nicht durch eine Revolution erzwungen werden, sondern im Einvernehmen mit den deutschen Fürsten vonstatten gehen. Gemeinsam mit seinem Bruder Friedrich entwickelte er die Vorstellung, Preußen müsse die Initiative ergreifen und sich an die Spitze der nationalen Bewegung stellen. Wie viele andere bürgerliche Politiker, gründeten sie ihre Hoffnungen vor allem auf den preußischen Zollverein und die Wirtschaftskraft Preußens. Allerdings vertrat Heinrich von Gagern die Meinung, Preußen könne seinen «nationalen Beruf» nur dann ausüben, wenn es selbst zu einem bürgerlichen Verfassungsstaat umgestaltet werde. Österreich dagegen besitze weder Neigung noch verfüge es über die Voraussetzungen, um eine «nationale Mission» in Deutschland zu erfüllen. – Dieses Konzept wurde 1848/49 Gagerns nationalpolitische Leitvorstellung.

Der Wiedereintritt in den darmstädtischen Landtag war für ihn der Ausgangspunkt für eine schnell zunehmende Popularität auch außerhalb Südwestdeutschlands, eines raschen politischen Aufstiegs. Führenden Anteil hatte er auch an der Heppenheimer Tagung der süd- und westdeutschen Liberalen im Oktober 1847 genommen, wo er sich mit dafür aussprach, den preußischen Zollverein gleichsam als Modell eines künftigen Bundesstaates weiter auszubauen. Er gehörte zu den Gründern des bedeutendsten liberalen Blattes der Revolutionszeit in Deutschland, der «Deutschen Zeitung».

Seit dem 5. März 1848 war Heinrich von Gagern «Märzminister», so wurden jene liberalen Minister genannt, die unter dem Druck der revolutionären Arbeiter, Handwerker und

Studenten im März 1848 allerorts in Deutschland durch die Fürsten berufen worden waren. Ungeachtet der Belastungen, die dieses Amt für Gagern mit sich brachte, verfügte er bereits über parlamentarische Erfahrungen aus seiner Darmstädter Zeit. Zudem war er ein hervorragender Redner, besaß Energie und Durchsetzungsvermögen, Eigenschaften, die einen guten Politiker ebenso ausmachen wie sein politisches Geschick. Gagern beeindruckte auch durch seine äußere Erscheinung, ein für die Ausübung des ihm übertragenen Amtes gewiß nicht unwichtiger Vorzug. Er war hochgewachsen, von stattlicher Figur und stimmgewaltig. In den parlamentarischen Verhandlungen verband er Ruhe und Übersicht mit dem Temperament des südwestdeutschen Liberalen. Kurzum: Er war der beste Mann der gemäßigten Liberalen für dieses Amt.

Heinrich von Gagern am 15. 3. 1838 an seinen Bruder Max

«Du weißt, wie ich von der Zukunft Deutschlands denke und welche Hoffnungen ich auf Preußen gesetzt habe. Du weißt aber auch, wie ich die Erfüllung dieser Hoffnungen teils durch innere Stärke Preußens, die ja nur aus dem Patriotismus und der Anhänglichkeit aller Provinzen an die Regierung hervorgehen kann, teils durch eine sehr wesentliche Änderung im Regierungssystem bedingt erachte . . .»

Es galt unter seinen in Frankfurt am Main versammelten Parteifreunden als ausgemacht, daß Heinrich von Gagern Präsident der Frankfurter Nationalversammlung werden mußte. Dennoch schienen einem seiner Gefolgsleute, dem Stettiner Gymnasialprofessor Ludwig Giesebrecht, noch zwei Tage vor der Parlamentseröffnung die Mehrheitsverhältnisse zweifelhaft: «Ob wir die Wahl durchsetzen, steht dahin.»[5] Drei Tage danach hatten sich die Besorgnisse in Frohlocken und Befriedigung verwandelt. «Es war», so Gagerns Parteifreund und späterer Nachfolger, der Königsberger Professor der Rechte, Eduard Simson, «als wenn ein des Fahrens Kundiger am Boden schleifende Zügel ergriff.»[6] Der Literaturhistoriker Rudolf Haym, Chronist der Paulskirchenversammlung und gleichfalls zur Gefolgschaft Gagerns gehörig, erging sich in ähnlichen Worten über den Amtsantritt des neuen Präsidenten: «Die Leidenschaften schienen niedergehalten, aus Verwirrung und Ungestüm tauchte ein fester Punkt hervor, als eine Leitung, umgeben von dem vollen Glanz sittlicher Würde, gewonnen war.»[7]

Wer den 18. Mai und die Hilflosigkeit des überforderten Alterspräsidenten in der Nationalversammlung erlebt hatte, der vermochte allerdings zu ermessen, welchen Einfluß ein fähiger Präsident auf das Geschehen in- und außerhalb der Paulskirche zu nehmen imstande war, was nicht zuletzt der von ihm vertretenen Partei zum Vorteil gereichte. Daß Gagern sich auf die Gratwanderung zwischen Präsidentschaft und Parteiinteresse verstand, verriet seine wohlausgewogene und ohne Zweifel gut vorbereitete Antrittsrede.

Aus der Antrittsrede Heinrich von Gagerns

«Ich gelobe hier feierlich vor dem ganzen deutschen Volke, daß seine Interessen mir über alles gehen, daß sie die Richtschnur meines Betragens sein werden, solange ein Blutstropfen in meinen Adern rinnt ... Wir haben die größte Aufgabe zu erfüllen. Wir sollen schaffen eine Verfassung für Deutschland; für das gesamte Reich. Der Beruf und die Vollmacht zu dieser Schaffung, sie liegen in der Souveränität der Nation. (Stürmisches Bravo). Der Beruf und die Vollmacht, dieses Verfassungswerk zu schaffen, hat die Schwierigkeit in unsere Hände gelegt, um nicht zu sagen die Unmöglichkeit, daß es auf anderem Wege zustandekommen könnte ...
Deutschland will eins sein, ein Reich, regiert vom Willen des Volkes, unter der Mitwirkung aller seiner Gliederungen; diese Mitwirkung auch der Staaten-Regierungen zu erwirken, liegt

mit in dem Beruf dieser Versammlung. Wenn über manches Zweifel besteht und Ansichten auseinandergehen, über die Forderung der Einheit ist kein Zweifel, es ist die Forderung der ganzen Nation. Die Einheit will sie, die Einheit wird sie haben, sie befestigen; sie allein wird schützen vor allen Schwierigkeiten, die von außen kommen mögen, die im Innern drohen. Und so, Vertreter des Volkes, bitte ich Sie, für die kurze Zeit, wo ich diese Versammlung zu leiten habe, um ihre Unterstützung und um ihre Nachsicht, deren ich in so hohem Grade bedarf ...»

Gagerns Ansprache war in ihrer Kürze ein Meisterwerk. Er verband darin den Anspruch auf Überparteilichkeit mit dem Bekenntnis zur liberalen Reformpolitik, indem er letztere als das wirklich Einigende und die Parteien der Rechten und Linken Verbindende hinstellte. Der wichtigste Gedanke lag in dem Bekenntnis zur «Souveränität der Nation». Sie brachte das Grundprinzip seiner Partei klar zum Ausdruck: den Geltungsanspruch gegenüber Adel und Fürsten auf der einen und gegenüber der revolutionären Volksbewegung auf der anderen Seite. Denn Souveränität der Nation hieß für Gagern in erster Linie «Souveränität der Nationalversammlung» und nicht «Souveränität des Volkes».

Parteien, Klubs, Fraktionen

Mit der Präsidentenwahl war die erste parteipolitische Entscheidung zugunsten der Liberalen gefallen. Je weiter sich der parlamentarische Geschäftsbetrieb vervollkommnete, um so deutlicher trat das Übergewicht dieser Gruppierung in der Nationalversammlung zutage. Ihrer politischen Zusammensetzung nach glich die Paulskirchenversammlung dem Vorparlament. Etwa drei Viertel der Abgeordneten sprachen sich, wenn auch zum Teil mit Vorbehalten, für die Erhaltung der Monarchie aus. Nur etwa ein Viertel der Volksvertreter forderte die Schaffung einer demokratischen deutschen Republik, trat für die Begründung demokratischer Verhältnisse in Deutschland ein.

Fest etablierte Parteien gab es weder im außerparlamentarischen Bereich noch zu Anfang in der Paulskirche. Das Fraktionswesen, die politische Gliederung des Parlamentes konnte und mußte sich erst an Ort und Stelle, im Verlaufe der Debatten und Auseinandersetzungen herausbilden. So dominierten anfänglich auf den im Halbrund der Paulskirche aufgestellten Abgeordnetenbänken die regionalen Bindungen. Aber innerhalb der Landsmannschaften fanden sich häufig politisch Gleichgesinnte zusammen: Die sächsischen Demokraten um Robert Blum, die badischen Republikaner um Adam von Itzstein und den Historiker Karl Hagen, vor allem aber die übermächtige und bald tonangebende Gruppe der streng monarchisch eingestellten preußischen Konstitutionellen um Friedrich Dahlmann, Johann Gustav Droysen und Hermann von Beckerath. Die landsmannschaftlichen Konturen verblaßten bald, und man konnte, wie der demokratische Abgeordnete und Historiker Wilhelm Zimmermann schrieb, «vom Standpunkte des Präsidentenstuhles und der Rednerbühne aus ... schon nach den ersten Tagen die vier Hauptfraktionen im allgemeinen Umriß erkennen»:[8]

Linke (Demokraten/Republikaner)
linkes Zentrum (Linksliberale)
rechtes Zentrum (gemäßigte Liberale)
äußerste Rechte (gemäßigte Konservative).

Dies waren Orientierungsrichtungen, aber noch keine organisierten Fraktionen.

Anfänglich hemmten eine Reihe von technischen Schwierigkeiten die Ingangsetzung des Parlamentsapparates. Die Kommunikation zwischen den Abgeordneten stieß auf vielerlei Hindernisse. Die Paulskirche war in aller Eile notdürftig für den Parlamentsbetrieb hergerichtet worden. Es gab weder Fraktions- noch Geschäftszimmer. Politische Gespräche und Unterhandlungen mußten häufig unter freiem Himmel durchgeführt werden. Auf dem Paulsplatz oder in einem der benachbarten Gasthöfe konnte man die Parlamentarier, den Parlamentspräsidenten oder sogar die Minister der Reichsregierung beobachten, wie sie, eingekeilt in die Menschenmenge, ihre Verhandlungen führten. Für die meisten Abgeordneten gestalteten sich die Lebensumstände schwierig. Die häufig ermüdenden und langandauernden Parlaments- und Ausschußsitzungen waren noch zu verkraften. Aber die Mehrzahl der Parlamentarier lebte von der Familie getrennt, versorgte sich notdürftig und unter improvisierten Bedingungen. Das Leben in Frankfurt war teuer. Die fünf Gulden Tagegeld (etwa zweieinhalb Taler) wogen die Mehrkosten für eine doppelte Haushaltsführung nicht auf. Viele Abgeordnete waren in der äußerst gering bemessenen Freizeit darauf angewiesen, noch etwas hinzuzuverdienen. Wilhelm Zimmermann beispielsweise schrieb bis in die Nacht hinein an seinen wissenschaftlichen Werken.

Schlecht stand es auch um die Wohnverhältnisse der Abgeordneten. Zwar verfügte Frankfurt als Bank- und Handelsstadt über eine größere Zahl von Gasthöfen, trotzdem reichten die vorhandenen Fremdenzimmer nicht aus, denn das Parlament zog zusätzlich viele der Paulskirche nicht angehörende Bürger – politische Beobachter und sonstige Schaulustige – in die Stadt. Außerdem waren durch immense Nachfrage die Logierkosten für die meisten Abgeordneten ins Unerschwingliche angestiegen. So blieb ihnen nichts übrig, als sich mit abgelegenen kleinen Privatzimmern – häufig nur behelfsmäßige Unterkünfte – zufriedenzugeben.

Auch der Geschäftsbetrieb innerhalb der Paulskirche gründete sich in der allerersten Phase mehr auf Improvisation als auf die Anwendung feststehender Regularien. Durch Losentscheid wurden zunächst insgesamt fünfzehn zahlenmäßig gleichstarke Abteilungen geschaffen, deren Aufgabe unter anderem die gegenseitige Prüfung der Wahlunterlagen und die Durchführung der anstehenden Ausschußwahlen war. Diese Abteilungen verloren in dem Maße ihre Bedeutung, wie sich die Fraktionsstruktur der Paulskirchenversammlung herausbildete und festigte. Die Parteien der Frankfurter Nationalversammlung waren noch keine Fraktionen, wie man sie im heutigen Sinne versteht. Sie selbst nannten sich Klubs, und diese Klubs besaßen in mancherlei Hinsicht improvisierten Charakter. Als Tagungs- und Begegnungsstätten dienten ihnen Frankfurter Gasthöfe, deren Namen die Klubs einfach übernahmen: «Donnersberg», «Deutscher Hof», «Westendhall», «Württemberger Hof», «Casino», «Landsberg», «Steinernes Haus». Die parlamentarischen Klubs unterschieden sich von den modernen Parlamentsfraktionen durch weniger ausgeprägte parteimäßige Geschlossenheit. Dennoch war für die Paulskirchenversammlung von Beginn an nicht der nur seinem persönlichen Gewissen verantwortliche Parlamentarier typisch, sondern parlamentarische Gruppierungen, hinter denen bestimmte Klassenkräfte mit ihren Interessen standen.

Der Parteibildungsprozeß zeitigte zunächst auf seiten der Linken Erfolg. *Die Linke (Fraktionen Donnersberg und Deutscher Hof)* verkörperte die eigentliche demokratische Kraft in der Frankfurter Nationalversammlung. Es gab auch außerhalb der Linken, etwa im linken Zentrum, demokratisch eingestellte Abgeordnete, aber die Linke war die einzige parlamentarische Gruppierung innerhalb der Paulskirche, die hundertprozentig geschlossen für eine demokratische Republik eintrat. Ihr ideologisches Fundament bildete Jean Jacques Rousseaus Lehre von der Volkssouveränität, sie stand in der Tradition des antiabsolutistischen Freiheitskampfes der dreißiger und vierziger Jahre des 19. Jahrhunderts. Ihre Losung hieß: demokratischer Fortschritt mit Mäßigung! Das bedeutete – die Herrschaft des Adels beseitigen, aber möglichst ohne die Anwendung revolutionärer Gewalt; die Macht der Könige brechen, in erster Linie aber mit Hilfe von Gesetz und Verfassung.

Die parlamentarische Linke war die Partei der überzeugten und mit der Sache des Volkes verbundenen, wenn auch nicht immer zu konsequentem Handeln bereiten kleinbürgerlichen Demokraten. «Ihr Führer», so berichtete seinerzeit der sächsische Abgeordnete Karl Theodor Dietsch an seine Wähler, «ist Robert Blum, hinsichtlich der Beredsamkeit der bis jetzt anerkannte erste Stern der Paulskirche. Mit besonderem Glück sind neben ihm bis jetzt aufgetreten Schaffrath, welcher die auf den sächsischen Landtagen ihn auszeichnenden Fehler der Weitschweifigkeit und Spitzfindigkeit hier ganz abgelegt zu haben scheint, Vogt, Wesendonck, Jordan, Mareck aus Steiermark, M. Mohl.»[9]

Die Linke zählte anfangs etwa 100 bis 120 Abgeordnete – meist Advokaten, kleine Angestellte, Lehrer, Schriftsteller, demokratisch gesinnte Pfarrer. Ihre eigentliche soziale Basis bildeten die kleinen Handwerker und Gewerbetreibenden.

Einerseits wurde deren Existenz durch den Kapitalismus bedroht, andererseits litten diese Schichten in starkem Maße unter der Unterdrückung durch das aristokratisch-monarchische Regime. Daher verlangte das Kleinbürgertum sowohl politische Rechte für das Volk als eine Besserung der sozialen Lage der armen Bevölkerung. Es verkörperte eine zahlenmäßig starke Bevölkerungsschicht, die in den Städten sogar die Mehrheit der Bewohner ausmachte. Im Kleinbürgertum besaß die demokratische Bewegung ihre Massenbasis. Innerhalb des demokratischen Kleinbürgertums existierten verschiedene Richtungen. Viele der proletarisierten armen Handwerksgesellen waren zum revolutionären Kampf gegen die adlig-monarchischen Kräfte bereit, die gemäßigten Kräfte – wohlhabende Handwerksmeister, kleine Gewerbetreibende –, deren Vertreter innerhalb der Linken in der Paulskirche dominierten, vertrauten auf den parlamentarischen Weg der demokratischen Umgestaltung.

Die Klasseninteressen der Arbeiter, die in der Paulskirche noch nicht vertreten waren, gingen darüber hinaus, aber die Linke stand ihnen von allen Gruppierungen der Frankfurter Nationalversammlung am nächsten. Daraus ergab sich für die revolutionären Arbeiter zweierlei: Es galt, die parlamentarische Linke wo es möglich und notwendig war zu unterstützen – und sie gleichzeitig voranzutreiben und zu energischem Handeln zu ermuntern. «In der Tat», schrieb Friedrich Engels über jene Entwicklungsphase in Deutschland, da der revolutionäre Kampf noch nicht jene Zuspitzung wie in Frankreich erreicht hatte, «solange das allgemeine, direkte Wahlrecht nicht eingeführt war, solange noch die 36 größeren und kleineren Staaten bestanden, durch die Deutschland in zahllose Gebietsfetzen zerrissen wurde – was blieb da der proletarischen Partei anders übrig, als die für sie hochwichtige Bewegung in Paris aufmerksam zu verfolgen und gemeinsam mit dem Kleinbürgertum um jene Rechte zu kämpfen, die ihr später ermöglichen würden, ihre eigene Schlacht zu schlagen?»[10]

Eingedenk der Tatsache, daß unter den gegebenen Umständen die Radikalisierung der Opposition in der Frankfurter Nationalversammlung dem Parlament nicht schadete sondern nützte, sonderte sich bereits Ende Mai von der *vereinigten*

Linken die äußerste Linke, die Fraktion Donnersberg, ab und veröffentlichte am 31. Mai ihr erstes programmatisches Manifest. «Die Partei», so klärte ein demokratischer Abgeordneter seine Wähler auf, «besteht aus nur ungefähr 20, aber entschlossenen und zum großen Teil talentvollen Männern, unter ihnen die Rheinhessen Zitz und Mohr, die Badenser Peter, Junghanns, Brentano, Kapp, Reé, Arnold Ruge aus Leipzig, der deutschkatholische Prediger Franz Schmidt, der Fabrikant Schlöffel aus Schlesien, Titus aus Bamberg, Zimmermann aus Württemberg. Ohne mich auf nähere Einzelschilderungen einzulassen ... bemerke ich hier nur, daß die größte Beredsamkeit unter dieser Partei bis jetzt Zitz aus Mainz gezeigt hat; aufgetreten sind neben ihm, besonders in Klubversammlungen, Ruge mit seiner feinen Dialektik und seinem sprudelnden Witze, daneben aber auch mit einer zu starken Dosis Grobheit und einem sehr merklichen Sichgehenlassen, und Schlöffel.»[11] Es war dies keine «Opposition innerhalb der Opposition», sondern gleichsam die konsequentere Variante der gemäßigten Linken. Meinungsverschiedenheiten bestanden zeitweilig hauptsächlich in bezug auf ihr Verhältnis zum Parlamentarismus. Die gemäßigte Linke vertraute im allgemeinen auf die Allmacht des Parlamentes. Auch die äußerste Linke setzte große Hoffnungen auf den parlamentarischen Kampf. Aber sie stellte den Parlamentarismus vor allem dort in Frage, wo sich seine Unzulänglichkeit erwies. Allerdings nur wenige Abgeordnete, so Wilhelm Adolf von Trützschler, der Mainzer Rechtsanwalt Franz Zitz, der Stadtrichter Friedrich Martiny aus Friedland (Westpreußen), der Unternehmer Friedrich Wilhelm Schlöffel aus Eichberg (Schlesien), waren bereit, den Weg Robert Blums zu gehen und die parlamentarische Demokratie mit revolutionären Mitteln zu verteidigen.

Das Manifest der äußersten Linken vom 31. Mai 1848 war das erste Parteiprogramm in der Paulskirche überhaupt. Es verlangte unter anderem eine «immer auf zwei Jahre gewählte Nationalversammlung für den Gesamtstaat Deutschland, gewählt ohne Zensus und durch direkte Wahlen», einen «Vollziehungsausschuß, welcher durch einen verantwortlichen Präsidenten und sein verantwortliches Ministerium» gebildet werde, ferner «Feststellung und Verkündigung der Volksrechte», die Gründung eines deutschen Föderativ-Staates, wobei die Einzelstaaten so viel von ihrer Souveränität aufgeben sollten, «als die Nationalversammlung zur Bildung des souveränen Gesamtstaates für nötig erachtet».[12]

Das *linke Zentrum – (Württemberger Hof)* zählte anfangs etwa 120 Abgeordnete. Es konnte sich somit zwar zahlenmäßig, nicht aber in bezug auf seine parteimäßige Geschlossenheit mit der Linken messen. Die hier vertretenen Abgeordneten wollten sich sowohl von der kleinbürgerlich-demokratischen Opposition als auch von den gemäßigten Liberalen des rechten Zentrums abgrenzen. Das linke Zentrum war eine Vereinigung derjenigen kleinbürgerlichen Demokraten, denen die Errichtung einer demokratischen Republik zu weit ging und jener Liberalen, die einen Kompromiß mit Adel und Fürsten ablehnten.

Das Verbindende und Einigende innerhalb des linken Zentrums war jedoch nur schwach ausgeprägt. Daher gelang es bei der Ausarbeitung seines Verfassungsprogrammes nicht, die Stellung des Parlamentes gegenüber der herrschenden Klasse und dem Volke sowie das Verhältnis zwischen Zentralgewalt und Einzelstaaten im erwünschten Maße auszubalancieren. Dem linken Zentrum gehörten vorwiegend Parlamentarier aus nichtpreußischen Staaten an; sie zeigten sich besonders hinsichtlich der nationalen Frage uneinig. Das linke Zentrum sprach sich zwar grundsätzlich für eine Reform des Deutschen Bundes aus, lehnte jedoch einen deutschen Bundesstaat unter preußischer Führung ab. Andererseits scheuten auch die meisten Abgeordneten des linken Zentrums vor der Dekretierung eines Föderativstaates, gänzlich über die Köpfe der Fürsten hinweg, zurück. Der Annaberger Abgeordnete Dietsch charakterisierte diese Schwierigkeiten bei der Programmdiskussion treffend: «Fast jeden Tag erscheint ein gedrucktes Programm ihrer eigentlichen Meinung, fast an jedem Abend halten sie Zusammenkünfte, um ihre wirkliche und eigentliche Meinung herauszusuchen – vergebens, sie können den Schlüssel nicht finden.»[13]

Dem linken Zentrum in der Paulskirche erging es so, wie es häufig heterogenen und in sich zerrissenen politischen Parteien ergeht: Zunächst, Ende Juli, spaltete sich der *linke, demokratisch orientierte Flügel (Fraktion Westendhall)* – Heinrich und Max Simon aus Breslau, Jakob Venedey aus Köln, Theodor Reh aus Darmstadt – ab, und im September trennte sich der *rechte Flügel (Augsburger Hof)* – Karl Biedermann aus Leipzig, Gabriel Riesser aus Hamburg – vom Württemberger Hof. Die Westendhall kooperierte zumeist mit der Linken, während der Augsburger Hof auf die Bahn der gemäßigten Liberalen einschwenkte. Zurück blieb eine auf etwa ein Drittel ihrer ursprünglichen Stärke zusammengeschrumpfte Fraktion von zumeist großdeutsch eingestellten Linksliberalen, letztlich ein Ausdruck dafür, daß ihr zwiespältiges Programm im Lager der bürgerlichen Opposition nur relativ geringe Resonanz gefunden hatte.

Ganz anders verhielt es sich mit dem *rechten Zentrum (Fraktion Casino)*. Sie war die eigentliche parlamentarische Vertretung der liberalen Bourgeoisie, welche durch ihre Erfolge in den Wahlen die zahlenmäßig stärkste und tonangebende parlamentarische Gruppierung in der Paulskirche stellte.

Die Bourgeoisie und die mit ihr verbündeten Schichten waren für die Durchsetzung des Kapitalismus und daher 1848 grundsätzlich noch am gesellschaftlichen Fortschritt interessiert. Allerdings lehnten sie eine Volksrevolution zur Verwirklichung einer bürgerlich-kapitalistischen Ordnung ab und traten für den Weg der Reformen ein.

Das Programm des rechten Zentrums war den Interessen und Wünschen der kapitalistischen Unternehmer und Bankiers, der reichen Manufakturbesitzer, der bürgerlichen Intelligenz und der bessergestellten Beamten angepaßt. Auf einen einfachen Nenner gebracht hieß das: Der wirtschaftliche und gesellschaftliche Fortschritt sollte möglichst ohne revolutionäre Störung und im Einvernehmen mit der Adelsklasse herbeigeführt werden. Das rechte Zentrum forderte: Erhaltung der Monarchie, aber Eingrenzung der Rechte des Herrschers, Gründung eines deutschen Bundesstaates, Verankerung bürgerlicher Freiheiten und Sicherung wirtschaftlicher Entfaltungsmöglichkeiten, vor allem Ausweitung des inneren Marktes, Verabschiedung einer bürgerlich-fortschrittlichen Verfassung.

Innerhalb der Casino-Fraktion waren die Anhänger Preußens in der Mehrzahl. Allein über 50 Prozent der Abgeordneten des rechten Zentrums entstammten den preußischen Provinzen. Ähnlich wie Heinrich von Gagern wollten die meisten Casino-Vertreter Preußen an der Spitze des künftigen deutschen Bundesstaates sehen. Die Mehrheit der Casinoabgeordneten wie auch der deutschen Bourgeoisie außerhalb des Parlamentes erhoffte sich von Preußen eine wirksamere Unterstützung ihrer ökonomischen Interessen als von Österreich. Einige Casino-Parlamentarier wünschten sogar, daß Österreich gänzlich aus dem deutschen Staatenverband ausscheiden sollte. Aber die Casino-Fraktion verkannte nicht, daß die Interessen der Bourgeoisie zumindest ein Zurückdrängen des Einflusses der Junker und Militärs in Preußen verlangten. Heinrich von Gagern und seine Gefolgsleute waren bereit, dem preußischen König die deutsche Kaiserkrone zu übergeben. Aber sie stellten Preußen eine Bedingung: Ehe Preußen an die Spitze Deutschlands trat, sollte es selbst ein bürgerlich-fortschrittlicher Staat werden. Dazu gehörte, daß die Rechte des Königs eingeschränkt und diejenigen des preußischen Parlamentes erweitert wurden. Ferner sollte die preußische Bourgeoisie ihre Machtstellung ausbauen.

Aus den Programmen der Fraktionen

Fraktion Casino

Festhalten am Beschluß der Nationalversammlung vom 27. Mai d. J.:

> *Die deutsche Nationalversammlung (...) erklärt, daß alle Bestimmungen einzelner deutscher Verfassungen, welche mit dem von ihr zu gründenden allgemeinen Verfassungswerke nicht übereinstimmen, nur nach Maßgabe des letzten als gültig zu betrachten sind – ihrer bis dahin bestandenen Wirksamkeit unbeschadet.*

Die Einheit Deutschlands ist vor allem zu erstreben, daher kein Partikularismus, aber Anerkennung der den einzelnen deutschen Staaten und Stämmen in der Gesamtheit gebührenden Besonderheit.

Die politische Freiheit soll begründet und gesichert werden

– also keine Reaktion; aber mit aller Entschiedenheit ist für die öffentliche Ordnung gegen die Anarchie zu kämpfen.

Fraktion Württemberger Hof

Wir wollen, daß der verfassungsgebende deutsche Reichstag selbständig die allgemeine deutsche Verfassung gründe.
Wir verwerfen somit die Ansicht, daß der Reichstag in dieser Beziehung auf dem Boden des Vertrages mit den Regierungen – als Organen der einzelnen deutschen Staaten – stehe.
Wir wollen, daß die zu gründende deutsche Bundesverfassung in allen ihren Teilen die Souveränität des deutschen Volkes zur Grundlage habe und diese Grundlage sichere.
Wir wollen, daß die Souveränität der einzelnen deutschen Staaten denjenigen Beschränkungen und nur denjenigen Beschränkungen unterworfen werde, welche zur Begründung eines einigen und kräftigen Bundesstaates erforderlich sind.

Fraktion Deutscher Hof

Die Partei der Linken will die Volkssouveränität in ihrem vollen Umfange.
Sie will daher die Feststellung der Reichsverfassung ausschließlich durch die deutsche Nationalversammlung – sie will für alle Zukunft die Gesetzgebung ausschließlich und allein der Volksvertretung . . . überlassen wissen.
Sie will eine Volksvertretung, aus der freien Wahl aller volljährigen Deutschen hervorgegangen.
Sie will das Recht der einzelnen deutschen Staaten, ihre Verfassung festzustellen, sei es in Form der demokratischen Monarchie, sei es in Form des demokratischen Freistaates.
Sie will die vollkommenste Freiheit. – Sie will daher die Freiheit nicht mehr beschränkt wissen, als das Zusammenleben der Staatsgenossen unumgänglich notwendig macht.
Sie will die Einheit Deutschlands. – Sie will daher einen konsequent durchgeführten Bundesstaat.
Sie will die Humanität. – Sie will namentlich ein hiernach gänzlich verändertes Unterrichtswesen – eine auf Humanität begründete Strafgesetzgebung – ein Heerwesen, gegründet auf Volkswehr.
Sie will endlich die Gleichberechtigung aller Nationalitäten.

Fraktion Donnersberg

Die demokratische Partei der deutschen Nationalversammlung erkennt die

Freiheit, Gleichheit und Brüderlichkeit

als die Grundsätze an, deren Durchführung ihre Aufgabe ist.

Freiheit: *... jeder Mensch, jede Gemeinde, jeder Einzelstaat, jede Nation hat das Recht, ... die eigenen Angelegenheiten selbst zu ordnen.*

Gleichheit: *... jeder Mensch, jede Gemeinde, jeder Einzelstaat, jede Nation ist bei Ausübung des Rechts der Selbstbestimmung und der Ordnung der eigenen Angelegenheiten verpflichtet, ... das Wohl und das Glück aller anderen zu achten.*

Brüderlichkeit: *... jeder Mensch, jede Gemeinde, jeder Einzelstaat, jede Nation ist bei Ausübung des Rechts der Selbstbestimmung und der Ordnung der eigenen Angelegenheiten verpflichtet, ... das Wohl und das Glück aller anderen vor Augen zu haben.*

Die Gesamtverfassung Deutschlands muß (...) kraft des Grundsatzes der Freiheit (...) sowohl die Gesetzgebung für den Gesamtstaat als die Vollziehung des Gesamtwillens freigewählten, verantwortlichen und absetzbaren Beauftragten überlassen, (...) kraft des Grundsatzes der Gleichheit jede Überhebung des Einen über den Andern, jedes Privilegium verbieten, (...) kraft des Grundsatzes der Brüderlichkeit die Sorge für das Wohl und das Glück aller unter ihr vereinigten Menschen als höchste Aufgabe, als endliches Ziel anerkennen.

Genau in diesem Punkte unterschieden sich das rechte Zentrum und die *äußerste Rechte* der Paulskirchenversammlung – die *Fraktion Milani*, der etwa 40 Abgeordnete angehörten – voneinander. Auch in dieser Gruppierung gab es Parlamentarier, wie den preußischen Landrat Georg von Vincke oder den gemäßigt-konservativen preußischen General Josef Maria von Radowitz und den früheren preußischen Finanzminister Eduard von Flottwell, die sich dafür einsetzten, daß Preußen an die Spitze Deutschlands trat und eine Reform des Deutschen Bundes herbeiführte. Die Parteigänger Preußens innerhalb der äußersten Rechten stellten jedoch keine derartige Vorbedingung wie die Anhänger Gagerns, im Gegenteil, sie verlangten, daß Junker und Militärs ihre Führungsposition in Preußen unbedingt behalten sollten.

Es mußte auf den ersten Blick überraschen, daß der andere Flügel der äußersten Rechten von den Vertretern des politischen Katholizismus, den Ultramontanen, gebildet wurde (Ignaz von Döllinger, Ernst von Lassaulx). Hinter ihnen standen die katholische Kirche und Teile des Adels in den ökonomisch relativ zurückgebliebenen Gebieten des Deutschen Bundes (Bayern), die vor allem dafür eintraten, daß die Rechte der Fürsten nicht angetastet wurden. Die Ultramontanen grenzten sich vom verfassungspolitischen Programm eines Radowitz oder Vincke ab. Sie waren gegen einen Bundesstaat mit einer starken Zentralregierung und gegen die Einschränkung der Rechte der Einzelstaaten, vielmehr traten sie für die Beibehaltung eines lockeren Staatenbundes ein. Im Gegensatz zu den Parteigängern Preußens verlangten sie, daß Österreich seine Führungsposition in Deutschland behalten müsse. Dennoch überwogen innerhalb der äußersten Rechten die Gemeinsamkeiten zwischen den Ultramontanen und dem propreußisch eingestellten Flügel gegenüber den politischen Differenzen, die Feindschaft gegenüber den Demokraten einte sie.

Die äußerste Rechte wurde zum Sammelpunkt jener etwa 5 bis 7 Prozent der Paulskirchenparlamentarier, denen selbst die gemäßigten Kräfte innerhalb des bürgerlichen Lagers noch zu weit gingen. Die Milani-Abgeordneten waren Konservative (Offiziere, Gutsbesitzer, Diplomaten, katholische Geistliche). Aber sie gehörten nicht zu den gänzlich uneinsichtigen Vertretern des alten Systems, wie etwa der junge Otto von Bismarck oder Ludwig von Gerlach in Preußen und die Ministerpräsidenten Abel in Bayern, du Bos du Thil in Hessen-Darmstadt und Blittersdorf in Baden, die die alten Zustände wiederherzustellen trachteten. «Sie sind», so hieß es in einem Parlamentsbericht über die äußerste Rechte der Paulskirche aus jenen Tagen, «nicht so verstockt, geradezu zu leugnen, daß wir eine Revolution gehabt haben, wiewohl sie dieses fatalen Umstandes herzlich ungern Erwähnung tun, sie suchen jedoch ‹die Errungenschaften der Neuzeit› auf das geringste Maß zu stellen und von den Vorrechten soviel als möglich zu retten».[14] Wenn sich die früheren Verhältnisse schon nicht wieder erneuern ließen, so sollten die Reformen auf das geringstmögliche Maß beschränkt werden. Also keinen Bundesstaat, sondern nur einen «Gesamtbund», das heißt einen nur wenig verbesserten Deutschen Bund, und auch dies nur mit der ausdrücklichen Verpflichtung, nicht «die berechtigten und tiefwurzelnden Existenzen seiner Glieder zu vernichten».[15]

Vincke und Radowitz repräsentierten die flexibel eingestellten Kräfte vor allem innerhalb der preußischen Adelsklasse, an deren Programm genau zehn Jahre später ein Rudolf von Auerswald und nach einem weiteren Dezennium ein Otto von Bismarck anknüpfte. Aber Weitsicht und Flexibilität bezogen sich ausschließlich auf das eigene wohlverstandene Klasseninteresse. Der äußersten Rechten im Café Milani galt deshalb auch nicht die Frankfurter Nationalversammlung als oberste politische Behörde in Deutschland. Da sie den Interessen der Einzelstaaten Vorrang gegenüber dem Gesamtstaat einräumte, stellte sie die deutschen Fürsten über das Paulskirchenparlament. Darin unterschied sie sich von allen übrigen Fraktionen der Nationalversammlung.

Noch während sich die Parteien der Paulskirche konstituierten, stand die Wahl der Ausschüsse auf der Tagesordnung. In den meisten Ausschüssen setzten sich die Kandidaten der Mehrheitsfraktionen durch, also vor allem die Liberalen aller Schattierungen. In keinem Ausschuß besaß die Linke die Majorität. Die Ausschußarbeit vollzog sich im Schatten der Plenardebatten. Die Ausschüsse tagten, wenn der umfangreiche Sitzungsbetrieb Zeit ließ – am frühen Morgen oder spätabends, auch an freien Tagen. Die Arbeit der Ausschüsse des Paulskirchenparlamentes ist oft unterschätzt worden. In den Ausschüssen wurden häufig für die Plenardebatten die Weichen gestellt, Vorentscheidungen getroffen. Bevor wichtige Verhandlungsgegenstände ins Plenum gelangten, durchliefen sie die Prozedur der Ausschußberatung. Die Ausschüsse konnten laut Geschäftsordnung ermächtigt werden, selbst «Zeugen und Sachverständige vorzufordern, zu vernehmen und vernehmen zu lassen oder mit Behörden in Verbindung zu treten».[16] Wenngleich nicht spektakulär, waren sie dennoch ein wirkungsvolles Instrument in den Händen der Gemäßigten, den Gang der Verhandlungen in ihrem Sinne zu beeinflussen.

Die ersten Schritte

Die Wahl der Ausschüsse, die Konstituierung der Parteien und die Verabschiedung einer Geschäftsordnung gaben dem Parlament nunmehr auch seine formale Handlungsfähigkeit. Wollte es zur wichtigsten Einrichtung des künftigen bürgerlichen Staates werden, so hatte es keine Wahl, als gegen die Kräfte des alten Systems, gegen Aristokraten, Fürsten und Partikularisten energisch vorzugehen. «Sie brauchte», schrieb die seit dem 1. Juni von Marx und Engels in Köln herausgegebene «Neue Rheinische Zeitung» am 7. Juni 1848, «nur überall den reaktionären Übergriffen überlebter Regierungen diktatorisch entgegenzutreten, und sie eroberte sich eine Macht in der Volksmeinung, an der alle Bajonette und Kolben zersplittert wären.»[17] Aber die Mehrheit der Frankfurter Nationalversammlung wollte gemäßigten Fortschritt, wollte liberale Reformpolitik, antifeudal und antidemokratisch zugleich, «progressiv – gegen den Absolutismus, reaktionär – gegen die Demokratie».[18]

Solange der Konflikt zwischen Volksbewegung und Konterrevolution nur schwelte und nicht neu entflammte, schien ihre Rechnung sogar aufzugehen. Wenngleich die Bourgeoisie in Krisensituationen erschreckt nach Ruhe und Ordnung rief, so zögerte sie in Zeiten relativer Ruhe nicht, sich selbstbewußt zu geben – nicht nur gegenüber der Volksbewegung, sondern auch gegenüber den Aristokraten. Letzteres trat vor allem in den ersten Wochen der Paulskirchenversammlung zutage.

Eingedenk der Tatsache, daß die Frankfurter Nationalversammlung von Anfang an ihre eigene Position klar definieren mußte, hatte der demokratische Abgeordnete Franz Raveaux bereits in der Nachmittagssitzung des 19. Mai verlangt, daß das Paulskirchenparlament keinesfalls hinter einem so mächtigen Landtag wie der Berliner Versammlung zurückstehen dürfe. Abgeordnete, die in die nach Berlin einberufene preußische Nationalversammlung und in die deutsche Nationalversammlung in Frankfurt gewählt worden waren, sollten das Recht haben, beide Wahlen anzunehmen. Eine Reihe von preußischen Abgeordneten hatte nämlich dem Berliner Mandat den Vorzug gegeben. Damit stand das Prestige der Paulskirchenversammlung auf dem Spiel. – Raveaux stellte der Frankfurter Nationalversammlung ferner die Erklärung anheim, «daß, solange die Sitzungen unserer Versammlung dauern, von keinem anderen Staate eine gesetzgebende Versammlung einberufen werden möge».[19]

Franz Raveaux (1810–1851), ein kleiner Ladenbesitzer aus Köln, zählte zu den prominentesten Demokraten und zu den gewandtesten Rednern in der Paulskirche. Als erbitterter Gegner des Absolutismus war er auch außerhalb des Frankfurter Parlamentes populär. Mit seinem Antrag wußte er nicht nur die Linke in der Paulskirchenversammlung hinter sich, sondern er sprach auch all denen in seiner Heimat und in anderen Teilen Deutschlands aus dem Herzen, die einem Anwachsen der Macht Preußens mißtrauten.

Raveaux war ein Demokrat aus den preußischen Rheinprovinzen und als solcher Gegner des Partikularismus. In seinem Antrag kam nicht nur der Souveränitätsanspruch der Paulskirche gegenüber der Berliner Regierung zum Ausdruck, sondern auch die Ablehnung eines von Preußen geführten deutschen Bundesstaates.

Obwohl die gemäßigten Liberalen des rechten Zentrums um Gagern, Dahlmann, Droysen und Mathy in diesem Punkte gänzlich anderer Meinung waren, erschien es ihnen ratsam, den Antrag der Linken nicht abzulehnen. Auch Preußen stand im Begriffe, seine eigene Nationalversammlung zu konstituieren und sogleich mit der Ausarbeitung einer eigenen Verfassung zu beginnen. Es bestand daher die Gefahr, daß vollendete Tatsachen geschaffen wurden, noch ehe die Frankfurter Nationalversammlung richtig ans Werk ging. Deshalb schien es den gemäßigten Liberalen nützlich, wenn sie jetzt auf das Ersuchen der Linken eingingen. So faßten Liberale wie Linke und mit ihnen das ganze Parlament am 27. Mai «mit an Einhelligkeit grenzender Majorität» einen gemeinsamen Beschluß: «Die deutsche Nationalversammlung als das aus dem Willen und den Wahlen der deutschen Nation hervorgegangene Organ zur Begründung der Einheit und politischen Freiheit Deutschlands erklärt, daß alle Bestimmungen einzelner deutscher Verfassungen, welche mit dem von ihr zu gründenden allgemeinen Verfassungswerke nicht übereinstimmen, nur nach Maßgabe des letzteren als gültig zu betrachten sind – ihrer bis dahin bestandenen Wirksamkeit unbeschadet.»[20]

Diese Erklärung schloß den Anspruch der Paulskirchenversammlung ein, selbst die oberste Verfassungsinstanz zu verkörpern, woran nicht nur die Linke, sondern auch die gemäßigten Liberalen im Frankfurter Parlament im Prinzip festhielten. So erklärte die Frankfurter Nationalversammlung am 14. Juli beispielsweise die Einwände der hannoverschen Regierung gegen die Einsetzung einer provisorischen Zentralgewalt für null und nichtig. Aber sie gelangte in solchen und ähnlichen Fällen fast nie über den parlamentarischen Protest hinaus. Und der Geltungsanspruch gegenüber den Rechten, den Aristokraten und Partikularisten, war fast immer gekoppelt mit der strikten Ablehnung jeder revolutionären «Versuchung».

Am Vortage der Abstimmung über den Antrag Raveaux' hatte die Mehrheit des Paulskirchenparlamentes nämlich einen ganz andersartigen undemokratischen Beschluß gegen den Willen der Linken gefaßt, welcher zeigte, daß sie nicht bereit war, ihre Autorität zugunsten der revolutionären Bewegung einzusetzen.

Es ging um das Hilfeersuchen der Stadt Mainz gegen die Ausschreitungen des preußischen Militärs im Mai 1848. Mainz war ein Zentrum der revolutionären Bewegung in Deutschland. Seit dem Ausgang des 18. Jahrhunderts lebte hier der Geist des Jakobinismus und der Volksrevolution. Unter dem Einfluß der Französischen Revolution hatten revolutionäre Demokraten in Mainz, die Mainzer Jakobiner, den Versuch unternommen, die bürgerliche Revolution auch in Deutschland zu beginnen. Es war vor allem ihrer Aktivität zu danken, daß im März 1793 ein rheinisch-deutscher Nationalkonvent das Gebiet zwischen Landau und Bingen zum bürgerlich-demokratischen Freistaat erklärte, der jedoch im Juli 1793 durch eine konterrevolutionäre Armee zerschlagen wurde.

Mainz wurde später eine Bundesfestung mit preußisch-österreichischer Garnison, in deren Kasernen man die Revolutionäre nur als «Kanaillen» oder «verdammte Kerls» titulierte. Die ständig herrschenden Spannungen zwischen Militär und Bevölkerung hatten sich seit den Märztagen 1848 sogar noch verschärft. Wirtshausschlägereien boten nunmehr preußischen Offizieren die Handhabe zu massivem Vorgehen. Mainz erlebte als erste deutsche Stadt seit dem 18. März 1848 die offene und direkte Konfrontation mit dem preußischen Militär. Das Festungskommando verfügte die Auflösung der Mainzer Bürgerwehr und drohte bei Widersetzlichkeit mit der Beschießung der Stadt.

Dies alles hatte sich ganze vierzig Kilometer von Frankfurt entfernt zugetragen. Die Nationalversammlung konnte das, vor allem auch die Anmaßung des preußischen Festungskommandeurs, General von Hüser, nicht einfach ignorieren, ohne ihre Autorität aufs Spiel zu setzen und sich herbe öffentliche Kritik einzuhandeln. Der Mainzer radikaldemokratische Abgeordnete Franz Zitz nahm sich der Sache an.

Franz Zitz (1803–1877), ein demokratisch gesinnter Rechtsanwalt, hatte dem hessisch-darmstädtischen Landtag angehört und an der Spitze des oppositionellen Mainzer Karnevalsvereins gestanden. Zitz war Mitbegründer der äußersten Linken in der Paulskirche und zählte zu denjenigen Abgeordneten, die sich dem Volk verbunden fühlten und energisch darauf drängten, daß sich das Parlament vor allem praktischen Fragen zuwandte. Er sprach als Demokrat und als Oberst der Mainzer Bürgerwehr. Sein Antrag lautete: Die Anordnungen des Festungskommandos sollten zurückgenommen, den Soldaten das Waffentragen außerhalb des Dienstes verboten werden, und – was das wichtigste war – die preußische Besatzung müßte «sofort und bis zu ihrer Ablösung durch andere Truppen (nach) außerhalb der Stadt» verlegt werden.[21]

Die Mehrheit der Nationalversammlung wich jedoch vor einer Verurteilung Preußens zurück. Hermann von Beckerath, einer der einflußreichsten Führer des rechten Zentrums, ein reicher Bankier aus Krefeld, stellte sich auf die Seite der preußischen Armee, «des vaterländischen Heeres», wie er sagte.[22] Der Geist dieses Heeres dürfe nicht gebrochen werden, denn Deutschland habe ein «hohes Interesse» daran, daß seine Kraft erhalten werde.[23] Zu dieser Argumentation paßte das hinter den Kulissen ausgestreute Gerücht, Zitz wolle die Festung Mainz an die Franzosen ausliefern. Wer es in Umlauf gesetzt hatte, ließ sich nicht mehr feststellen. Jedenfalls gehörte der konservative Abgeordnete Felix Fürst Lichnowsky, ein Ostelbier par excellence, zu den Kolporteuren. In öffentlicher Sitzung versuchten sie Zitz mit dem Vorwurf zu diffamieren, er rufe mit seinem Eintreten für die Revolution die Erinnerung an die «vaterlandslosen Mainzer Jakobiner» wach. Bei der äußersten Rechten und dem rechten Zentrum verdichtete sich die Stimmung so weit gegen Zitz, daß ihm sogar zum Schluß der Debatte das Wort entzogen wurde. Die Mehrheit der Nationalversammlung beschloß gegen die Stimmen der Linken den Übergang zur Tagesordnung, «im Vertrauen, daß die zuständigen Behörden tun werden, was ihres Amtes ist» – eine Entscheidung, welche «Bravo auf der einen, Murren und Aufregung auf der anderen Seite» auslöste.[24]

Somit hatte die Linke gleich zu Anfang erfahren müssen, daß der Parlamentarismus noch lange nicht Demokratie gewährleistete. Aber es schien, wie die Debatte über den Antrag Raveaux' bewiesen hatte, ebenfalls nicht ausgeschlossen, die Parlamentsmehrheit wenigstens in bestimmten Situationen zu entschiedenen Willensäußerungen zu drängen. Die Abstimmungen vom 26. und 27. Mai führten schließlich dazu, daß sich die äußerste Linke als eine «Opposition von Bedeutung» konstituierte.[25]

Die Linke nutzte darüber hinaus auch Wirkungs- und Entfaltungsmöglichkeiten außerhalb des Parlamentes, im direkten Kontakt zur Volksbewegung. Hierfür gab es in den Sommermonaten 1848 gute Voraussetzungen, brachten doch vor allem die demokratischen Kräfte im Südwesten Deutschlands der Linken viel Sympathie entgegen und Einladungen über Einladungen. Zu Pfingsten 1848 rüsteten etwa fünfzig Abgeordnete der Linken, das war ungefähr die Hälfte der Opposition, zu einer Agitationsreise in die Rheinpfalz. Reisen solcher Art brachten der außerparlamentarischen Bewegung Anerkennung, und die Linke konnte sich mit der Rückendekkung durch die Volksbewegung, trotz ihrer zahlenmäßigen

Unterlegenheit auf parlamentarischer Bühne, als respektable Oppositionskraft präsentieren. Überall mit Jubel empfangen und eskortiert, reisten die Vertreter der Linken, unter ihnen der Berliner Eduard Zimmermann, der Schlesier Friedrich Wilhelm Schlöffel, der Düsseldorfer Hugo Wesendonck, der Boizenburger Ludwig Reinhard, am 10. Juni von Frankfurt über Mannheim, Neustadt, Landau, Edenkoben, Dürkheim, Worms und kehrten am 14. Juni wieder in die Parlamentsstadt zurück.

Aus einem Bericht über die Pfalzreise der Linken (Brief des Abgeordneten August Reinstein an seinen Bruder)

«Überall Empfang durch die Gemeindebehörden und die trefflich organisierten Bürgerwehren, überall die gastfreieste Bewirtung und Aufnahme. Die Leute rissen sich, um uns zu beherbergen, stellten uns ganze Reihen von Wagen – wir waren an 50 Personen – zur Disposition, und so sind wir in einem wahren Triumphzug durch das prächtige Land gereist. Wir fuhren am Sonnabend vor Pfingsten auf der Eisenbahn über Mannheim, wo wir den alten Itzstein besuchten, nach Neustadt, wo ich nach einem Festmahle, welches die Stadt uns gab, bei dem Kommandanten der Bürgerwehr, Notar Werner, blieb, einem lebendigen Konterfei von Eisenbahndirektor Schönermark. Am Sonntag ging es über Landau auf das Eschbacher Schloß, einen Aussichtspunkt, wie ich kaum einen schöner gesehen habe. Man überblickt auf der einen Seite das Rheintal vom Straßburger Münster bis nach Darmstadt, auf der andern die pittoresken, wundervoll geformten Höhen des Haardtgebirges, eines Ausläufers der Vogesen. Dabei steht man in einer schönen, ausgedehnten Ruine, in deren Räumen uns die Landauer ein großartiges Frühstück bereitet hatten. Nachmittags fuhren wir nach Bad Gleisweiler, einer reizend gelegenen Wasserheilanstalt und dann nach Edenkoben und auf die Villa König Ludwigs, wo die Edenkobener zu unserem Empfange aufgestellt waren. Abends Festmahl in Eden-

koben. Zu Nacht blieb ich bei einem dortigen Arzte, dem Dr. Lommel. Am Montag ging es nach Neustadt zurück, wo auf dem Bahnhofe große Volksversammlung war, vielleicht 10 000 Menschen ...»

Die Fahrt ging bei herrlichstem Wetter durch eine landschaftlich sehr reizvolle Gegend. Mit der romantischen Kulisse von Bergen und Burgen verband sich in der Rheinpfalz die noch immer lebendige Tradition des Freiheitskampfes. Die Reise führte vorbei am Hambacher Schloß, wo sich 1832 etwa 30 000 Menschen zur machtvollsten Freiheitskundgebung versammelten, die Deutschland nach 1830 erlebt hatte. Schulter an Schulter waren damals deutsche, französische und polnische Freiheitskämpfer den Weg zum Schloß hinaufgeschritten. Mindestens ebensosehr wie von den Schönheiten der Landschaft und der historischen Erinnerung waren die Parlamentarier von der Gastfreundschaft der Pfälzer beeindruckt. Bei den großen Festessen oder in der abendlichen Runde in einem der gemütlichen Pfälzer Gasthäuser saßen neben jedem Frankfurter mindestens zwei Pfälzer, die sich in großzügiger Gastfreundschaft überboten. Bei «jeder Mahlzeit und jedem Labetrunk», so berichtete einer der Teilnehmer, «wurden die Abgeordneten, wenn auch mit allem Anstande, so doch förmlich genötigt, zu dem Volke zu sprechen, welches mit unbeschreiblichem Eifer jedes Wort aus dem Munde eines Mannes der Linken erhaschte».[26]

Zum Höhepunkt der Pfingstreise wurde die Volksversammlung von Neustadt, wo sich am Pfingstmontag in glühender Sonnenhitze etwa 8000 Menschen zusammenfanden. Mit Jubel nahmen sie die Nachricht auf, daß zehn Vertreter der Frankfurter Linken sprechen wollten. Beim Verlesen der Rednerliste applaudierte die Menge nach jedem Namen: Robert Blum, Eduard Zimmermann, Georg Günther, Ernst Schilling, Gottlob Tafel, Albert Schott, Bernhard Eisenstuck, Hugo Wesendonck, Friedrich Schlöffel, Karl Vogt. Der Leipziger Georg Günther, ein Schwager Robert Blums, erklärte, das Volk müsse bei der Nationalversammlung selbst vorstellig werden und seinem Willen Ausdruck geben, mit Petitionen, Adressen und dergleichen. Die Linke mußte jedoch konstatieren, daß Kleinbürger, Arbeiter und Bauern vielfach stärker nach weiteren revolutionären Fortschritten drängten, als ihr lieb war. So unternahm Robert Blum den Versuch, die Bewegung der Pfälzer gleichsam auf mittlerer Flamme zu halten: «Laßt Euch nicht täuschen», so erklärte er in Neustadt, «von jenen Pfaffen und Gelehrten, von jenen Spießbürgern, sie können kein neues Deutschland gründen ... Es lebe das souveräne Volk. Es lebe das freie deutsche Vaterland.» Aber: «Die Ordnung sei Euer Gesetz, das Eigentum und die Person sei Euch heilig.»[27]

Blum und seine Freunde waren der Auffassung, daß trotz erster Enttäuschungen der bürgerliche Parlamentarismus noch genügend Möglichkeiten bot, der Sache des Volkes voranzuhelfen, wenn dieses die gemäßigten Demokraten gehörig unterstützte. Eine demokratische Bewegung, die selbst das Heft in die Hand nahm und ohne parlamentarische Rücksichten auf weitere revolutionäre Erfolge lossteuerte, widersprach ihren Vorstellungen. Nur so ließ sich die überraschende Tatsache erklären, daß die Linke dem unmittelbar nach ihrer Pfalzreise in Frankfurt stattfindenden ersten Demokratenkongreß fernblieb. Einzelne Abgeordnete des Donnersberg, wie Zitz, der Heidelberger Schriftsteller und Professor Georg Christian Kapp, der Historiker Karl Hagen und der Gerichtspräsident Martin Mohr aus Oberingelheim, nahmen lediglich in inoffizieller Eigenschaft teil.

Dieser Kongreß vertrat die demokratische Bewegung in Deutschland nahezu in ihrer gesamten Breite. Hier dominierten nicht die gemäßigten kleinbürgerlichen Demokraten, vielmehr waren auch die Radikaldemokraten vertreten, Republikaner vom Schlage eines Hecker und Struve, die möglichst ohne Umschweife zur Errichtung einer demokratischen Republik schreiten wollten. Unter den Delegierten befanden sich außerdem Vertreter revolutionärer Arbeitervereine, die den Kampf für eine demokratische Republik forderten und das parlamentarische Konzept der Linken in der Frankfurter Nationalversammlung ablehnten. Einzelne Mitglieder der Paulskirchenopposition, wie der Heidelberger Kapp, erkannten bereits frühzeitig, daß es falsch war, sich einseitig auf den Parlamentarismus zu versteifen. In ihrer Mehrheit scheute die

Linke jedoch vor einer Teilnahme am Demokratenkongreß zurück und wich der Auseinandersetzung über den Parlamentarismus aus. Dies erschwerte eine wirkungsvolle Zusammenarbeit zwischen den Demokraten innerhalb und außerhalb der Parlamente, zudem gewann sie nicht den Rückhalt, dessen sie dringend bedurfte.

Die provisorische Zentralgewalt

In der Paulskirche stand im Juli 1848 die Errichtung einer provisorischen Zentralgewalt, das heißt die vorläufige Bestellung eines Staatsoberhauptes nebst Reichsregierung, auf der Tagesordnung. Dies war notwendig geworden, weil sich voraussehen ließ, daß die Ausarbeitung und Verabschiedung einer Reichsverfassung durch die Frankfurter Nationalversammlung noch einen größeren Zeitraum in Anspruch nahm. Auch die allgemeine politische Lage nötigte die Paulskirchenversammlung zum Handeln. Es gab Anzeichen dafür, daß sich das zeitweilig ausgeglichene Kräfteverhältnis zwischen der revolutionären Volksbewegung und den Kräften der Konterrevolution bald nach der einen oder anderen Seite verändern würde. Entweder es gelang den revolutionären Arbeitern, Bauern und Kleinbürgern, die Reaktion weiter zurückzudrängen und die Errungenschaften der Revolution auszubauen, oder aber Adel und Fürsten konnten ihre Position stärken und langsam wieder die Oberhand gewinnen.

Die revolutionären Kämpfe Anfang Mai in Wien hatten mit einem Sieg des Volkes geendet, welches ein fortschrittliches Wahlrecht erzwang und den kaiserlichen Hof zur Flucht nach Innsbruck nötigte. In Berlin mußte die großbourgeoise Regierung Camphausen in den Junitagen 1848 eine schwere Niederlage einstecken. Seit ihrer Amtsübernahme Ende März die revolutionäre Volksbewegung zurückdrängend und vor den reaktionären Bestrebungen von Krone und Adel die Augen verschließend, hatte sie im Mai ihre Zustimmung zur Rückkehr des berüchtigten Prinzen von Preußen gegeben. Am 14. Juni stürmten Berliner Arbeiter das Zeughaus, um sich gegen die Reaktion zu bewaffnen. Sechs Tage später räumte die Regierung Camphausen das Feld.

In Prag erlitten Arbeiter und Studenten dagegen eine Niederlage. Hier hatte der Slawenkongreß Anfang Juni zu einem Aufschwung der nationalen Befreiungsbewegung geführt. Das Volk von Prag erhob sich gegen die habsburgische Fremdherrschaft, aber der kaiserliche Feldmarschall Windischgrätz ließ Kanonen auffahren und die Prager Barrikadenkämpfer zusammenschießen.

Auch in Posen gingen die reaktionären Kräfte erneut zu ihrer «altbewährten» Politik gegenüber dem polnischen Volke, der Unterdrückung mit Knute und Kommißstiefel, über. Ursprünglich hatte Preußen den Polen eine nationale Reorganisation, das heißt einige nationale Rechte versprochen, ohne daß die preußische Oberherrschaft angetastet werden sollte. Ermutigt durch die bürgerliche preußische Regierung Camphausen, praktizierten preußische Junker jedoch bald wieder die brutale Germanisierungspolitik, und die preußische Armee zerschlug die polnischen Freikorps, die für nationale Unabhängigkeit kämpften.

Einen noch bedeutenderen Sieg errang die Konterrevolution in Paris. Auch hier war die amtierende Regierung dazu übergegangen, dem Volke die Früchte seines Sieges vom Februar 1848 abzujagen. Sie verbot revolutionäre Klubs und Versammlungen. Beschäftigungslose Pariser Arbeiter, die in den Nationalwerkstätten Arbeit gefunden hatten, wurden entlassen. Als Zehntausende Proletarier mit der revolutionären Erhebung antworteten, wurden sie durch eine Armee von 250 000 Mann unter dem Befehl des Generals Cavaignac vom 23. bis 26. Juni 1848 blutig niedergeschlagen.

Paris setzte ein Signal – für die revolutionären Kräfte wie für die Konterrevolution in ganz Europa. Wer auch immer in den erneut anstehenden Kämpfen und Auseinandersetzungen die Oberhand gewinnen würde – das Volk oder die Feinde der Revolution, die Könige, Fürsten und reaktionären Regierungen –, für die Paulskirchenversammlung hieß es, sich eindeutiger als bis dahin zu entscheiden und weniger zwischen den Fronten zu lavieren. Deshalb forcierte das Frankfurter Parlament in den Junitagen 1848 seine Bemühungen um eine möglichst rasche Etablierung einer neuen Regierung.

Die Parteien der Paulskirche erachteten die Angelegenheit

für so wichtig, daß sie am 3. Juni, auf Antrag des Abgeordneten Ludwig Simon (äußerste Linke) einen besonderen Ausschuß wählten, den «Ausschuß zur Begutachtung der Anträge wegen Bildung einer provisorischen Zentralgewalt». Die Mitgliederliste verriet, daß die Fraktionen durch eine Reihe ihrer prominentesten Abgeordneten vertreten waren. Unter den fünfzehn Gewählten befanden sich Max von Gagern, der Historiker und Verfassungstheoretiker Friedrich Dahlmann (Fraktion Casino) sowie Robert Blum und Wilhelm Adolf von Trützschler, die führenden Köpfe der beiden linken Fraktionen.

Auch das Volk drängte die Nationalversammlung zu einer Entscheidung. Täglich langten bei der Frankfurter Nationalversammlung Petitionen an – am 7. Juni fünf, am 8. Juni acht, vom 10. bis 13. Juni sechs –, die auf eine beschleunigte Behandlung der Angelegenheit drängten. Eine in der «Breslauer Zeitung» abgedruckte Kabinettsliste machte deutlich, wie sich die demokratischen Kräfte des deutschen Volkes die Zusammensetzung einer deutschen Regierung dachten. Hier wurden Politiker genannt wie der verdienstvolle – weit über den Rahmen seiner Heimat hinaus bekannte – rheinhessische Demokrat Adam von Itzstein, die beiden namhaftesten Vertreter der badischen radikalen Republikaner Gustav von Struve und Friedrich Hecker sowie der frühere preußische Offizier und spätere kleinbürgerlich-demokratische Publizist Adalbert von Bornstedt.[28] Bis zum 17. Juni waren bei der Frankfurter Nationalversammlung sechsunddreißig Anträge eingebracht worden, die sich auf die Errichtung der provisorischen Zentralgewalt bezogen. Nicht weniger als 223 Redner, etwa die Hälfte aller bis dahin eingetretenen Abgeordneten, hatte sich zu Wort gemeldet.

Wie die Linke, drängte auch die liberale Mehrheit auf eine baldige Entscheidung, sah doch gerade sie ihre sorgsam gegenüber dem Volk wie der Adelsklasse absichernde Politik durch die Zuspitzung der allgemeinen Lage bedroht. Die erste Probe auf das Gelingen ihrer Kompromißpolitik gegenüber Adel und Fürsten stand bevor. Daher wollte sie einen parlamentarischen Alleingang vermeiden und statt dessen möglichst vorher die Meinung der Monarchen und Minister einholen und, sofern sie deren Forderungen nicht für unerfüllbar hielt, berücksichtigen. Man müsse, so formulierte die bürgerlich-liberale «Deutsche Zeitung» diesen Standpunkt, wenn es um die Bestellung eines Reichsoberhauptes gehe, den Fürsten die Mitsprache einräumen, «denn das deutsche Reichsoberhaupt soll nicht allein über ein Volk gesetzt sein, sondern auch über eine Reihe von Königen und Fürsten, die über die Fürstenverfassung also notwendig ein Recht haben müssen mitzusprechen».[29]

Ausschüsse der Frankfurter Nationalversammlung

Ausschuß zur Prüfung der Anträge in bezug auf die Zentralgewalt
Ausschuß für Volksbewaffnung und Heerwesen
Ausschuß für Unterrichts- und Volkserziehungswesen
Ausschuß für Arbeiter-, Gewerbs- und Handelsverhältnisse
Ausschuß für die Priorität der Anträge
Ausschuß für den Verfassungsentwurf

Den Ausschüssen gehörten in der Regel jeweils 15 Abgeordnete an; eine Ausnahme machten beispielsweise der Ausschuß für Arbeiter-, Gewerbs- und Handelsverhältnisse sowie der Verfassungsausschuß, die aus je 30 Mitgliedern bestanden. In nahezu allen Ausschüssen besaßen die Liberalen die Mehr-vertreten, unter anderen die Abgeordneten Trützschler (Aus-heit. Einige Abgeordnete waren in mehreren Ausschüssen schuß für die Zentralgewalt und Prioritätsausschuß), Blum (Ausschuß für die Zentralgewalt und Verfassungsausschuß), Zitz und Michelsen (Ausschuß für Gesetzgebung und Rechtspflegeausschuß), Max von Gagern (Verfassungsausschuß und Ausschuß für die Zentralgewalt).

Die Fürsten sollten also durch dieses Entgegenkommen bewogen werden, die von der Paulskirche eingesetzte Reichsgewalt zu respektieren. Sie beschlossen, auf das Angebot zunächst einzugehen. Nach einer vertraulichen Unterredung zwischen der Führungsspitze der Gagern-Liberalen (Heinrich und Max von Gagern, Friedrich Daniel Bassermann, Hermann von Beckerath) und den Bevollmächtigten der wichtigsten Einzelstaaten notierte ein Teilnehmer: «Alles ist einverstanden, daß eine solche Bestellung der provisorischen Zentralgewalt nötig sei und daß sie, wenn möglich, in 14 Tagen zustande kommen müsse, da sowohl auswärtige als innere Angelegenheiten dahin drängen.»[30]

Insgeheim setzten Preußen und die anderen größeren Einzelstaaten ihren destruktiven Kurs gegenüber der Paulskirchenversammlung jedoch fort. Vorgetäuschte Konzessionsbereitschaft bedeutete in Wirklichkeit nur Vertagung der Konfrontation auf einen ihnen hierfür günstiger erscheinenden Zeitpunkt.

Die Liberalen nutzten jedoch den Spielraum, der sich ihnen durch die vorläufige Zurückhaltung ihrer Kontrahenten bot, nicht aus. Ihr Sprecher, der 63jährige Friedrich Dahlmann, ein fleißiger Redner, der seine Zuhörer oft auch ermüden konnte, formulierte nämlich einen recht bescheidenen parlamentarischen Antrag: Als provisorisches Staatsoberhaupt sollte keine Einzelpersönlichkeit, sondern ein Dreierkollegium amtieren, welches «von den deutschen Regierungen (!) bezeichnet und von der Nationalversammlung durch eine einfache Abstimmung ohne Diskussion» zu legitimieren war. Dieses Direktorium sollte sich um die «allgemeine Sicherheit und Wohlfahrt», die «Oberleitung des gesamten Heerwesens» und die «völkerrechtliche Vertretung Deutschlands» kümmern. Verantwortlich gegenüber der Nationalversammlung wären lediglich die dem Dreierkollegium unterstellten Minister, sie selbst blieben daher ziemlich unangreifbar.[31]

Offenbar herrschte bei den Bourgeoisvertretern in der Paulskirche die Auffassung, die Einsetzung eines von den Fürsten vorgeschlagenen Direktoriums sei diesen eher zuzumuten als die Wahl eines einzelnen Monarchen zum Reichsoberhaupte. Die Liberalen konnten es noch nicht wagen, einen Hohenzollern zum Reichsoberhaupt zu bestellen. Zu frisch war die Erinnerung an die Märztage 1848. Kam aber der preußische König vorläufig nicht in Frage, so, vermeinten die Dahlmann und Droysen, sei eine halbe Lösung besser als die Bevorzugung eines Nichtpreußen ... Was immer ihre Motive waren, ein Direktorium konnte nur eine schwache, vielleicht sogar eine handlungsunfähige Zentralgewalt sein. Mit ihren «drei Onkels» fanden die Liberalen jedoch im Volke kaum Resonanz, ihr Projekt lief sogar Gefahr, in der Paulskirche selbst ins Hintertreffen zu geraten.

Robert Blum und Wilhelm Adolf von Trützschler, die beiden Vertreter der Linken im «Ausschuß über die Errichtung einer Zentralgewalt», forderten eine Regelung, die die Gewähr bot, daß die vorläufige Zentralgewalt für die Frankfurter Nationalversammlung jederzeit kontrollierbar und ersterer die Möglichkeit weitgehend verwehrt blieb, Sonderinteressen zu verfolgen.

Blum und Trützschler verlangten eine republikanische Zentralgewalt, bestehend aus dem Vorsitzenden, dem «Präsidenten», und vier weiteren Mitgliedern, gleichsam den Ministern. Dieser Ausschuß sollte in doppelter Weise mit der Nationalversammlung verzahnt werden: Der Vorsitzende mußte Parlamentsabgeordneter sein und war nur durch das Parlament wählbar. Und der Ausschuß war diesem für seine gesamte Tätigkeit voll verantwortlich und sollte «sich zurückziehen, wenn die Mehrheit der Versammlung gegen ihn ist».[32] Dieser Ausschuß hatte ausschließlich die Beschlüsse der Nationalversammlung zu vollziehen. Für die Linke waren Parlamentssouveränität und Souveränität des Volkes, parlamentarisches Regierungssystem und Republik, im wesentlichen identisch. Folgerichtig erklärte Trützschler in der Debatte über die Schaffung einer provisorischen Zentralgewalt, an die Mehrheit der Paulskirchenversammlung gewandt: «Es ist gesagt worden: Die Souveränität muß geteilt sein. Das kann ich nicht zugeben. Es gibt in meinen Augen keine geteilte Souveränität ... Das Volk will selbst herrschen, es will sich nicht mehr von anderen regieren lassen, sondern es hat seine Macht selbst in die Hand genommen und führt selbst die Zügel, die früher ein anderer leitete.»[33]

Mit Recht ging die Linke davon aus, daß eine provisorische republikanische Zentralgewalt einer späteren Republik den Weg ebnen konnte. Umgekehrt hätte die Etablierung eines Direktoriums noch nicht einmal ein preußisch-deutsches Erbkaisertum, wie es die Liberalen um Gagern wünschten, in Aussicht gestellt. Die parlamentarischen Vertreter der Bourgeoisie zeigten sich also mit ihrem Vorschlag nicht auf der Höhe der Situation; mit ihrer Zaghaftigkeit ließen sie den Fürsten viel zuviel Schonung angedeihen und liefen sogar Gefahr, gegenüber der parlamentarischen Linken ins Hintertreffen zu geraten.

Zufrieden gaben sich denn auch vor allem diejenigen, die an den herrschenden Zuständen möglichst wenig ändern wollten, nämlich der Bundestag des Deutschen Bundes. Wenn die Paulskirche, erklärte einer seiner Vertreter am 20. Juni 1848, sich für ein Direktorium entscheide, so werde die Bundesversammlung «binnen 24 Stunden der Nationalversammlung die bereits vollständig vorbereiteten Personalvorschläge machen». Sollte dagegen ein Reichsstatthalter gewählt werden, so werde «die Einsetzung der Zentralgewalt sich noch um Monate verzögern».[34]

In Preußen wünschte die Bourgeoisie dagegen möglichst eine handlungsfähige Zentralgewalt und kein Triumvirat, und sie machte kein Hehl daraus, wen sie sich als Regenten wünschte, nämlich «den Mächtigsten in Deutschland».[35]

In der Paulskirche saßen die Vertreter des rechten Zentrums mit ihren Vorschlägen gleichsam zwischen zwei Stühlen. Als beispielsweise der Kösliner Bürgermeister und Polizeidirektor August Ernst Braun am zweiten Tage der Debatte es wagte, den preußischen König zum provisorischen Reichsoberhaupt vorzuschlagen, erntete er den größten Heiterkeitserfolg, den die Paulskirche bis dato erlebt hatte.[36] Selbst die Mehrheit der Casino-Fraktion, ganz zu schweigen vom linken Zentrum und den Fraktionen der Linken, hielt diesen Vorschlag noch für verfrüht. Das linke Zentrum (Fraktion Württemberger Hof), auf dessen Unterstützung die Liberalen um Heinrich von Gagern gleichfalls angewiesen waren, warnte vor zu großen Konzessionen gegenüber den Einzelstaaten und wollte der Nationalversammlung, das bedeutete auch der Zentralgewalt, größere Rechte einräumen.

In die am ersten Verhandlungstag vorgelegte Rednerliste hatten sich nicht weniger als 82 Abgeordnete – das waren mehr als 70 Prozent der vorgemerkten Sprecher – gegen den Dahlmannschen Antrag eintragen lassen. Es half auch nichts, daß Gagern am ersten Tage der parlamentarischen Debatte den Anhängern des Direktoriums längere Redezeit einräumte als dessen Gegnern und jene auch die prominenteren Redner benannten (Friedrich Daniel Bassermann, Josef Maria von Radowitz sowie den Hallenser Geschichtsprofessor Maximilian Duncker und den Elberfelder Arzt Alexander Pagenstecher). Am Abend des 19. Juni notierte der Chronist der Paulskirchenversammlung, der Liberale Heinrich Laube: «Nie ist ein größeres Schwanken und Wogen der Unsicherheit gesehn worden ... Keiner von denen, welche die Dreiheit vorgeschlagen, war darüber zweifelhaft, daß die Einheit in der Person besser sei, aber woher die Macht nehmen für diesen Regenten?»[37]

Aus dem Gesetz über die Einführung einer provisorischen Zentralgewalt für Deutschland

1. *Bis zur definitiven Begründung einer Regierungsgewalt für Deutschland soll eine provisorische Zentralgewalt für alle gemeinsamen Angelegenheiten der deutschen Nation bestellt werden.*
2. *Dieselbe hat*
   a) *die vollziehende Gewalt zu üben in allen Angelegenheiten, welche die allgemeine Sicherheit und Wohlfahrt des deutschen Bundesstaates betreffen;*
   b) *die Oberleitung der gesamten bewaffneten Macht zu übernehmen und namentlich die Oberbefehlshaber derselben zu ernennen;*
   c) *die völkerrechtliche und handelspolitische Vertretung Deutschlands auszuüben und zu diesem Ende Gesandte und Konsuln zu ernennen.*
3. *Die Errichtung des Verfassungswerks bleibt von der Wirksamkeit der Zentralgewalt ausgeschlossen.*
4. *Über Krieg und Frieden und über Verträge mit auswärtigen Mächten beschließt die Zentralgewalt im Einverständnis mit der Nationalversammlung.*

5. *Die provisorische Zentralgewalt wird einem Reichsverweser übertragen, welcher von der Nationalversammlung frei gewählt wird.*
6. *Der Reichsverweser übt seine Gewalt durch von ihm ernannte, der Nationalversammlung verantwortliche Minister aus. Alle Anordnungen derselben bedürfen zu ihrer Gültigkeit der Gegenzeichnung wenigstens eines verantwortlichen Ministers.*
7. *Der Reichsverweser ist unverantwortlich.*
8. *Über die Verantwortlichkeit der Minister wird die Nationalversammlung ein besonderes Gesetz erlassen.*

Fraktionsgespräche, in hektischer Eile am 19. und 20. Juni geführt, ergaben: Die Dahlmann, Droysen, Bassermann hatten keine Wahl, als sich für eine handlungsfähigere, stärkere Zentralgewalt zu entscheiden. Am Abend des 22. Juni besaß der Dahlmannsche Antrag nur noch papiernen Wert. Heinrich von Gagern und seine Anhänger waren den Schritt vom Direktorium zur monarchischen Zentralgewalt und damit in Richtung auf den konstitutionell-monarchischen Bundesstaat gegangen. Das Projekt war geboren, nun galt es, ihm Anerkennung zu verschaffen, innerhalb und außerhalb des Parlamentes.

Die Fürsten hatten sich ausbedungen, Reichsverweser könne ausschließlich einer ihresgleichen werden, dessen Handlungsfreiheit nicht durch die Verantwortlichkeit gegenüber dem Parlament eingeschränkt werden dürfe. Letzteres war freilich nicht denkbar, ohne der Parlamentsmehrheit gleichzeitig eine Konzession anzubieten. Heinrich von Gagern übernahm es mit großem Geschick, den Fürsten eine solche abzuringen, so daß die Klippe umschifft und gleichzeitig das gefährdete Prestige seiner Partei in vollem Maße wiederhergestellt wurde.

Am 24. Juni, es war die 23. Sitzung des Parlamentes, vertauschte Heinrich von Gagern zum ersten Male in der Paulskirche den Präsidentensessel mit dem Rednerpult. Das neu formulierte Konzept der Liberalen, so erklärte Gagern, werde den von unterschiedlichen Seiten gestellten Forderungen gerecht.

Die Zentralgewalt sollte einer Einzelperson, einem Reichsverweser, übertragen werden. Auch müsse sie, zumindest was die Tätigkeit der beizuordnenden Minister angehe, der parlamentarischen Verantwortlichkeit unterliegen. Ein großer Vorteil sei, daß eine derart beschaffene Zentralgewalt dem konstitutionell-monarchischen Bundesstaat vorarbeite.

Gagerns stärkster Trumpf gegenüber dem Parlament aber war das Zugeständnis, die Nationalversammlung selbst, nicht die deutschen Fürsten hätten den Reichsverweser zu wählen. Demzufolge könne es sich, erklärte Gagern, ruhig um einen Fürsten handeln. Seine Wahl erfolge, «nicht weil es, sondern obgleich es ein Fürst ist».[38] Mit diesem Schachzug, dem sogenannten kühnen Griff, hatte Gagern sowohl die Mehrheit des Parlamentes als auch – letztendlich – die deutschen Fürsten für seinen Plan gewonnen.

Gagern beanspruchte für die Paulskirchenversammlung die verfassungspolitische Entscheidungsgewalt und ging damit immerhin bis an die Grenze dessen, was die gemäßigten Liberalen in der Paulskirche im allgemeinen forderten. Gagerns Schlußworte zeigten, worauf es ihm und seiner Partei mit dieser Zentralgewalt vor allem ankam: «Wenn wir tun, was die Wohlfahrt des Vaterlandes fordert, ohne Rücksicht auf Sophismen, die Einzelnen als Prinzipien gelten, wenn wir in der Überzeugung handeln, daß das Prinzip, welches durch uns Gesetz wird, Gehorsam verlangt, dann werden wir tun, was unsere Schuldigkeit, und die Nation wird uns Beifall zurufen. Wir stellen nicht die Freiheit bloß, und wir schaffen die Einheit unseres Volkes und Vaterlandes, nach der wir schon so lange uns sehnten.»[39]

Zurückstellen, Unterbinden aller weiterreichenden Forderungen und Bestrebungen, Absicherung der gemäßigten bürgerlichen Freiheiten und vorsichtiger Ausbau des Gesamtstaates – genau dies beinhaltete die liberale Reformpolitik von 1848, die Heinrich von Gagern und seine Gefolgsleute mit der provisorischen Zentralgewalt im Juni 1848 erstmals in der Paulskirchenversammlung in größerem Stile zur Geltung bringen konnten. Die parlamentarische Linke hatte gegen den Meinungsumschwung, der seit dem 22. Juni zugunsten der Gagern-Liberalen spürbar geworden war, kein Mittel gefunden. Auch der Versuch, mit erheblichen politischen Zugeständnissen eine Annäherung an das linke Zentrum herbeizuführen, nützte nichts mehr.

Am 29. Juni besaß Deutschland einen fürstlichen Reichsverweser. Er war der Nationalversammlung nicht verantwortlich. Zu seinen wichtigsten Obliegenheiten gehörten die «Oberleitung der gesamten bewaffneten Macht» sowie der Abschluß internationaler Verträge, dies freilich im Einvernehmen mit der Nationalversammlung.[40] Sein Name war Johann von Habsburg, gewählt mit 436 von 548 Stimmen. 52 Abgeordnete der Linken hatten für Heinrich von Gagern, 32 für Adam von Itzstein votiert, damit gleichsam die Wahl eines Fürsten zum Reichsverweser ablehnend. Die Fraktion Donnersberg, die äußerste Linke, übte aus prinzipiellen Gründen Stimmenthaltung.

Johann (1782–1859), habsburgischer Erzherzog, war ein Onkel des österreichischen Kaisers Ferdinand I. Er hatte ursprünglich die Offizierslaufbahn eingeschlagen und während der Kämpfe gegen das napoleonische Frankreich hohe militärische Funktionen in der österreichischen Armee bekleidet. So übte er 1800 den Oberbefehl über eine in Bayern stationierte Armee aus und führte 1805 und 1809 auf verschiedenen Kriegsschauplätzen das Kommando über österreichische Verbände. Er befürwortete wiederholt den Abschluß eines antinapoleonischen militärischen Bündnisses zwischen Österreich, Rußland und Preußen. Nach 1815 lebte er als Gutsbesitzer in der Steiermark und unternahm Reisen durch verschiedene Länder Europas. Er setzte sich für die Förderung von Industrie, Landwirtschaft und Kultur ein. In der Steiermark gründete und förderte er auch landwirtschaftliche Vereine und Schulen. Das Jahr 1848 brachte ihm die Stellvertretung für den schwachsinnigen österreichischen Kaiser und damit die Rückkehr an die Wiener Hofburg. Johann war kein Ultrareaktionär – seine Verdienste um die österreichische Kultur und die Heirat mit einer Postmeisterstochter hatten ihm sogar den Ruf eines liberal denkenden Adligen eingebracht. Auch Johanns Trinkspruch auf ein einiges Deutschland anläßlich des Kölner Dombaufestes 1842 hatten viele Liberale fälschlicherweise als eine Absage an den Partikularismus gedeutet. Johann galt als leutselig und verbindlich. Aber er war kein Liberaler, seinen politischen Auffassungen nach eher ein gemäßigter Konservativer, bestrebt, vor allem die Machtstellung Österreichs wie die der anderen deutschen Fürsten soweit wie möglich zu erhalten.

Heinrich Heine
Hans ohne Land
(1848)

Leb wohl, mein Weib, sprach Hans ohne Land,
Mich rufen hohe Zwecke;
Ein andres Weidwerk wartet mein,
Ich schieße jetzt andre Böcke.

Ich laß dir mein Jagdhorn zurück, du kannst
Mit Tuten, wenn ich entfernet,
Die Zeit vertreiben; du hast ja zu Haus
Das Posthorn blasen gelernet.

Ich laß dir auch meinen Hund zurück,
Daß er die Burg behüte;
Mich selbst bewache mein deutsches Volk
Mit pudeltreuem Gemüte.

Sie bieten mir an die Kaiserkron,
Die Liebe ist kaum zu begreifen;
Sie tragen mein Bild in ihrer Brust
Und auf den Tabakspfeifen.

Ihr Deutschen seid ein großes Volk,
So simpel und doch so begabet!
Man sieht euch wahrhaftig nicht an, daß ihr
Das Pulver erfunden habet.

Nicht Kaiser, Vater will ich euch sein,
Ich werde euch glücklich machen –

O schöner Gedanke! Er macht mich so stolz,
Als wär ich die Mutter der Gracchen.

Nicht mit dem Verstand, nein, mit dem Gemüt
Will ich mein Volk regieren;
Ich bin kein Diplomatikus
Und kann nicht politisieren.

Ich bin ein Jäger, ein Mensch der Natur,
Im Walde aufgewachsen
Mit Gemsen und Schnepfen, mit Rehbock und Sau,
Ich mache nicht Worte noch Faxen.

Ich ködre durch keine Proklamation,
Durch keinen gedruckten Lockwisch;
Ich sage: Mein Volk, es fehlt nur der Lachs,
Begnüge dich heut mit dem Stockfisch.

Gefall ich dir nicht als Kaiser, so nimm
Den ersten besten Lausangel;
Ich habe zu essen auch ohne dich,
Ich litt in Tirol nicht Mangel.

So red ich; doch jetzt, mein Weib, leb wohl!
Ich kann nicht länger weilen;
Des Schwiegervaters Postillon
Erwartet mich schon mit Gäulen.
(...)

Die Etablierung der Zentralgewalt konnte insofern als ein Sieg der mittleren, gemäßigten Politik Heinrich von Gagerns gelten, als sie sich einerseits auf eine relativ breite parlamentarische Mehrheit berufen konnte und andererseits zunächst – wenigstens nach außen hin – von den Fürsten akzeptiert wurde. «Die jetzige österreichische Kombination», schrieb der preußische Diplomat Usedom über die Wahl Johanns, «nutzt sich ab, und Preußen steht besser da, wenn es nicht so unmittelbar als im Triumvirat dabei beteiligt gewesen ist.»[41] Mit anderen Worten: Preußen machte gute Miene zum bösen Spiel, wartete ab und hoffte auf günstigere Zeiten. Geriet Österreich ins Hintertreffen, so konnte es sich für Preußen durchaus als Vorteil erweisen, wenn für ein monarchisches Oberhaupt bereits vorgearbeitet worden war.

Aber gerade dieser Umstand mußte die parlamentarische Linke mit Skepsis und Kritik erfüllen. Hatte sich erst einmal eine monarchische Zentralgewalt in Deutschland gefestigt, dann standen die Chancen für die Republik schlecht. «Würde die Zentralgewalt eines nichtfürstlichen Präsidenten auch nur während des Provisoriums die Probe halten, so» – prophezeite die liberale «Frankfurter Oberpostamts-Zeitung» – «würde der Republikanismus selbst in Pommern und seiner Landwehr die Mehrheit zu Proselyten machen»,[42] was selbstverständlich auch umgekehrt seine Richtigkeit besaß: wenn nämlich die vorläufige Zentralgewalt monarchischen Zuschnitt erhielt. Und es war zu erwarten, daß die fernere Entwicklung der Paulskirchenversammlung dieser Grundlinie folgen werde.

Dennoch war die Linke gut beraten, daß sie nicht resignierte. Lediglich einer ihrer Abgeordneten, Georg Christian Kapp, kehrte der Nationalversammlung den Rücken, die übrigen blieben. Dessen verständlicher individueller Protest stellte die Entscheidung der Gesamtfraktion für das Parlament nicht in Frage. Die Möglichkeiten des Parlamentarismus waren noch nicht erschöpft. Ein revolutionärer Handstreich, wie ihn Hecker nach seinem Ausscheiden aus dem Vorparlament versucht hatte, bot zu diesem Zeitpunkt keine Alternative. Der Zentralgewalt stand die Bewährungsprobe noch bevor. Sie konnte in Belanglosigkeit versinken, es war nicht auszuschließen, daß sie unter den Einfluß der partikularistisch gesinnten Fürsten geriet. Aber sie konnte auch die Basis für eine Reform des Bundes im Sinne der gemäßigten Liberalen werden, wenn das dem Reichsverweser beigeordnete gemäßigt-liberale Reichsministerium genügend Energie und Tatkraft gegenüber den Einzelstaaten entwickelte.

Daß Deutschland damit wieder ein Oberhaupt besaß, durfte als ein Sieg des Reichsgedankens gelten. Fast auf den Tag 42 Jahre zuvor hatte Franz II., im Jahre 1806, nach der Gründung des Rheinbundes durch Napoleon, die deutsche Kaiserwürde niedergelegt, womit das Heilige Römische Reich deutscher Nation aufgelöst worden war.

Die siebenköpfige Delegation der Nationalversammlung (Viktor von Andrian-Werburg, Ernst von Saucken-Tarputschen, Friedrich Jucho, Franz Raveaux, Karl Francke, Hermann von Rotenhan, Johann Gustav Heckscher), welche dem österreichischen Erzherzog die Nachricht von seiner Wahl überbrachte, empfing man deshalb auf den Stationen ihrer Reise durch Bayern, Thüringen, Sachsen, Böhmen und Österreich vielerorts als Sendboten der nationalstaatlichen Einheit. Aber revolutionäre Demokraten erkannten auch, daß der Sieg eines Fürsten kaum den Sieg über die Fürstenmacht bedeuten konnte. Als Johann, unterwegs nach Frankfurt, mehrfach die Frage: verantwortlich oder unverantwortlich? gestellt wurde und er letzteres bejahte, soll diese Antwort große Mißstimmung unter dem Volke ausgelöst haben. Gagern und seine Partei behaupteten dagegen, der Reichsverweser sei faktisch dem Parlament zur Hälfte verantwortlich, da alle seine Anordnungen der Gegenzeichnung durch verantwortliche Minister bedürften. Diese halbe Verantwortlichkeit mache die Zentralgewalt einerseits durch das Parlament kontrollierbar, schirme sie andererseits aber auch gegenüber der revolutionären Bewegung ab.

Den Einzug des Reichsverwesers in die Parlamentsstadt am 11. Juli 1848 beging die Paulskirchenversammlung mit der Frankfurter Bevölkerung als ein großes festliches Ereignis. Das Maiengrün, dies wenigstens im übertragenen Sinne, war in Frankfurt am Main auch in den Julitagen 1848 noch frisch. Eine Einheit der berittenen Bürgerwehr hatte den Erzherzog von der Grenze des Stadtstaates bis in die Stadt eskortiert, von dort geleitete ihn der Parlamentspräsident durch die Allerheiligenstraße zu seinem vorläufigen Quartier im «Russischen Hof».

Die Feierlichkeiten anläßlich der Ankunft des Reichsverwesers weckten die historische Erinnerung an längst vergangene Zeiten, an die mittelalterlichen Kaiserwahlen in Frankfurt. Fast siebenhundert Jahre zuvor, am 4. März 1152, war hier der Hohenstaufe Friedrich I. (Barbarossa) von den höchsten weltlichen und geistlichen Würdenträgern zum deutschen Kaiser gewählt worden. Zu den bedeutendsten zählten seinerzeit Herzog Heinrich von Sachsen, der Markgraf Albrecht von Brandenburg, der Pfalzgraf Hermann und die Erzbischöfe von Mainz, Köln und Trier. Tagelang hatte die Stadt im Zeichen dieses Ereignisses gestanden. Zwischen Römerberg und Dom bestimmten die Fürsten und ihr zahlreiches Gefolge mit Hofstaat und Beamten das Bild. Das Volk war Zaungast. Es durfte den 30jährigen Kaiser aus respektvollem Abstand bestaunen und bejubeln.

Auch im Juli 1848 applaudierte die Frankfurter Bevölkerung dem Angehörigen eines Fürstenhauses. Aber der Jubel galt nicht in erster Linie dem Fürsten, sondern einem Reichsoberhaupt, welchem seine Befugnisse durch das erste vom Volke gewählte deutsche Parlament übertragen worden waren.

Johann brachte jedoch bereits bei seiner Amtsübernahme zum Ausdruck, daß ihm die Interessen der Fürsten höher standen als die des Volkes. Am Tage nach seiner Ankunft in Frankfurt hatte er im bisherigen Amtssitz des reaktionären Bundestages eine offizielle Zusammenkunft mit den Vertretern dieser Einrichtung, die sich noch immer politische Befugnisse anmaßten. Daß der neue Reichsverweser bei dieser Gelegenheit die Auflösungserklärung des Bundestages entgegennahm, war zweitrangig, denn wie Struve bereits im Vorparlament erklärt hatte, war der Bundestag ohnehin eine politische Leiche. Mit diesem politischen Akt erkannte Johann faktisch die Rechtskontinuität zwischen Bundestag und neuer Zentralgewalt an.

Die Begrüßungsworte, die Heinrich von Gagern am Vormittag des 12. Juli in der Paulskirche an den Reichsverweser richtete, offenbarten die Hoffnungen der Gagern-Liberalen: «In allem», so führte der Parlamentspräsident aus, «was das Band der Einheit zu stärken, die Freiheit des Volkes zu sichern, die öffentliche Ordnung wiederherzustellen, das Vertrauen zu beleben, die gemeine Wohlfahrt zu vermehren geeignet ist, kann des Reichsverwesers Regierung auf die Unterstützung der Nationalversammlung rechnen.»[43] Dies ließ sich nur so interpretieren, daß die wichtigste Bedingung für ein gedeihliches Zusammenwirken zwischen Nationalversammlung und Zentralgewalt die Unterstützung der gemäßigten Reformpolitik durch den Reichsverweser war.

Die Bildung und die Zusammensetzung des ersten deutschen Reichsministeriums entsprach ganz dieser politischen Linie: Sowohl die parlamentarische Linke als auch die äußerste Rechte gingen leer aus. Das Ministerium sollte nicht in den Verdacht demokratischer Tendenzen kommen; aber auch gemäßigte Konservative wurden nicht berücksichtigt, zumindest nicht diejenigen, die vor allem auf den Partikularismus setzten. Selbst der als preußischer Ministerpräsident gerade zurückgetretene Camphausen, ein gemäßigter Liberaler, lehnte den Vorsitz im Reichsministerium ab. Für ihn als eingeschworenen Verfechter preußischer Interessen war der vorsichtige Geltungsanspruch der Frankfurter Mitte bereits «Reichsterrorismus». Die politische Grundlage des ersten Reichsministeriums war der Reformliberalismus der Zentrumsfraktionen der Paulskirche, in erster Linie des Casinos, wo die kleindeutsch-preußische Richtung im Sommer 1848 zwar schon vor-, aber noch nicht allein herrschte.

Präsident des Reichsministeriums wurde der Fürst Karl von Leiningen (1804–1856), ein Halbbruder der britischen Königin Viktoria. Leiningen, ein Mitglied des Hochadels und in den vierziger Jahren Präsident der bayrischen ersten Kammer, gehörte nicht der Paulskirchenversammlung an, hatte sich jedoch durch eine Reihe politischer Schriften, zuletzt durch einen Zeitungsartikel «Entweder – Oder» in der «Frankfurter Oberpostamts-Zeitung»[44] als ein dem liberalen Reichsgedanken aufgeschlossener Adliger empfohlen.

Außenminister wurde zunächst kurzzeitig Anton Ritter von Schmerling, danach der Hamburger Advokat und Redakteur Johann Gustav Heckscher (1797–1865, Casino). Er war, wie Heinrich von Gagern und sein Ministerkollege Robert von Mohl, einst Burschenschafter gewesen. Als Minister bezog er jedoch im Unterschied zu letzterem eine scharf antidemokratische Frontstellung.

Das Innenressort übernahm der Wiener von Schmerling

Heinrich Freiherr von Gagern,
Präsident der Frankfurter Nationalversammlung
von Mai bis Dezember 1848

Von links oben nach rechts unten:
Johann, Erzherzog von Österreich, Reichsverweser.
Josef Maria von Radowitz; Felix, Fürst von Lichnowsky;
Ernst Moritz Arndt, Abgeordnete

Von links oben nach rechts unten:
Eduard Simson, Parlamentspräsident
von Dezember 1848 bis Anfang Mai 1849.
Karl Theodor Welcker; Friedrich Dahlmann;
Friedrich Daniel Bassermann, Abgeordnete

1. Robert Blum, 2. Julius Fröbel,
3. Wilhelm Adolf Trützschler, 5. Lorenz Brentano,
6. Friedrich Hecker, 7. Franz Raveaux,
9. Ernst Leonhard Heubner, 10. Franz Zitz,

11. Hugo Wesendonck, 12. Karl Vogt, 13. Ludwig Simon,
14. Ferdinand Freiligrath, 16. Arnold Ruge, 21. Karl Liebelt,
25. Heinrich Simon, 46. Jodocus Temme,
48. Johann Jacoby

Von links oben nach rechts unten:
Adam von Itzstein; Franz Zitz;
Friedrich Wilhelm Schlöffel, Abgeordnete.
Friedrich Hecker

Robert Blum, Führer der gemäßigten Linken

Stimmzettel

(1805–1893, Casino), Jurist und hoher österreichischer Staatsbeamter, bis zu seinem Amtsantritt österreichischer Bevollmächtigter beim Deutschen Bund. Innerhalb der Casino-Fraktion verfocht Schmerling die Interessen Österreichs. Ihm ging es um die Begründung eines Bundesstaates unter der Führung Österreichs, in den jedoch die außerdeutschen Gebiete des Vielvölkerstaates nicht aufgenommen werden sollten. Er setzte sich dafür ein, den Fürsten bei der künftigen Gestaltung Deutschlands möglichst weit entgegenzukommen und war ein noch schärferer Gegner der Volksrevolution als die meisten übrigen gemäßigten Liberalen. Innerhalb des Kabinetts galt er als der Antipode der Linken – ein Liberaler mit konservativem Einschlag.

Kabinettliste des Frankfurter Reichsministeriums

Präsident des Reichsministeriums:
Karl Fürst von Leiningen (9. 8.–16. 9. 1848)
Anton von Schmerling (amt.) (17. 9.–15. 12. 1848)
Heinrich von Gagern (16. 12. 1848–22. 3. 1849,
amt. 22. 3.–10. 5. 1849)

Außenministerium:
Anton von Schmerling (15. 7.–9. 8. 1848; 18. 9.–15. 12. 1848)
Johann Gustav Heckscher (10. 8.–15. 9. 1848)
Heinrich von Gagern (16. 12. 1848–22. 3. 1849,
amt. 22. 3.–10. 5. 1849)
Unterstaatssekretäre:
Max von Gagern
Ludwig von Biegeleben

Innenministerium:
Anton von Schmerling (15. 7.–15. 12. 1848)
Heinrich von Gagern (16. 12. 1848–22. 3. 1849,
amt. 22. 3.–10. 5. 1849)
Unterstaatssekretäre:
Friedrich Daniel Bassermann
Joseph von Würth (bis 15. 12. 1848)

Finanzministerium:
Hermann von Beckerath (9. 8. 1848–18. 9. 1848, 25. 9. 1848–4. 5. 1849)
Arnold Duckwitz (amt.) (18.–25. 9. 1848)
Unterstaatssekretäre:
Karl Mathy
Christian Wiedenmann

Handelsministerium: (einschließlich Marineangelegenheiten)
Arnold Duckwitz (10. 8. 1848–10. 5. 1849)
Unterstaatssekretäre:
Gustav von Mevissen
Johannes Fallati

Justizministerium:
Johann Gustav Heckscher (15. 7.–9. 8. 1848)
Robert von Mohl (10. 8. 1848–10. 5. 1849)

Kriegsministerium:
Eduard Peucker (15. 7. 1848–10. 5. 1849)

Das Handelsministerium (später auch das Marineministerium) übernahm der Bremer Arnold Duckwitz (1802–1861), seit 1841 Senator der Hansestadt. Duckwitz, der als Großkaufmann den Handel mit Häuten betrieb, war am Inlandsgeschäft interessiert. Im Unterschied zur Mehrheit der norddeutschen Handelsbourgeoisie, die hauptsächlich am internationalen Handel verdiente und für den Freihandel eintrat, stand Duckwitz dem Schutzzoll weniger ablehnend gegenüber. Durch einen solchen Schutzzoll, wie ihn vor allem die Industriebourgeoisie verlangte, sollten insbesondere die Waren der ausländischen Konkurrenz vom Binnenmarkt ferngehalten werden. Gleichzeitig plädierte Duckwitz auch für den Anschluß Bremens an den preußischen Zollverein. Er gehörte, wie von Leiningen, nicht der Paulskirche an, stand jedoch dem rechten Flügel der Casino-Fraktion nahe. Wie Schmerling bezog Duckwitz als Liberaler eine konservative Position.

Kriegsminister wurde Eduard von Peucker (1791–1876),

ebenfalls ein Nichtparlamentarier. Peucker war preußischer Offizier. Er hatte als junger Artillerieleutnant im Yorkschen Korps an den Befreiungskriegen teilgenommen und stieg später im Generalstab und im Ministerialdienst bis zum Generalmajor auf (1842). Er verkörperte den Typ des preußischen Stabsoffizier mit gemäßigt-konservativer Einstellung.

Das Justizressort übernahm – nach einem kurzen Zwischenspiel durch Heckscher – der Württemberger Robert von Mohl (1799–1875), ein namhafter liberaler Jurist, seit 1824 Universitätsprofessor in Tübingen und Heidelberg. Mohl war im Vormärz, ähnlich wie Gagern, wegen politischer Differenzen mit der württembergischen Regierung vorübergehend aus dem Staatsdienst ausgeschieden. Als einziger dem linken Zentrum der Paulskirche angehörender Minister widersetzte er sich weitgehenden Konzessionen gegenüber Adel und Fürsten, hatte es jedoch meist schwer, sich im Ministerrat Gehör zu verschaffen.

Das Finanzministerium übertrug man dem Krefelder Bankier Hermann von Beckerath (1801–1870, Casino). Beckerath, seit 1838 Inhaber eines eigenen Bankhauses, gehörte auch (1843) dem rheinischen Provinziallandtag und dem preußischen Vereinigten Landtag (1847) an. Er zählte mit Camphausen, Hansemann und Mevissen zu den bekanntesten Führern der rheinischen Bourgeoisie.

Die stärkste Persönlichkeit des neuen Kabinetts war der politisch befähigte, aber auch von seiner eigenen Bedeutung felsenfest überzeugte Schmerling. Dies änderte zwar nichts an dem Übergewicht der propreußisch eingestellten Minister und Staatssekretäre, zumal diese mit Mevissen und Beckerath schließlich auch die beiden einzigen Vertreter des Unternehmertums stellten, welche in ihrer Eigenschaft ein gewichtiges Wort in die Waagschale zu werfen hatten. Dennoch schränkten so widerstrebende Tendenzen naturgemäß die Handlungsfähigkeit einer Regierung ein.

Überdies war in Rechnung zu stellen, daß Johann jeder Reformpolitik, die auf eine Begrenzung der einzelstaatlichen Macht beziehungsweise des Partikularismus zielte, distanziert gegenüberstand. Trotzdem brachte die neue Regierung ihren Geltungsanspruch gegenüber den Einzelstaaten in vorsichtiger Form zum Ausdruck.

Peucker, der neue Reichskriegsminister, wollte mit vollem Recht den untragbaren Zustand, ein Minister ohne Armee zu sein, rasch ändern. Schon einen Tag nach seiner Amtsübernahme, am 16. Juli, verfügte er, daß sämtliche einzelstaatlichen Regierungen ihre Truppen auf den Reichsverweser vereidigen sollten. Am 6. August hatten allerorts Paraden stattzufinden, bei denen die Reichsfarben Schwarz-Rot-Gold angelegt werden sollten und ein Aufruf des Reichsverwesers zu verlesen war, danach drei Lebehochs auf seine kaiserliche Majestät und ein Salutschießen – so bestimmte es der ministerielle Erlaß.

Dies war weniger, als die Linke ursprünglich verlangt hatte. Sie wollte die Vereidigung auf die (verantwortliche) Reichsregierung und damit eine engere Bindung der Militärmacht an das Parlament. Aber es war mehr, als vor allem die großen Einzelstaaten zuzugestehen beabsichtigten. Obwohl die Reichsregierung die Truppen lieber gegen die Revolution als gegen die Reaktion mobilisiert hätte, beanspruchten die Regierungen in Wien und Berlin dieses Recht uneingeschränkt für sich selbst. Die kleineren Staaten zeigten sich noch einigermaßen willfährig. Bayern ersann jedoch allerlei protokollarische Auswege, um die blauweißen Landesfarben im gleichen Rang wie das Schwarz-Rot-Gold zu belassen, und damit die Landeshoheit gegenüber dem Geltungsanspruch der Zentralgewalt gebührend zu demonstrieren. Die Regierung in Wien machte das lächerliche Zugeständnis, am 6. August ein einziges Bataillon in den Reichsfarben antreten zu lassen. Der preußische König ganz und gar veröffentlichte am 29. Juli einen Armeebefehl, in welchem er den Einsatz preußischer Truppen in Angelegenheiten des Reiches ausdrücklich seiner Person vorbehielt. Es war dies derselbe Geist, der aus den Worten sprach, die Friedrich Wilhelm IV. während des Dombaufestes im Kölner Gürzenich (14. August) an Heinrich von Gagern richtete, als ihm dieser an der Spitze einer offiziellen Paulskirchenabordnung entgegentrat: «Vergessen Sie nicht, daß es noch Fürsten in Deutschland gibt, und daß ich zu ihnen gehöre.»[45]

Der preußische Monarch hatte seine Rolle gewechselt. Er war nicht mehr der willenlos Hin- und Herschwankende wie in den Märztagen 1848, auch hielt er sich nicht mehr, wie noch im Juni zu beobachten, gegenüber der Paulskirche zurück. Jetzt gab er sich wieder als ein Fürst, der auf seine Macht pocht und sich anschickt, diese gegen die Revolution einzusetzen – Anzeichen dafür, daß sich in Deutschland die politische Szenerie seit dem Frühsommer 1848 verändert hatte.

Die Paulskirche
und die
nationalen Revolutionen

Georg Weerth
Pfingstlied
(1848)

Sie herzten sich, und sie küßten sich
Mit liebevoller Gebärde.
Der junge Herr Frühling wonniglich,
Der besuchte die alte Frau Erde.

Er ist der guten, ehrlichen Frau
Mit eins an den Hals gesprungen,
Daß bis hinauf in den Himmel blau
Nur Lust und Jubel erklungen.

«Mein Sohn, es freut mich, daß du hier!
Lang währte des Winters Tosen.
Meine Felder brauchen die goldne Zier,
Meine Gärten Lilien und Rosen.

Verstummt sind all meine Nachtigalln,
Seit ich dich verloren hatte;
Drum schmücke den Vögeln die grünen Halln
Und den Hirschen die blumige Matte.

Ich habe so oft an dich gedacht,
Wenn es stürmte wilder und wilder;
Doch sprich, was hast du mir mitgebracht
Für die lieblichen Menschenbilder?»

«Für die Menschenbilder?» versetzte da
Der junge Herr Frühling stutzend –
In die Tasche griff er behend: «Voilà!
Revolutionen ein Dutzend.»

Am 18. Juli 1848, genau zwei Monate nach der Eröffnung der Frankfurter Nationalversammlung, übergab der Abgeordnete Wilhelm Schultze aus Potsdam dem Parlamentspräsidenten folgende bemerkenswerte Petition: «Der Silhouetteur und Miniaturmaler Carl von Häklte überreicht der hohen Nationalversammlung einen von ihm für ein Geheimnis ausgegebenen, nach seiner eigenen Ausführung indessen von dem Könige von Preußen und dem Erbgroßherzoge von Darmstadt unbeachtet gelassenen Plan zur Herstellung einer Zitadelle, welche mit einer Besatzung von nur 200 Mann und 4 Kanonen, in ebener Erde, einer Belagerung durch 50 000 Mann und 100 Kanonen auf 1 Jahr und länger zu widerstehen imstande sein soll und bittet, weil ihm seine Geldmittel ausgegangen, um eine beliebige kleine Belohnung.»[1]

Natürlich war Carl von Häklte ein Aufschneider und Phantast, der auf leichte Weise zu Geld kommen wollte. Die Verteidigung einer Festung gegen eine zweihunderfünfzigfache Übermacht «auf ein Jahr und länger» war ein militärisch kaum zu lösendes Problem. Die Frankfurter Nationalversammlung schenkte dem Anliegen des Petitionisten deshalb mit Recht keine Beachtung und ging zur Tagesordnung über. Vor allem aber lag ihr in jenen Tagen die Überlegung fern, sie selbst könne militärisch bedroht werden. Tatsächlich war der Gedanke nicht von der Hand zu weisen, daß die Paulskirche eines Tages auch des militärischen Schutzes gegen die Konterrevolution bedürfte.

Die Konterrevolution setzte allerdings im Sommer 1848 noch nicht in den Brennpunkten der Revolution, sondern bei den um ihre Freiheit kämpfenden Nachbarvölkern und Nationalitäten im Osten und Südosten Europas zum Gegenschlag an. Gegenüber den Parlamenten in Deutschland erlegten sich Adel und Fürsten vorläufig noch Zurückhaltung auf. Aber gegen die revolutionären Polen, Tschechen, Italiener und bald auch Ungarn gingen die Armeen der Preußen und Österreicher zur militärischen Offensive über. Sie bauten darauf, daß ihre nationalistische Politik von den Liberalen grundsätzlich unterstützt würde. Ferner hofften sie, die demokratische Bewegung werde durch die Auseinandersetzungen in Deutschland so stark in Anspruch genommen, daß sie sich nicht um das Schicksal ihrer Nachbarvölker kümmern könne.

In dem von Preußen unterdrückten Teil Polens und in den tschechischen Ländern wurde die Fremdherrschaft der Preußen und Österreicher mit bewaffneter Gewalt wieder gefestigt. Auch in Oberitalien gelang es, nachdem der habsburgische Feldmarschall Joseph Graf von Radetzky anfangs mehrere Niederlagen gegen die revolutionären Streitkräfte des italienischen Volkes erlitten hatte, die Machtstellung Österreichs zu erneuern.

Im Juni scheiterte der Aufstand des Pariser Proletariats gegen die Bourgeoisie. Es gab damals Anzeichen dafür, daß die Mehrheit der Frankfurter Nationalversammlung die Signalwirkung dieser Ereignisse und vor allem des Pariser Juniaufstandes nicht beziehungsweise falsch verstand. Die meisten Liberalen innerhalb und außerhalb des Parlamentes bewerteten den Erfolg für die konterrevolutionären Kräfte in erster Linie als einen Sieg für die «Partei der Ordnung». Sie erkannten nicht, daß sich durch Machtstärkung der halbfeudalen Kräfte der eigene Handlungsspielraum und damit die Chancen für die Verwirklichung einer liberalen Reformpolitik verringerten. Die Börse in Frankfurt am Main sog, wie die «Frankfurter Oberpostamts-Zeitung» vermerkte, aus den Pariser Nachrichten sogar «neues Leben».[2] Auch der liberale Frankfurter Casinoabgeordnete und Bonner Universitätsprofessor Peter Franz Deiters äußerte sich einen Tag später ähnlich. «Ich vertraue, daß wir nicht in die babylonischen Zustände Frankreichs geraten werden, ja, ich sage es mit äußerster Wehmut, der blutige Sieg der Ordnung in Paris wird für uns heilsam sein: wir werden, so Gott hilft, trockenen Fußes wie die Kinder Israels, durch diesen roten Strom, der sich an zwei Seiten getürmt hat, hindurchgehen.»[3]

Die Bourgeoisie erhoffte sich von einem Sieg der «Ordnungspartei» einen Aufschwung der wirtschaftlichen Entwicklung, die sich seit 1847 in einer Krise befand. Nach wie vor gaben sich ihre parlamentarischen Vertreter der Hoffnung hin, die aristokratisch-monarchischen Kräfte zur Zusammenarbeit gewinnen zu können. In Wahrheit hielten diese lediglich die Zeit für ein direktes Vorgehen gegen die Parlamente noch nicht für gekommen. Sich vorläufig Zurückhaltung gegenüber dem Parlamentarismus aufzuerlegen, fiel ihnen um so leichter, als namentlich das Frankfurter Parlament sich praktischen Entscheidungen nur zögernd zuwandte und einen außerordentlich großen Teil seiner Zeit der Beratung von Verfassungs- und Rechtsfragen widmete.

Bereits seit dem 3. Juli debattierte es in kaum zu überbietender Gründlichkeit über die sogenannten Grundrechte für alle Deutschen, wie das Staatsbürgerrecht, das Recht der freien wirtschaftlichen Betätigung, die Gleichheit aller Bürger vor dem Gesetz, die sogenannten bürgerlichen Freiheiten (Presse-, Versammlungs- und Vereinigungsrecht), das Recht auf Bildung oder das Recht der freien Religionsausübung.

So wichtig die Verabschiedung dieser Grundrechte war, die Paulskirchenversammlung hätte sich im Sommer 1848 eigentlich dringenderen Fragen zuwenden müssen. Wirklich effektive Maßnahmen, die ihre Stellung gegenüber den Einzelstaaten festigten, traf sie nicht. Eigene Machtorgane, wie Reichsheer, Polizei und Verwaltung, gab es noch nicht. Auch die Erhebung von Reichssteuern war unumgänglich. Noch immer fristeten nämlich Nationalversammlung und Zentralgewalt ihr Dasein von den finanziellen Beiträgen, die die deutschen Einzelstaaten in die Kasse des Deutschen Bundes entrichteten. Hätte die Frankfurter Nationalversammlung nur eine dieser Maßnahmen oder wenigstens die sofortige Ausarbeitung einer Reichsverfassung in Angriff genommen, so wären die Bevollmächtigten der deutschen Regierungen, allen voran die Vertreter Preußens und Österreichs, vermutlich unverzüglich in Frankfurt vorstellig geworden, um ihren Protest zu verkünden. Aber nichts von alledem geschah. Die Mehrheit der Frankfurter Nationalversammlung folgte getreu ihrer Linie, eine verfassunggebende und keine regierende Versammlung sein zu wollen, und so ließen die deutschen Fürsten sie zunächst gewähren.

Es unterliegt keinem Zweifel, daß die Verabschiedung der Grundrechte zu den Aufgaben der Paulskirchenversammlung gehörte. In allen großen bürgerlichen Revolutionen waren in der Geburtsstunde der neuen Gesellschaftsordnung bürgerliche Grundrechte verkündet worden. 1776 bekräftigte die von dem amerikanischen Revolutionär Thomas Jefferson entworfene Unabhängigkeitserklärung, «daß alle Menschen ... mit gewissen unveräußerlichen Rechten ausgestattet sind, darunter Leben, Freiheit und dem Streben nach Glück».[4] Im gleichen Sinne verkündete die Deklaration der Französischen Konstituierenden Versammlung von 1789 an der Schwelle der Großen Französischen Revolution: «Die Menschen werden geboren und bleiben frei und gleich an Rechten.»[5] Zwar war auch die in verschiedenen Ländern neu entstehende bürgerliche Gesellschaft weder willens noch in der Lage, Freiheit – Gleichheit – Brüderlichkeit für alle Menschen zu verwirklichen, die Bürger erlangten jedoch unter der neuen Ordnung ein höheres Maß an Rechtssicherheit als unter dem Absolutismus. Deshalb mußte sich die Paulskirchenversammlung mit den bürgerlichen Grundrechten befassen. Aber weder der Zeitpunkt noch die Extensität der Debatte waren zu rechtfertigen.

Paragraphen über Paragraphen, Gutachten über Gutachten türmten sich während der Grundrechtsdebatten vor den Abgeordneten. Innerhalb von drei Monaten, von Anfang Juli bis Ende September, wurden sechzehn Grundrechtsparagraphen diskutiert und verabschiedet. In den meisten Fällen setzten sich die Vertreter der liberalen Mehrheit mit ihren Anträgen und Abänderungsvorschlägen durch.

Die Vertreter der Bourgeoisie verlangten, daß durch die Grundrechte Voraussetzungen für die raschere Entfaltung des Kapitalismus geschaffen wurden. Sie sprachen sich für die Einführung der Freizügigkeit, für Gewerbefreiheit und freies Aufenthaltsrecht aus. Ferner forderten sie das Recht, Grundbesitz erwerben zu können sowie die Unverletzlichkeit des Eigentums. Aber die Paulskirchenliberalen machten sich, wie die junge bürgerliche Klasse in den vorangegangenen Revolutionen in Nordamerika und in Frankreich, zum Teil auch zum Fürsprecher demokratischer Forderungen. Dazu gehörten das Verlangen nach Preßfreiheit, nach der Unverletzlichkeit der Person und nach der Öffentlichkeit und Mündlichkeit des Gerichtsverfahrens. Doch die Liberalen blieben mit ihren Forderungen hinter dem Grundrechtsprogramm der parlamentarischen Linken zurück. Sie sprachen sich beispielsweise gemeinsam mit der Opposition für die Wahrung des Briefgeheimnisses aus, lehnten jedoch deren Antrag ab, die Verletzung dieses Grundrechts auch unter strafrechtliche Verfolgung zu stellen.

Wo sich in den Grundrechtsdebatten Interessenkonflikte

zwischen der bürgerlichen Gesellschaft und der Adelsklasse ergaben, strebten die gemäßigten Liberalen meist nach Kompromissen. So weigerten sie sich, den Grundsatz der Gleichheit aller Bürger vor dem Gesetz auch auf den Adel konsequent anzuwenden. Während die Linke für die Abschaffung des Adels eintrat, erklärten sich die Liberalen lediglich mit der Abschaffung der Standesprivilegien einverstanden. Noch weiter kam die liberale Mehrheit dem Adel in bezug auf die Ablehnung der Feudallasten entgegen: Eine entschädigungslose Aufhebung dieser Lasten ablehnend, wollte sie den Bauern lediglich das erlassen, was zu verkaufen nicht mehr lohnte, nämlich die zum Teil noch erhaltenen und nur einen Bruchteil der Verpflichtungen ausmachenden sogenannten persönlichen Abgaben und Leistungen. Das Gros der Lasten, die «guts- und schutzherrlichen Grundlasten, Zehnten, ländliche(n) Servituten» sollten dagegen der Ablösung unterliegen, der Bauer mußte also jede Krume des ihm überlassenen Bodens teuer bezahlen.

Ungeachtet aller kritischen Einwände gegen einzelne Grundrechtsbestimmungen ist jedoch festzuhalten, daß der von der Paulskirche verabschiedete Grundrechtskatalog insgesamt fortschrittlichen Charakter besaß. Mit den Grundrechten waren Rechtsgrundsätze erarbeitet worden, die der bis 1848 vielerorts herrschenden Rechtsbeugung und Willkür ein Ende bereiteten. Die Präambel der Grundrechte unterstrich, daß diesen eine große politische Bedeutung innewohnte: «Sie sollen», so hieß es hier über den von der Paulskirche verabschiedeten Rechtskatalog, «den Verfassungen der deutschen Einzelstaaten zur Norm dienen, und keine Verfassung oder Gesetzgebung eines deutschen Einzelstaates soll dieselben je aufheben oder beschränken können.»[6] Die deutschen Fürsten nahmen die Grundrechte als das hin, was diese im Sommer 1848 zunächst noch waren, nämlich ein papiernes Dokument. Argwöhnischer als die ersten verfassungspolitischen Gehversuche verfolgten sie die Bemühungen der Nationalversammlung nebst der Zentralgewalt um Anerkennung auf internationalem Parkett.

Seit dem Ende des Heiligen Römischen Reiches deutscher Nation hatte es keine einheitliche deutsche Außenpolitik mehr gegeben. So energisch der Deutsche Bund die fortschrittlichen nationalen Bestrebungen innerhalb Deutschlands verfolgte, so tatenlos verhielt er sich gegenüber den nationalen Belangen im Ausland. Jeder der deutschen Einzelstaaten versuchte seine Sonderinteressen zu verfolgen. In London, Paris, St. Petersburg, in Stockholm oder Brüssel residierten die Gesandten der verschiedenen deutschen Staaten nebeneinander, weil jeder von ihnen das Recht besaß, eigene Außenpolitik zu treiben. Für die Fürsten von Sachsen-Coburg-Gotha, Nassau oder Mecklenburg-Strelitz war das Recht, diplomatische Vertreter zu ernennen, in erster Linie eine Prestigefrage. Nur ein völlig verblendeter Duodezfürst konnte sich im Vollgefühl seiner zwergenhaften Souveränität der Illusion hingeben, selbständige Außenpolitik betreiben zu können. In Wirklichkeit nahm kein fremdes Land Rücksicht auf die Interessen deutscher Kleinstaaten. So erklärte sich denn auch der Großherzog von Hessen-Darmstadt bereit, seine Vertreter aus Paris, St. Petersburg und London zurückzuberufen, nachdem sich in Deutschland die provisorische Zentralgewalt konstituiert hatte. Viel erbitterter verteidigten die deutschen Großmächte ihre außenpolitische Souveränität.

Für die Regierungen in Berlin und Wien ging es hierbei durchaus nicht nur um das Prestige. Jede von ihnen kämpfte auf internationalem Parkett um Einfluß und Ansehen, denn sie betrachteten die internationale Diplomatie auch als Mittel, um ihre Machtstellung innerhalb Deutschlands zu erhalten und zu festigen. Deshalb beobachteten sie argwöhnisch jeden selbst noch so vorsichtigen Schritt der neugegründeten Zentralgewalt, der dazu diente, dieser internationale Geltung zu verschaffen.

Ob in London, Paris oder St. Petersburg – überall stieß die Frankfurter Reichsregierung auf schwierige Startbedingungen. Ihre Sondierungen bei den drei führenden europäischen Mächten erbrachten im wesentlichen das gleiche Ergebnis. Die Regierungen ließen erkennen, daß sie gegen Kontakte unterhalb der Schwelle der diplomatischen Anerkennung nichts einzuwenden hätten. Offizielle Beziehungen, so erklärten sie, könne es jedoch vorerst nicht geben. An diesem negativen Ergebnis waren nicht zuletzt die Intrigen der Vertreter Preußens und Österreichs schuld. Großbritannien und Frankreich gestanden der Reichszentralgewalt wenigstens die

Entsendung eines halboffiziellen Vertreters zu. Für den Londoner Posten wurde der liberal eingestellte Adlige und Casinovertreter Viktor von Andrian-Werburg, für Paris der gemäßigt-konservative Historiker Friedrich von Raumer (Fraktion Milani) ausersehen. Für Stockholm wurde Karl Theodor Welcker, für Brüssel der gemäßigt-konservative bayrische Gutsbesitzer Hermann von Rotenhan und für die Schweiz der Demokrat Franz Raveaux in Aussicht genommen.

Andrian-Werburg und Raumer fristeten ein Schattendasein neben den renommierten Vertretern Preußens und Österreichs. Es entbehrte nicht der Lächerlichkeit, daß Raumer im Pariser Hotel de Hollande in der Rue de la Paix sein Quartier nahm, wo bereits der preußische Gesandte Maximilian Graf von Hatzfeldt residierte. Wäre der Frankfurter Reichsregierung – wofür die Chancen von vornherein nicht sehr gut standen – wenigstens bei einer der europäischen Großmächte der Durchbruch gelungen, so hätte sich die Lage möglicherweise zugunsten der deutschen Zentralgewalt ändern können. Statt dessen ließ die zaristische Regierung die Reichsregierung in Frankfurt am Main wissen, Fortschritte in den beiderseitigen Kontakten seien nur dann möglich, wenn die am Zarenhofe akkreditierten deutschen Regierungen der Aufnahme offizieller Beziehungen zwischen Frankfurt und St. Petersburg nichts mehr in den Weg legten. So drehte sich das Karussell im Kreise.

Die Rückschläge in London, Paris und St. Petersburg konnten durch einige kleinere diplomatische Erfolge der Reichsregierung nicht aufgewogen werden. Zur Aufnahme formeller Beziehungen erklärten sich die USA, Schweden, die Niederlande, Belgien, die Schweiz, Sardinien, Neapel und Griechenland bereit. Aber selbst die Realisierung dieser Möglichkeiten verlief schleppend. Es gab vielfältige personelle und politische Schwierigkeiten bei der Einrichtung und Besetzung von Reichsgesandtschaften. Zum Teil versuchten wiederum die deutschen Großmächte die diplomatische Anerkennung der Zentralgewalt durch die genannten Staaten zu hintertreiben. Österreich intrigierte gegen das revolutionäre Ungarn, denn es plante die Niederwerfung der Revolution in diesem bis 1848 von ihm beherrschten Land. Seine Diplomaten setzten die Zentralgewalt unter Druck und erreichten, daß sie die Aufnahme diplomatischer Beziehungen zur ungarischen revolutionären Regierung vorläufig ablehnte. Als die seit 1829 teilautonomen Donaufürstentümer Moldau und Walachei beim Reichsaußenministerium vorstellig wurden, meldete sich Preußen, welches nicht einmal in die Balkankonflikte verwickelt war, zu Wort. Es verlangte, das Ministerium möge die Vertreter der Donaufürstentümer so empfangen, «daß die Türkei nicht verletzt sein könne».[7]

Es zeugte sicherlich nicht von Stärke, daß sich die Zentralgewalt derartige Einmischungsversuche gefallen ließ. Reibungen und Interessenkonflikte zwischen Zentralgewalt beziehungsweise Nationalversammlung und den Einzelstaaten waren immerhin eine Bestätigung dafür, daß die Paulskirche sich realen politischen Angelegenheiten zuwandte. Das traf auch für die parlamentarischen Verhandlungen über die nationalrevolutionäre Bewegung in den Rand- und Nachbarterritorien Deutschlands (Polen, Böhmen, Mähren und Mährisch-Schlesien, Südtirol und Schleswig-Holstein) zu. Hierbei mußten die Paulskirchenparlamentarier freilich zur Kenntnis nehmen, daß Preußen und Österreich bereits gehandelt hatten, bevor sich die Frankfurter Nationalversammlung über diese Angelegenheiten zu beraten anschickte.

Die Polenfrage

Die Politik Preußens gegenüber Polen gehörte zu den wichtigsten außenpolitischen Themen, mit denen sich die Paulskirchenversammlung befaßte. Das Schicksal Polens hing eng mit der Entwicklung der Revolution im europäischen Maßstab zusammen. Polen war Ende des 18./Anfang des 19. Jahrhunderts vollständig durch Preußen, Österreich und Rußland aufgeteilt worden. Bis 1848 waren alle Versuche des polnischen Volkes, seine Unabhängigkeit wiederzuerlangen, durch die «Heilige Allianz», wie jene drei europäischen Großmächte ihr Bündnis bezeichneten, niedergeschlagen worden. «Der Riß, den die drei Mächte durch Polen zogen», schrieb die «Neue Rheinische Zeitung», «ist das Band, das sie aneinanderkettet; der gemeinsame Raub hat sie einer für den anderen solidarisch gemacht.»[8] Folglich konnte der Kampf des polnischen Volkes nur dann erfolgreich sein, wenn die Revolution auch in den Nachbarländern siegte.

Im Frühjahr 1848 bietet sich die Chance. In dem von Preußen besetzten Teil Polens, dem Großherzogtum Posen, erhebt sich das Volk. Die reaktionären Kräfte in Preußen und Österreich sind für den Augenblick wie gelähmt. Das zaristische Rußland verhält sich abwartend. Der Sieg scheint möglich, wenn die revolutionären Kräfte des deutschen und des polnischen Volkes gemeinsam die Erfolge der Revolution ausbauen.

Die entschiedensten Vertreter der revolutionären Bewegung in Deutschland haben die Sache des polnischen Volkes zur ihrigen gemacht. In einer Rede am 22. Februar 1848 in Brüssel erklärt Friedrich Engels: «Wir haben die gleichen Feinde, die gleichen Unterdrücker, denn die russische Regierung lastet genau so auf uns wie auf den Polen. Die erste Bedingung für die Befreiung sowohl Deutschlands wie auch Polens ist die Umwälzung des gegenwärtigen politischen Zustands in Deutschland, ist der Sturz Preußens und Österreichs, ist das Zurückdrängen Rußlands hinter den Dnjestr und die Dwina.»[9]

Berliner Arbeiter, Handwerksgesellen und Studenten befreien im März 1848 polnische Revolutionäre aus der Haft und geleiten sie im Triumphzug vom Moabiter Gefängnis durch die ganze Stadt. Es sind Polen, die wegen ihrer Beteiligung an den revolutionären Posener Unruhen von 1846 zu Freiheitsstrafen verurteilt worden waren. Unter ihnen befindet sich der revolutionäre Offizier Ludwik Mierosławski, der fünfzehn Monate später das badische Revolutionsheer gegen die preußische Interventionsarmee unter dem Kommando des Kartätschenprinzen Wilhelm befehligen wird. Aber die Bourgeoisie, die jetzt in den deutschen Regierungen und auch bald in den Parlamenten den entscheidenden Einfluß besitzt, verhält sich gegenüber der nationalrevolutionären Bewegung in Polen anfangs distanziert und später mehr und mehr ablehnend.

Noch im Vorparlament und im Fünfzigerausschuß hatten neben vielen kleinbürgerlich-demokratischen Abgeordneten vornehmlich südwestdeutsche Liberale ihre Sympathie gegenüber der polnischen Revolution bekundet. Aber die preußische Regierung unter dem Vorsitz des Kölner Großkaufmanns Ludolf Camphausen und mit ihr die Mehrheit der deutschen Bourgeoisie bringt der Germanisierungspolitik der reaktionären Junker und Militärs immer mehr «Verständnis» entgegen. Diese Haltung entspringt nicht nur ihrer kompromißlerischen Politik gegenüber Adel und Fürsten, sondern auch der Befürchtung, ein Erfolg der nationalrevolutionären Bewegung in Polen könne ihre wirtschaftlichen und militärischen Interessen beeinträchtigen.

Das Großherzogtum Posen, begrenzt durch die Städte Meseritz, Schneidemühl und Thorn im Norden sowie Kalisch, Kempen, Rawitsch und Fraustadt im Süden, umschloß ein Gebiet von etwa 29 000 Quadratkilometern mit ungefähr 1,3 Millionen Einwohnern. Es besaß den Status einer preußischen Provinz und gehörte zum Deutschen Zollverein, war jedoch nicht Bestandteil des Deutschen Bundes. Posen galt als begehrter Absatzmarkt, mit den hier ansässigen Großgrundbesitzern tätigten preußische Bankiers einträgliche Finanzgeschäfte. Es sollte ferner als Puffer gegen eine mögliche Bedrohung durch Rußland dienen. Der Zar, ein erbitterter Feind der Revolution, hatte im Frühjahr 1848 zahlreiche Truppen an der Westgrenze seines Reiches konzentriert und trug sich zeitweilig mit Plänen, gegen die Revolution in den Nachbarländern militärisch vorzugehen.

Die preußischen Junker und Militärs fühlten sich durch das Entgegenkommen der Regierung Camphausen ermuntert, das Band zwischen Preußen beziehungsweise dem Deutschen Bund und der Provinz Posen sogar noch zu festigen. Im Einverständnis mit der bürgerlichen Regierung Camphausen verlangte der preußische Diplomat Karl von Usedom im Frühjahr 1848 beim Bundestag in Frankfurt am Main, Posen solle nicht nur weiterhin unter preußischer Herrschaft verbleiben, es müsse endlich auch in den Deutschen Bund eingegliedert werden. Lediglich ein kleiner Gebietsrest im Osten sollte den Polen belassen bleiben.

Dieser Antrag widersprach nicht nur dem Willen der polnischen Bevölkerung, sondern auch einer Entscheidung ihrer regulären parlamentarischen Vertretung, des Provinziallandtages von Posen. Trotzdem stimmte der Bundestag, wie nicht anders zu erwarten, noch rasch zu, ehe er seine Selbstauflösung beschloß.

Die «Neue Rheinische Zeitung» nannte diese Entscheidung eine neue Teilung Polens, denn diese mißachtete – wie die früheren Teilungsbeschlüsse der preußischen, österreichischen und zaristischen Regierungen – das Selbstbestimmungsrecht des polnischen Volkes. Von einer gerechten Teilung konnte keine Rede sein. Nur in den Randgebieten der Provinz überwog der deutsche Bevölkerungsanteil. Insgesamt waren etwa zwei Drittel der in der Provinz ansässigen Bevölkerung polnischer Nationalität, sie strebten nach Unabhängigkeit von preußischer Oberherrschaft.

Nunmehr mußte sich die Frankfurter Nationalversammlung mit den Teilungsbeschlüssen des Bundestages auseinandersetzen. Sie hatte gleichzeitig darüber zu befinden, ob die nach Frankfurt entsandten Posener Abgeordneten zu Recht in der Paulskirche saßen. In Wirklichkeit ging es darum, ob das Frankfurter Parlament die nationalrevolutionäre Bewegung in Posen billigte oder sich auf die Seite der Konterrevolution stellte. Entschied es sich für Polen, so konnte weder eine Anerkennung der Bundesbeschlüsse noch der Wahlen in Frage kommen.

Seit Wochen und Monaten hatten sich liberale und konservative Nationalisten in Deutschland in der Öffentlichkeit gegen die Unabhängigkeit Polens ausgesprochen. Sogar der hochbetagte liberale Geschichtsprofessor und Dichter Ernst Moritz Arndt, der einst die nationale Unabhängigkeit Deutschlands gefeiert hatte, reihte sich jetzt in die Schar der Polengegner ein. Er behauptete, die Freunde Polens seien «Unwissende», «Narren» oder «Schelme».[10] Die Parteinahme für Polen sei allein schon deswegen verwerflich, weil sie dazu beitrage, das Ansehen Preußens und seines Königs in den Augen des deutschen Volkes herabzusetzen. Auch die Vertretung der in Posen herrschenden deutschen Oberschicht, der Kaufleute, Lehrer und Regierungsbeamten, meldete sich zu Wort. Der «Unterstützungs-Ausschuß des deutschen Central-Comités» veröffentlichte in bekannten liberalen Blättern, wie der «Deutschen Zeitung» oder der «Frankfurter Oberpostamts-Zeitung», sogenannte «Hülferufe aus Posen an das gesamte Deutschland». Sie gaben übertriebene Schilderungen über das Vorgehen der aufständischen Polen gegen eine angeblich schutzlose deutsche Minderheit, welche dazu beitragen sollten, in Deutschland eine antipolnische Stimmung zu schüren:

«Deutsche Brüder! Die Schrecken des Bürgerkrieges, welche durch die beklagenswerte Schilderhebung der Polen heraufbeschworen sind, senden nunmehr von allen Seiten ihre Trauerboten nach unserer Stadt.

Die deutschen Einwohner des platten Landes und der kleineren Städte flüchten in Scharen zu uns. In langen Wagenreihen, welche die eilig zusammengeraffte Habe bergen, folgen die einen den aus ihrer Gegend abberufenen Militärkolonnen, während andere, durch mordende und plündernde Banden all ihres Hab und Gutes beraubt, in eiliger Flucht nur das nackte Leben zu retten vermochten. Ganze Städte sind eingeäschert oder völlig verödet und bis auf das geringste Besitztum ausgeplündert ...»[11]

Demgegenüber versuchten revolutionäre Kräfte des deutschen und polnischen Volkes noch vor Beginn der Parlamentsdebatte, die Mehrheit der Paulskirchenversammlung für die Sache Polens zu gewinnen. Der demokratische Verein Marburg und der Arbeiterverein Frankfurt am Main verwahrten sich gegen die Zulassung der in Posen gewählten Abgeordneten, denn darin käme die Zustimmung zu den Teilungsbeschlüssen zum Ausdruck. Unmittelbar vor Beginn der Debatte verlas Parlamentspräsident Heinrich von Gagern unter dem Schweigen des Hauses eine Eingabe von vierzehn posenschen Landtagsabgeordneten, in der gleichfalls gegen die Aufnahme des Großherzogtums in den Deutschen Bund protestiert wurde. «Obwohl wir», erklärten die polnischen Parlamentarier, «uns zuversichtlich der Erwartung hingeben, daß eine Hohe deutsche Nationalversammlung, nach Einsicht der notwendigen Vorlagen, sich selbst zur Entscheidung dieser internationalen Frage für inkompetent erklären wird, so halten wir uns dennoch berechtigt und verpflichtet, bei aller Ehrfurcht für die erhabene Stellung einer Hohen deutschen Nationalversammlung uns und unsere Nation feierlichst dagegen zu verwahren, daß Hochderselben oder irgend jemandem, außer den rechtmäßigen Vertretern unseres Volkes im Verein mit unserem Großherzoge, das Recht zustehe, unsere ganz selbständige, unabhängige Sache zur entscheidenden Lösung zu bringen.»[12]

Die meisten Liberalen in der Frankfurter Nationalversammlung standen im Grunde genommen auf der Seite Preußens. Aber sie scheuten zunächst davor zurück, sich öffentlich gegen Polen zu bekennen, weil sie einen Prestigeverlust befürchteten. Allmählich siegte jedoch die nationalistische Einstellung über alle Bedenken.

Georg Herwegh

Polens Sache, Deutsche Sache

(1848)

Das Lied vom Rhein – es klang so hell
Noch jüngst vom Süden bis zum Norden;
Wie ist das Weiße doch so schnell
In Deutschland wieder schwarz geworden!

Wo bleibt er heut, der Sänger Chor?
Und warum schweigt er heut so stille?
Ach! er erschien, ach, er verlor
Sich – immer nach der Herren Wille.

Was gestern Recht war für den Rhein,
Ist's heute nicht auch Recht für Polen?
Soll Polen nicht auch Polen sein,
Weil wir als Räuber mitgestohlen?

Ist Königswort solch Zauberwort,
Daß es kann Tag in Nacht verkehren?
Sind Herz und Hirn bei uns verdorrt?
Und läßt Vernunft sich so entehren?

Vergaßet ihr das Einmaleins,
Ihr unergründlich tiefen Denker,
Ihr Zionswächter unsres Rheins
Und jeder fremden Freiheit Henker!

O du, mein Volk, das hoffend drängt
Sich an der reichen Zukunft Schwelle,
Was auch die Sterne dir verhängt, –
Sei nicht des Zaren Spießgeselle!

Wach auf beim Sturm, der wieder braust,
Die reife Frucht vom Baum zu schütteln,
Eh eisige Barbarenfaust
Dich wird aus deinen Träumen rütteln!

Tritt nicht, was du bei dir gesät,
In fremdem Land mit Rosseshufen;
Nicht deine eigne Majestät
In Völkern, die um Freiheit rufen!

Du suchst ja selbst aus tiefem Grund
Der Knechtschaft dich emporzuringen –
Willst du dein Joch zur selben Stund'
Den andern auf den Nacken zwingen?

Soll noch einmal in blindem Streit
Hinmorden unsrer Kinder Lanze
Die ewige Gerechtigkeit
Dem alten Gleichgewichtspopanze?

Weh über uns in solchem Krieg!
Wir wandeln keine Ruhmesbahnen.
Ich rufe: Den Empörern Sieg
Und jede Schmach auf deutsche Fahnen!

Am 24. Juli begann die viertägige Debatte der Frankfurter Nationalversammlung über die Polenfrage. Der von den Liberalen beherrschte völkerrechtliche Parlamentsausschuß unterbreitete folgende Anträge:

Erstens: die Versammlung möge die Aufnahme des überwiegenden Teiles der Provinz Posen in den Deutschen Bund genehmigen;

Zweitens: die in Posen gewählten Abgeordneten für die Frankfurter Nationalversammlung seien den anderen deutschen Parlamentsabgeordneten absolut gleichgestellt;

Drittens: die preußische Regierung müsse garantieren, daß die Rechte der in der Provinz Posen lebenden Deutschen nicht angetastet würden;

Viertens: den in Westpreußen lebenden Polen solle eine «ungehinderte volkstümliche Entwicklung» und «die Gleichberechtigung ihrer Sprache» gewährt werden.[13]

Von den 15 Abgeordneten des völkerrechtlichen Ausschusses hatten 14 diesen Anträgen zugestimmt. Nur der kleinbürgerliche Demokrat Franz Schuselka, ein aus Budweis stammender Publizist, Mitglied der Fraktion Deutscher Hof, widersetzte sich der Eingliederung Posens in den Deutschen Bund. Die meisten Redner der Liberalen und der äußersten Rechten stellten sich auf die Seite Preußens, versprach sich doch die Bourgeoisie selbst ökonomische Vorteile von der weiteren Ausbeutung der Provinz Posen. Mit ihren ungehemmten nationalistischen Auslassungen gegenüber dem polnischen Volk verleugneten die Sprecher nicht nur die demokratische und humanistische Verpflichtung der Paulskirchenversammlung. Sie distanzierten sich auch von den Traditionen der bürgerlichen Polenfreundschaft, wie sie nach 1830 in Deutschland in weiten Kreisen der Bevölkerung gepflegt worden waren. Die Sympathiebewegung, seinerzeit mitgetragen von den gemäßigten Liberalen, hatte eine Begeisterung für den polnischen Nationalaufstand hervorgebracht, die die gesamte bürgerliche Opposition erfaßte.

Kaum ein Redner der Fraktionen Casino und Milani sprach noch von «ungehinderter, volkstümlicher Entwicklung» oder von «Gleichberechtigung der Sprache» für die Polen. Die Polenfrage, erklärten sie, könne nicht nach Recht und Gesetz entschieden werden. Die «Pflicht der eigenen Selbsterhaltung» und das Gebot der «nationalen Ehre» sprächen dafür, daß Posen in der Hand der Deutschen bleiben müsse.

Die Linke begegnete dem machtpolitischen Zynismus und dem Nationalismus der Parlamentsmehrheit mit allzu großer Vorsicht, fürchtete doch mancher demokratische Abgeordnete, selbst zur Zielscheibe nationalistischer Angriffe seitens der Liberalen und der äußersten Rechten zu werden. Ihr Antrag lautete: «Die Nationalversammlung beschließt, die Zentralgewalt aufzufordern, daß sie sofort den Sachverhalt in Posen kommissarisch untersuchen lasse; daß vor der schließlichen Entscheidung ein neuer Bericht erstattet werde.»[14] An der Berechtigung dieses freilich sehr zaghaft formulierten Antrages konnte kein Zweifel bestehen. Die preußische Regierung hatte nämlich völlig unzulängliche statistische Unterlagen über die Zusammensetzung der Bevölkerung in der Provinz Posen vorgelegt. Der deutschkatholische Prediger Franz Schmidt aus Löwenberg in Schlesien (Fraktion Donnersberg) wies am 25. Juli in einer aufsehenerregenden Rede nach, daß die von Preußen gezogene Demarkationslinie den tatsächlichen Bevölkerungsverhältnissen widersprach. Er selbst hatte jahrelang im Kreis Adelnau im südöstlichen Zipfel Posens gelebt. Nunmehr war dieser wie viele andere Kreise mit nahezu ausschließlich polnischer Bevölkerung dem Deutschen Bunde einverleibt worden.

Robert Blum, der beste Redner der Linken in der Frankfurter Nationalversammlung, attackierte die nationalistische Haltung, die das rechte Zentrum und die äußerste Rechte in der Polendebatte an den Tag legten, nur mit Mäßigung. Entschiedener trat Arnold Ruge auf.

Ruge, damals knapp 46 Jahre alt, galt als einer der namhaftesten demokratischen deutschen Publizisten der Vormärzzeit. Er hatte den fortschrittlichen Burschenschaften angehört und als Opfer der «Demagogenverfolgung» fünf Jahre hinter preußischen Festungsmauern verbracht. Ruge war ein führender Vertreter der fortschrittlichen junghegelianischen Philosophie, auf der der Marxismus mit fußte. Er schwankte allerdings häufig zwischen bürgerlich-radikalen und utopischen Auffassungen. Später entwickelte er sich zum Anhänger Bismarcks. Nach 1830 gab er verschiedene oppositionelle Zeitschriften, wie die «Hallischen Jahrbücher für deutsche Wissenschaft und Kunst» und die «Deutschen Jahrbücher» heraus. In Paris arbeitete er mit Karl Marx und Heinrich Heine an den «Deutsch-Französischen Jahrbüchern», zusammen. Ruge widersetzte sich jedoch dem Marxismus und beharrte auf seinen kleinbürgerlichen Auffassungen. 1848 zum Abgeordneten der Paulskirche gewählt, schloß er sich der äußersten Linken an. Als Verfasser des ersten Programms der Fraktion Donnersberg hatte er sich bereits dafür ausgesprochen, daß Deutschland zu seinen Nachbarvölkern Beziehungen auf der Grundlage des demokratischen Internationalismus entwickeln solle.

Arnold Ruge erhielt am Morgen des 26. Juli kurz nach neun Uhr als erster Redner der Versammlung das Wort. So erlangte er, wenn schon nicht die Zustimmung, doch wenigstens die Aufmerksamkeit des Parlamentes für seine in dieser Situation ungewöhnlichen Vorschläge. Ruge verurteilte nicht nur die polnischen Teilungen. Dies hatten zuvor bereits andere Vertreter der Linken getan. Er wies auch nachdrücklich auf den internationalen Charakter der Posenfrage hin. Er ließ keinen Zweifel, daß die deutsche Nation nicht frei werden könne, wenn sie fortfahre, ein Volk wie das polnische weiter zu unterdrücken: «Es würde nichts nützen, wenn wir hier unsere Freiheit allein feststellen, diese Politik wäre unedel, sie wäre reaktionär, und sie wäre unvorteilhaft. Wir müssen nicht w i d e r, sondern m i t den anderen Völkern handeln, und die neuen Verhältnisse in dieser Sache nur durch Verträge mit den anderen Völkern festsetzen.»[15]

Aber Ruge erwartete die Befreiung Polens nicht durch revolutionäre Aktionen des Volkes, sondern er appellierte an die Einsicht der Regierungen. Diejenigen europäischen Regierungen, die die Teilung auf dem Wiener Kongreß besiegelt hatten, zeigten jedoch keine oder nur geringe Neigung, wie etwa Frankreich, ihre Politik zu revidieren. Ruge trat mit seiner Rede den Chauvinisten des rechten Zentrums und der äußersten Rechten entgegen. Sein Plädoyer für den demokratischen Internationalismus hatte sie mehr getroffen als der verhaltene Widerspruch der meisten anderen Vertreter der Linken. Dies zeigte die Reaktion des Posener Gymnasialprofessors Heinrich Loew, der nach Ruge die Rednertribüne betrat. Er forderte Ruge in arroganter Weise auf, seinen politischen Standpunkt öffentlich zu revidieren, was sogar der Parlamentspräsident Heinrich von Gagern zurückwies.

Am 27. Juli stimmte die Frankfurter Nationalversammlung über die Polenfrage ab. Die Nationalisten siegten auf der ganzen Linie. Die Aufnahme des größten Teiles der Provinz Posen in den Deutschen Bund wurde genehmigt. Gleichzeitig erkannte das Parlament die in Posen gewählten Abgeordneten für die deutsche Nationalversammlung in aller Form an. Über die nationalen Rechte der in Westpreußen lebenden Polen ging die Paulskirchenversammlung hinweg und zur Tagesordnung über. Die Linke hatte an der Abstimmung nicht mehr teilgenommen, nachdem sie mit ihrem eigenen Antrag nicht durchgedrungen war.

Für die deutsche Bourgeoisie brachte die Eingliederung Posens in den Deutschen Bund zwar einige ökonomische Vorteile. Aber ihre Hoffnung, daß die preußische Regierung nunmehr geneigt sei, sich als Gegenleistung für die nationalstaatliche Einigung einzusetzen, erfüllte sich nicht. Den Hauptnutzen aus der getroffenen Entscheidung zogen die preußischen Junker und Militärs. Ihre Machtbasis war gestärkt worden, was sie befähigte, sich noch besser auf den Kampf gegen die revolutionären Kräfte vorzubereiten.

Die tschechische Frage und das Südtirolproblem

Die Frankfurter Nationalversammlung beschäftigte sich in den Sommermonaten 1848 auch mit der Entwicklung in den tschechischen Ländern. Böhmen, Mähren und Mährisch-Schlesien umfaßten zusammen ein Gebiet von etwa 70 000 Quadratkilometern mit rund 6,5 Millionen Einwohnern, von denen der allergrößte Teil tschechischer Nationalität war. Seit dem 17. Jahrhundert befand es sich fest unter der Oberherrschaft der Habsburger. Böhmen war die Perle der österreichischen Krone. Hier gab es nicht nur unvergleichliche Kulturdenkmäler, das Land bot außerdem vielfältige landschaftliche Schönheiten. Und hier entwickelte sich die Schwer- und Textilindustrie, auch der Handel mit den südosteuropäischen Ländern blühte auf. Österreich wollte auf den Besitz dieses seines ökonomisch wertvollsten Gebietes unter keinen Umständen verzichten und verfolgte argwöhnisch die Entwicklung der nationalen Unabhängigkeitsbewegung des tschechischen Volkes. Mit aller Härte ging die Wiener Regierung vor allem gegen den Freiheitskampf der revolutionären Kräfte in den tschechischen Ländern vor. Als sich das Volk von Prag im Juni 1848 gegen die habsburgische Fremdherrschaft erhob, schlug der österreichische General Alfred Fürst von Windischgrätz den revolutionären Aufstand mit bewaffneter Gewalt nieder.

Die antitschechische Politik der österreichischen Regierung wurde durch einen wichtigen Umstand begünstigt: Die verschiedenen antifeudalen Kräfte in den tschechischen Ländern waren sich in bezug auf ihre nationalen Ziele nicht einig. Die revolutionären Kräfte des tschechischen Volkes kämpften für die nationale Unabhängigkeit. Aber Teile der tschechischen und der in Böhmen lebenden deutschen Bourgeoisie (die am Handel mit Südosteuropa interessiert waren), wollten lediglich die begrenzte Selbständigkeit der tschechischen Länder im Rahmen des habsburgischen Vielvölkerstaates erreichen. Schließlich plädierten nationalistisch und antitschechisch eingestellte Kreise der deutsch-böhmischen Bourgeoisie (die sich ökonomische Vorteile vom Eintritt in den Zollverein versprachen) für einen engen Anschluß Böhmens an Deutschland. Die Lage wurde vor allem dadurch erschwert, daß ein großer Teil der tschechischen Bourgeoisie sich nicht auf die Seite der revolutionären Kräfte stellte, sondern glaubte, im Bunde mit Habsburg die begrenzte Selbständigkeit der tschechischen Länder verwirklichen zu können.

Der Führer dieser austroslawischen Richtung, der Prager Geschichtsprofessor Franz Palacky, prägte den Ausspruch: Wenn der österreichische Staat nicht schon existierte, dann müßte man sich beeilen, ihn zu erschaffen.

Die Spaltung der nationalen Bewegung in den tschechischen Ländern kam vor allem den Feinden des nationalen Fortschritts und den Gegnern des tschechischen Volkes zugute, während die deutsche kleinbürgerlich-demokratische Linke wiederum schwankte und zumeist ihre nationalistische Befangenheit nicht abstreifen konnte. Dies trat auch in der Frankfurter Nationalversammlung klar zutage.

Die Paulskirche befaßte sich Anfang Juni 1848 mit dem Boykott der Wahlen zur Frankfurter Nationalversammlung in einer Reihe tschechischer Wahlkreise. In diesem Boykott fand die nationale Unabhängigkeitsbewegung der tschechischen Bevölkerung einen verschwommenen Ausdruck. Er wurde nicht nur von großen Kreisen des tschechischen Volkes getragen, sondern vor allem von der tschechischen Bourgeoisie befürwortet und von den habsburgischen Behörden wohlwollend geduldet. Die einen bekannten sich zur nationalen Unabhängigkeit der tschechischen Länder, die anderen waren nur gegen eine zu enge Bindung an die Reichszentralgewalt und wollten die Autonomie der tschechischen Länder im Rahmen des Vielvölkerstaates erringen. Die Wiener Regierung begünstigte den Boykott, weil sie befürchtete, die Paulskirche könne das Band zwischen Österreich und den tschechischen Ländern lockern.

In der Nationalversammlung ergab sich damit die Möglichkeit einer breiten Frontbildung auf seiten der antitschechischen Kräfte. In der Ablehnung des Wahlboykotts fanden sich Nationalisten mit Gegnern des Partikularismus zusammen.

Am 1. Juli debattierte die Frankfurter Nationalversammlung über die tschechische Frage. Elf Redner ergriffen das Wort, unter ihnen die zur Linken zählenden Abgeordneten Johann Nepomuk Berger, Arnold Ruge, Franz Schuselka und Adolf Wiesner. Alle sprachen sich dafür aus, die rückständigen Wahlen unverzüglich nachzuholen. Keiner stellte in Abrede, daß Böhmen, Mähren und Mährisch-Schlesien mit überwiegend tschechischer Bevölkerung rechtmäßiger Bestandteil des Deutschen Bundes seien und auch weiterhin bleiben müßten. Nationalistisch eingestellte Vertreter des rechten Zentrums und der äußersten Rechten nutzten die Aussprache zu militanten Ausfällen gegen das tschechische Volk. Damit gaben sie zu erkennen, daß es ihnen nicht nur um eine ordnungsgemäße Durchführung der Wahlen zur Frankfurter Nationalversammlung ging, sondern auch um die Wiederaufrichtung des antinationalen Unterdrückungsregimes.

Der preußische General Josef Maria von Radowitz, der Olmützer Professor Andreas Ludwig Jeitteles und weitere Abgeordnete verlangten die Entsendung deutscher Truppen in die tschechischen Länder. Der Abgeordnete Karl Giskra aus Mährisch-Trübau wies darauf hin, daß deutsche Unternehmer in den tschechischen Gebieten um ihre ökonomischen Interessen fürchteten: «Ich bin mit vielen Industriellen aus Mähren bekannt, sie erkennen die Benachteiligung an, die ihnen drohte, wenn Böhmen sich staatlich gestalten, Mähren und Schlesien inkorporieren, diesen Körper industriell nach außen abschließen und ein eigenes Zoll- und Handelssystem befolgen wollte.»[16]

Die Nationalversammlung beschloß daraufhin, der österreichischen Regierung freie Hand bei der Niederschlagung und Niederhaltung der nationalrevolutionären Bewegung in tschechischen Gebieten zu geben. Sie stellte ihr ferner «im Falle des Bedürfens die kräftigste Unterstützung» in Aussicht, worunter nach Lage der Dinge auch die Bereitschaft zur bewaffneten Intervention verstanden werden mußte.

Die Vertreter der Linken hatten sich auf der Tribüne der Paulskirche wiederum halbherzig und unentschlossen gezeigt. Franz Schuselka und seine politischen Freunde lehnten zwar den Einmarsch deutscher Truppen in Böhmen ab, wandten sich aber auch nicht dagegen, daß die Herrschaft der Österreicher fortdauerte.

Ferdinand Freiligrath

Trotz alledem!

(Variiert)

(Anfang Juni 1848)

Das war 'ne heiße Märzenzeit,
Trotz Regen, Schnee und alledem!
Nun aber, das es Blüten schneit,
Nun ist es kalt, trotz alledem!
Trotz alledem und alledem –
Trotz Wien, Berlin und alledem –
Ein schnöder, scharfer Winterwind
Durchfröstelt uns trotz alledem!

Das ist der Wind der Reaktion
Mit Mehltau, Reif und alledem!
Das ist die Bourgeoisie am Thron –
Der annoch steht, trotz alledem!
Trotz alledem und alledem,
Trotz Blutschuld, Trug und alledem –
Er steht noch, und er hudelt uns
Wie früher fast, trotz alledem!

Die Waffen, die der Sieg uns gab,
Der Sieg des Rechts trotz alledem,
Die nimmt man sacht uns wieder ab,
Samt Kraut und Lot und alledem!
Trotz alledem und alledem,
Trotz Parlament und alledem –
Wir werden unsre Büchsen los,
Soldatenwild trotz alledem!

Doch sind wir frisch und wohlgemut,
Und zagen nicht trotz alledem!
In tiefer Brust des Zornes Glut,
Die hält uns warm trotz alledem!
Trotz alledem und alledem,
Es gilt uns gleich trotz alledem!
Wir schütteln uns: ein garst'ger Wind,
Doch weiter nichts trotz alledem!

Denn ob der Reichstag sich blamiert
Professorhaft, trotz alledem!
Und ob der Teufel reagiert
Mit Huf und Horn und alledem –
Trotz alledem und alledem,
Trotz Dummheit, List und alledem,
Wir wissen doch: die Menschlichkeit
Behält den Sieg trotz alledem!

So füllt denn nur der Mörser Schlund
Mit Eisen, Blei und alledem:
Wir halten aus auf unserm Grund,
Wir wanken nicht trotz alledem!
Trotz alledem und alledem!
Und macht ihr's gar, trotz alledem,
Wie zu Neapel jener Schuft:
Das hilft erst recht, trotz alledem!

Nur was zerfällt, vertretet ihr!
Seid Kasten nur, trotz alledem!
Wir sind das Volk, die Menschheit wir,
Sind ewig drum, trotz alledem!

Trotz alledem und alledem:
So kommt denn an, trotz alledem!
Ihr hemmt uns, doch ihr zwingt uns nicht –
Unser die Welt trotz alledem!

Drei Tage nach Beendigung der Debatte versuchte die «Deutsche Reichstagszeitung», diesen ungünstigen Eindruck zu korrigieren. Sie veröffentlichte einen Artikel mit der Überschrift «Die tschechische Frage in der Nationalversammlung», wo sie für die nationale Gleichberechtigung von Slawen und Deutschen eintrat: «Entweder die sechs bis sieben Millionen Slawen in den deutschen Bundesstaaten sind ein integrierender Teil der deutschen Nation ... oder aber sie sind oder sollen sein deren Knechte. In letzterem Falle haben sie das unbestreitbare Recht, sich dieses Joches zu entledigen, sobald sich ihnen Gelegenheit bietet ...»[17]

Insgesamt betrachtet, war durch das Ergebnis der Debatte über die tschechische Frage die Position der österreichischen Regierung gestärkt worden. Zwar lag ihr nicht daran, die noch ausstehenden Wahlen zu beschleunigen, aber immerhin hatte die Paulskirche ihre antitschechische Nationalitätenpolitik gebilligt.

Die Verhandlungen der Nationalversammlung über das Südtirolproblem Anfang August konnte ebenfalls die Regierung in Wien als Erfolg verbuchen. Tirol, die am weitesten westlich liegende Provinz Österreichs, gehörte als solche zum Deutschen Bund. Auch hier war die Bevölkerung gemischt. Vor allem im südlichen Zipfel, in den Kreisen Trient und Roveredo, überwog der italienische Bevölkerungsanteil. Als im angrenzenden Oberitalien im Frühjahr 1848 der Kampf gegen die österreichische Fremdherrschaft aufflammte, wurde auch in Südtirol das Verlangen nach nationaler Unabhängigkeit laut.

Anfang Juni 1848 brachten die beiden Abgeordneten Giuseppe Festi aus Trient und der Theologieprofessor Giovanni a Prato aus Roveredo, die die italienische Volksgruppe Südtirols in der Frankfurter Nationalversammlung vertraten, einen Antrag ein, in welchem die «Entlassung der italienischen Kreisbezirke Trento und Roveredo aus dem politischen Verbande mit Deutschland» gefordert wurde.

Österreich zeigte sich jedoch unter keinen Umständen gesonnen, Südtirol freizugeben. Südtirol war für Habsburg ein Stützpfeiler seiner Herrschaft in Oberitalien. Der in italienisches Gebiet vorspringende Südzipfel von Tirol bildete das Hinterland für das Festungsviereck von Mantua, Verona, Peschiera und Legnano, das ein wichtiges Bollwerk der Österreicher in Norditalien darstellte. Solange die Österreicher das italienische Volk, welches im Frühsommer 1848 um seine Freiheit kämpfte, nicht niedergeworfen hatten, besaß Südtirol für die österreichische Armee eine nicht zu unterschätzende strategische Bedeutung. Andererseits gab die Revolution in Italien der Unabhängigkeitsbewegung in Südtirol Rückendeckung. Die gemäßigten Liberalen und die äußerste Rechte, die die habsburgische Unterdrückungs- und Nationalitätenpolitik in Italien billigten, wollten der österreichischen Regierung zunächst Zeit lassen, um die Revolution in Italien niederzuwerfen. Deshalb zögerten sie die Behandlung des Südtirolproblems hinaus. Die Österreicher nutzten die ihnen gebotene Gelegenheit, um die revolutionäre Bewegung in Oberitalien bis Anfang 1848 niederzuschlagen.

Die Paulskirchenversammlung sah nun keinen Grund mehr, die Debatte über Südtirol noch länger hinauszuschieben. Am 12. August faßte sie den Beschluß, daß eine «Trennung oder Lossagung der Kreise Trient und Roveredo vom deutschen Bunde»[18] nicht stattfinden könne. Vergeblich hatte Giovanni a Prato zuvor das Parlament noch einmal daran erinnert, daß «in Südtirol die italienische Nationalität nicht nur die vorherrschende, sondern ... die einzig herrschende ist».[19] Die Mehrheit des Parlamentes gab, wie in den vorausgegangenen Debatten, dem Nationalismus und militärstrategischen Überlegungen den Vorzug gegenüber dem nationalen Selbstbestimmungsrecht eines Nachbarvolkes. Der außenpolitische Ausschuß der Paulskirchenversammlung hatte zur Begründung dieses Beschlusses einfach erklärt, es gebe Pflichten der Selbsterhaltung, die kein Volk «ohne Torheit und Schande» verletzen dürfe. «Die südlichen Abhänge der Tiroler Alpen müssen schon aus strategischen Gründen in den Händen der

Deutschen bleiben; diese dürfen nicht voreilig etwaigen Feinden Tür und Tor öffnen und es dann – zu spät – bereuen.»[20]

Innerhalb des liberalen Lagers der Nationalversammlung waren sich die preußische und die österreichische Seite in der Ablehnung des proitalienischen Antrages einig. Die Anhänger Preußens revanchierten sich für die Unterstützung, die sie in der Polendebatte von den Österreichern erhalten hatten. Sogar die Linke sprach sich, aus ähnlichen Gründen wie in der Aussprache über die Lage in den tschechischen Ländern, gegen die staatliche Trennung einer nationalen Minderheit von Deutschland aus. Immerhin verlangte sie für die italienischen Einwohner Südtirols nationale Gleichberechtigung innerhalb des Deutschen Bundes, vor allem in der Verwaltung und in der Rechtsprechung. Aber die Parlamentsmehrheit faßte keinen derartigen Beschluß, sondern verwies die Südtiroler an die Adresse der österreichischen Regierung.

Überraschenderweise verabschiedete die Nationalversammlung jedoch noch einen weiteren Antrag. Sie sprach die Erwartung aus, daß sich die Reichsregierung in den österreichisch-italienischen Konflikt einschalte, um «in dieser Angelegenheit die Interessen Deutschlands (zu) wahren».[21] Die provisorische Zentralgewalt sollte mäßigend auf Österreich einwirken und die Regierung in Wien davon abhalten, Italien einen allzu harten Frieden zu diktieren. Dahinter stand die Befürchtung, Frankreich, welches in Italien expansive Ziele verfolgte, könne sich einmischen. Da die Entscheidung in Italien jedoch bereits gefallen war, kam der Appell der Paulskirchenversammlung zu spät, und die österreichische Regierung kümmerte sich nicht mehr um deren Beschluß.

In Polen, in den tschechischen Ländern und in Oberitalien/Südtirol hatten die reaktionären Kräfte in den Sommermonaten 1848 an Boden gewonnen. Hier fühlten sie sich schon wieder als «Herr im Hause», während in Deutschland noch nicht entschieden war, ob Revolution oder Konterrevolution die Oberhand behielt. Der Affront der Parlamentsmehrheit gegenüber der nationalrevolutionären Bewegung ermunterte sie jedoch. Und sie stärkten wiederum jenen Kräften in der Paulskirche den Rücken, die auf eine offene Kraftprobe mit der Linken schon lange warteten.

Keine Episode aus der Paulskirchenversammlung veranschaulicht die zunehmend an Spannung gewinnende Situation so gut wie die Auseinandersetzung über die Amnestiefrage Anfang August 1848. Dem Parlament lag eine größere Anzahl von Petitionen, vorwiegend aus Südwestdeutschland, vor, in denen die Amnestierung der Teilnehmer am Hecker-Aufstand verlangt wurde. Auch der ehemalige preußische Leutnant August Willich wandte sich mit einer solchen Eingabe an das Frankfurter Parlament. Willich hatte den Militärdienst aus Überzeugungsgründen quittiert und war Mitglied des Bundes der Kommunisten geworden. Nach seiner Beteiligung am Aprilaufstand emigrierte er nach Frankreich. Wie er hatten viele revolutionäre Kämpfer ihre Heimat verlassen müssen. Andere befanden sich hinter Gefängnismauern.

Mit großem Engagement setzten sich die Vertreter der Linken in der Paulskirche für die Amnestierung der Revolutionskämpfer ein. Als erster Redner ergriff der badische Altoppositionelle Adam von Itzstein das Wort. Ihm folgten der demokratische Heidelberger Historiker Karl Hagen und der als glänzender Redner bekannte, noch jugendlich-temperamentvolle Trierer Rechtsanwalt Ludwig Simon. Immer wieder unterbrochen von spöttischen Zwischenrufen und von Gelächter aus den Reihen des rechten Zentrums und der äußersten Rechten, ernteten die Vertreter der Linken stürmischen Beifall von der bis zum Bersten gefüllten Galerie.

Als Präsident der Versammlung amtierte an diesem Tage, dem 7. August, der erste Vizepräsident des Parlamentes, der Mannheimer Rechtsanwalt Alexander von Soiron. Der 42jährige, cholerisch veranlagte Badenser hatte als Parlamentspräsident häufig keine glückliche Hand und war überdies als Gegner der kleinbürgerlich-demokratischen Linken bekannt. Er vermochte es nicht, die Unruhestifter unter den Abgeordneten zu zügeln und beabsichtigte es wohl auch kaum. Die tumultartigen Szenen auf seiten der Rechten erreichten ihren Höhepunkt, als der demokratische Abgeordnete Lorenz Brentano das Wort ergriff.

Brentano, ein 34jähriger Abgeordneter der äußersten Linken, stammte aus Baden. Als Rechtsanwalt hatte er sich bereits bei der Verteidigung badischer Oppositioneller einen Namen gemacht. Brentano schwankte allerdings häufig zwischen radikalen Auffassungen und kleinbürgerlichem Opportunismus. Während der Amnestiedebatte trat er der antidemokratisch eingestellten Rechten der Paulskirchenversammlung jedoch scharf entgegen. Brentano, auf die Rückkehr des berüchtigten Kartätschenprinzen nach Berlin anspielend, attackierte die Rechte schließlich mit den Worten: «Wollen Sie die, die in Baden die Waffen ergriffen haben, zurücksetzen, gegen einen Prinzen von Preußen?»[22] Kaum hatte er diesen Satz ausgesprochen, da stürzten aus den Bänken der Rechten Extremisten auf Brentano los mit der Absicht, ihn tätlich anzugreifen, allen voran der Casinoabgeordnete und Oberlandgerichtsassessor Otto Plathner aus Halberstadt und der Führer der äußersten Rechten Georg von Vincke. Abgeordnete der Linken stellten sich schützend vor Brentano, was seine Widersacher nicht hinderte, diesen weiter zu bedrängen und sogar auf Pistolen zu fordern. Von der Galerie erschollen Hochrufe auf Brentano und die Linke, das Verhalten der Rechten aber wurde mit Pfiffen quittiert. Soiron wußte sich keinen Rat mehr, als die Paulskirche zu verlassen.

Am Nachmittag und Abend griff die Aufregung auf die Stadt Frankfurt über. Erregt debattierte man auf den Plätzen und in den Gassen rund um die Paulskirche die Geschehnisse, während die Parlamentarier in ihren Versammlungslokalen den Schlachtplan für den kommenden Tag berieten.

Aus dem Bericht des Abgeordneten Reinhard (Fraktion Donnersberg) über die Ausschreitungen gegenüber Lorenz Brentano

«Mehrere Helden von der Rechten, in denen das königlich-preußische Untertanengefühl in hellen Flammen emporloderte, erhoben sich unter Wutgeschrei von ihren Sitzen und rückten gegen die Tribüne. Brentano blickte mit lächelnder Ruhe in das Getümmel. Vergeblich strengte der Präsident des Tages, Herr v. Soiron, seine Pferdelunge an, um die Ruhe

herzustellen. Soiron scheint überhaupt das Schicksal zu haben, daß unter seinem Präsidium die Krawalle ausbrechen. Vergeblich ertönte die Stimme, vergeblich die Klingel des Präsidenten, selbst das Sprachrohr des Schiffers würde diesen Tumult nicht überwältigt haben, immer drohender rückten die Helden der Rechten gegen die Tribüne; geballte Fäuste erhoben sich. Herr v. Vincke stößt Schimpfwörter aus, die ihm, wenn er einmal sein Examen als Straßenjunge machen sollte, den ersten Charakter erobern würden. Der Oberlandesgerichtsassessor Plathner von Halberstadt drängte sich mit den Mienen eines aus dem Tollhause Entsprungenen an die Tribüne und forderte Brentano auf Kugeln. Brentano stand und blickte ruhig in das Getümmel, obgleich ein Held der Rechten schon Hand an ihn gelegt hatte. Schon aber war ein Teil der Linken als Schutzwache für Brentano herangerückt. Immer größerer Tumult. Der Präsident bedeckt sein Haupt und verläßt mit dem Bureau den Saal. Die Linke nahm Brentano in ihre Mitte und verließ mit ihm das Haus. Darüber sind alle einig, daß im Fall Waffen zur Hand gewesen wären, die Sitzung vom 7. August ein blutiges Ende genommen und in der parlamentarischen Geschichte eine traurige Berühmtheit erlangt haben würde . . .»

Am 8. August präsidierte wiederum Soiron. Die Rechte reichte einen von 164 Abgeordneten vor allem der Fraktionen Milani und Casino unterzeichneten Antrag ein, mit der Aufforderung, Brentano nachträglich zur Ordnung zu rufen. Soiron kam diesem Verlangen nach, obwohl er sich wiederum nur mit Mühe Gehör verschaffen konnte. Den Protest der Linken gegen die Tätlichkeiten der Extremisten überging Soiron. Erneut ertönten auf den bis auf den letzten Platz gefüllten Besuchergalerien lautstarke Mißfallensäußerungen. Soiron nahm dies zum Anlaß, um – gegen den Widerspruch der Linken – die Galerien räumen zu lassen. Mit den Besuchern verließ auch der größte Teil der Linken den Sitzungssaal. Die Ruhe war mit Hilfe von Restriktionsmaßnahmen notdürftig wiederhergestellt. Nunmehr beschloß die Nationalversammlung, über alle eingegangenen Petitionen zur Amnestiefrage hinweg – und zur Tagesordnung überzugehen.

Dieses Ergebnis sowie das während der Debatte vom Präsidenten und der Parlamentsmehrheit praktizierte Verfahren nahmen die demokratischen Kräfte innerhalb und außerhalb des Parlamentes mit Erbitterung auf. Erstmals seit der Debatte über die Zentralgewalt hatte die Frankfurter Bevölkerung wieder stärkeren Anteil am Parlamentsgeschehen genommen. An den Abenden des 7. und 8. August zogen Frankfurter Bürger, vorwiegend Arbeiter und demokratisch gesinnte Kleinbürger, durch die Stadt, überall ertönten revolutionäre Lieder, immer wieder wurde das «Heckerlied» angestimmt. Nach alledem konnte erwartet werden, daß die seit geraumer Zeit anstehende und erneut aktuell werdende Debatte über das Schleswig-Holstein-Problem gleichfalls turbulent zu werden versprach.

In Schleswig-Holstein lagen die Verhältnisse anders als in der Provinz Posen oder in den tschechischen Ländern. Hier lebte eine überwiegend deutsche Bevölkerung, die sich einer antideutschen Nationalitätenpolitik von seiten Dänemarks zu erwehren hatte. In Schleswig-Holstein regierte bis 1848 der dänische König. In Schleswig, dem Gebiet nördlich der Eider, herrschte die dänische Krone uneingeschränkt. In Holstein galt dagegen die Oberhoheit des Deutschen Bundes. Hier amtierte der dänische König als deutscher Bundesfürst.

Schleswig und Holstein hatten das von altersher verbriefte Recht, wie es auf niederdeutsch hieß, «up ewig ungedeelt» zu bleiben. Solange Holstein zum Deutschen Bunde gehörte, konnte daher Schleswig mit gutem Recht alle Versuche der dänischen Krone zurückweisen, das Gebiet nördlich der Eider voll in den dänischen Staat einzugliedern. Im Frühjahr 1848 intensivierte die Regierung in Kopenhagen jedoch ihre prodänische Nationalitätenpolitik in Schleswig. Gleichzeitig breitete sich in den beiden Herzogtümern eine nationale Bewegung aus, die sich für den Anschluß Schleswigs an Deutschland einsetzte. Die Bourgeoisie in Schleswig versprach sich in ihrer Mehrheit vom Zugang zum deutschen Markt ökonomische Vorteile. Der Anspruch der Deutschen auf Schleswig war kein nationalistisches Unterfangen. Diese nationale Bewegung hatte nicht nur die Mehrheit, sondern, wie es die

«Neue Rheinische Zeitung» ausdrückte, auch das «Recht der Zivilisation gegen die Barbarei, des Fortschritts gegen die Stabilität ... das Recht der geschichtlichen Entwicklung»[23] auf ihrer Seite. Sie schaffte die Zensur ab und führte die Vereins- und Versammlungsfreiheit ein. Sie schuf eine provisorische Landesregierung, die den dänischen König absetzte.

Daraufhin entsandte die dänische Regierung Truppen nach Schleswig, während die nationalrevolutionäre Bewegung Preußen um Beistand ersuchte. Die Regierung Camphausen schickte eine Armee unter dem Oberbefehl des Generals Wrangel nach Schleswig, der sich einheimische Verbände anschlossen. Rasch mußten die dänischen Truppen Schleswig räumen, und schon bald hatte Wrangel die jütländische Grenze überschritten. Aber Preußen war nicht als uneigennütziger Helfer gekommen. Gestützt auf seine Armee, gedachte es vor allem die dortige revolutionäre Bewegung im eigenen Interesse unter Kontrolle zu bringen. Deshalb strebte es eine Friedensregelung mit Dänemark an, die die Stellung der dänischen Krone nicht gefährdete. Als sich der britische Außenminister Lord Palmerston in den Konflikt einschaltete, zog sich Preußen unverzüglich wieder aus Nordschleswig zurück.

Die Paulskirchenversammlung aber hatte Anfang Juni zum ersten Mal Gelegenheit genommen, sich mit dem Schleswig-Holstein-Problem zu beschäftigen. Liberale und Demokraten waren einhellig der Meinung, daß die militärischen Erfolge keine befriedigende Lösung der Schleswig-Holstein-Frage garantierten. Der bekannte Kieler Geschichtsprofessor Georg Waitz hatte einen energisch formulierten Antrag eingebracht, der bereits am 9. Juni zum allgemeinen Beschluß erhoben wurde: Die Nationalversammlung erklärte die schleswigsche Sache zur Angelegenheit der ganzen deutschen Nation. Sie verlangte energische Maßregeln zur erfolgreichen Beendigung des Krieges mit Dänemark. Bei einer Friedensregelung müßten die Rechte der Bevölkerung von Schleswig und Holstein und die Ehre Deutschlands gewahrt werden. Der preußischen Regierung ging es jedoch um eine rasche Friedensregelung, denn die Handelsbourgeoisie in den norddeutschen Gebieten hatte durch den Krieg große Einbußen erlitten. Ferner legte sie Wert darauf, die im Norden eingesetzten Truppen möglichst bald wieder zur Verfügung zu haben, um sie gegen die revolutionären Kräfte im Innern bereit zu halten. «Durch den Frieden mit Dänemark», schrieb der preußische König nach Petersburg, «könnte eine gute Sache erreicht werden – diese gute Sache ist nämlich die, daß ich einen erprobten und vortrefflichen Teil der Armee disponibel bekomme.»[24]

Die preußisch-dänischen Verhandlungen über einen Friedensvertrag fanden auf neutralem Boden, in der schwedischen Stadt Malmö, statt. Der preußische Unterhändler hatte von seiner Regierung die Instruktion erhalten, der dänischen Seite weit entgegenzukommen, was er auch peinlich genau befolgte. Der von ihm ausgehandelte Vertragsentwurf vom 2. Juli sah vor, daß beide Herzogtümer von preußischen Truppen geräumt werden sollten. Auch die von der nationalrevolutionären Bewegung eingesetzte provisorische Regierung sollte zurücktreten. Damit hatte Preußen den Bogen allerdings überspannt. Der Entwurf stieß nicht nur in Schleswig-Holstein auf Ablehnung, sondern er wurde auch in der deutschen Öffentlichkeit heftig angegriffen. Sogar der preußische Oberkommandierende, der 64jährige General Friedrich von Wrangel, hielt diesen plötzlich für nicht zumutbar.

Wiederum kamen die preußisch-dänischen Friedensverhandlungen in der Paulskirche zur Sprache. Die provisorische Zentralgewalt versuchte nunmehr nachzuholen, was sie bis dahin versäumt hatte und die Verhandlungen mit Dänemark selbst zu kontrollieren. Preußen erhielt eine förmliche Verhandlungsvollmacht von seiten des Reichsverwesers und wurde verpflichtet, den Vertragsentwurf in Frankfurt zur Ratifikation vorzulegen. Max von Gagern bekam den Auftrag, als Bevollmächtigter der Zentralgewalt an den Friedensverhandlungen teilzunehmen.

Aber Preußen hatte nur zum Scheine nachgegeben. Max von Gagern behandelte man auf die demütigendste Art und Weise und hielt ihn von Malmö fern. Dem preußischen Unterhändler, einem General von Below, wurde bedeutet, in den Verhandlungen mit Dänemark wie bisher fortzufahren. Die Interessen der Bevölkerung von Schleswig-Holstein seien für Preußen zweitrangig. Das Wichtigste wäre, daß mit der dänischen Seite eine für beide Seiten annehmbare Regelung ausgehandelt werde.

Die Regierung in Berlin baute darauf, daß die Zeit für sie arbeitete. Die Paulskirche, so hoffte sie, werde ihren Widerstand gegen einen preußisch-dänischen Friedensvertrag schon aufgeben, wenn Preußen genügend hartnäckig bleibe.

Am 26. August unterzeichneten die beiden Unterhändler in Malmö ein neues Waffenstillstandsabkommen. Ebenso wie in der Vereinbarung vom 2. Juli 1848, gab Preußen auch diesmal nahezu alles preis, was die revolutionäre Bewegung in Schleswig-Holstein und seine eigenen Truppen erkämpft hatten. Die preußische Armee mußte sich aus beiden Herzogtümern zurückziehen und die von den Schleswig-Holsteinern gebildeten Freikorps aufgelöst werden. Auch die provisorische Regierung sollte ihre Tätigkeit beenden. Vorgesehen war eine neue, durch Preußen und Dänemark zu bildende Regierung. Zu ihrem Präsidenten war ein Vertrauensmann der Regierung in Kopenhagen ausersehen worden, der Graf Carl von Moltke-Nütschau.

Hatte bereits das Abkommen vom 2. Juli in der Öffentlichkeit Unmut erregt, so breitete sich nunmehr Empörung aus. Die Bevölkerung in den Herzogtümern sah sich betrogen. Von Hamburg bis Wien, von Aachen bis Königsberg bekundeten demokratische Kleinbürger, Arbeiter und Intellektuelle ihre Sympathie gegenüber den Schleswig-Holsteinern.

Der Abschluß des Abkommens von Malmö Ende August 1848 fiel in eine Zeit verstärkter Aktivitäten sowohl der revolutionären als auch der reaktionären Kräfte. Seit Juli 1848 verlegten die Junker in Preußen ihre Reorganisation mehr und mehr in die Öffentlichkeit. Vornehmlich in den kleinen Landstädten der ostelbischen Provinzen entfalteten die «Preußenvereine für konstitutionelles Königtum», die «Patriotischen Vereine» und der «Verein für König und Vaterland» eine emsige Tätigkeit und erklärten, daß nunmehr mit den Demokraten bald aufgeräumt werden müsse. Am 31. Juli waren im schlesischen Schweidnitz Bürgerwehrmänner durch reaktionäres Militär getötet worden. In diese Zeit fielen auch die parlamentarischen Auseinandersetzungen zur Amnestiefrage in der Paulskirche, in deren Folge bekanntlich preußische Extremisten den Abgeordneten Brentano tätlich bedrohten.

Die allgemeine Verschärfung der politischen Lage wirkte

sich auf die innenpolitischen Auseinandersetzungen in Deutschland wie auch auf das Geschehen in der Paulskirche aus. Mit Entrüstung reagierten viele Parlamentarier auf den Verrat Preußens an Schleswig-Holstein, erbittert nahmen sie die wachsenden Aktivitäten der Konterrevolution zur Kenntnis. Der Konflikt zwischen den militanten preußischen Monarchisten und der Linken tat sein übriges. Anfang September kam es in der Frankfurter Nationalversammlung zur Krise.

Am 31. August begann die Parlamentssitzung um neun Uhr, Reichsaußenminister Heckscher teilte offiziell mit, daß Preußen eine Waffenstillstandsvereinbarung unterzeichnet habe, über deren Inhalt er noch nichts Näheres sagen könne. Natürlich sickerten Einzelheiten durch. Von nun an gab es unter den Abgeordneten nur ein Thema: Könne sich das Parlament mit einem derartigen Vertrag abfinden? Sei Preußen nicht allein schon deshalb scharf zu tadeln, weil es die Zentralgewalt beim Abschluß dieses Vertrages völlig übergangen habe?

Die Linke ließ keinen Zweifel daran, daß eine Ratifikation für sie nicht in Frage komme. Unter den Liberalen waren die Meinungen diesmal geteilt. Ein Teil sprach sich trotz schwerer Bedenken für die Genehmigung des Waffenstillstandes aus. Diese Haltung nahm vor allem die norddeutsche und preußische Bourgeoisie ein – Großkaufleute, Reeder und Bankiers –, die darauf warteten, daß Dänemark die Blockade der norddeutschen Häfen aufhob. Dafür zeigte sie sich bereit, sogar nachteilige Waffenstillstandsbedingungen zu akzeptieren. Lieber, so argumentierte die Waffenstillstandspartei, die Nachteile des Malmöer Abkommens in Kauf nehmen, als die Fortsetzung des Krieges zu riskieren, in den möglicherweise noch andere europäische Staaten eintreten könnten. Ohnehin scheute sie davor zurück, Preußen zu brüskieren, um die angestrebte Zusammenarbeit mit der Regierung in Berlin nicht zu blockieren. So verkündete der Frankfurter Börsenbericht am 1. September 1848: «Der bekannt gewordene Abschluß des Waffenstillstandes mit Dänemark wirkte sehr vorteilhaft auf den Stand sämtlicher Fondsgattungen.»[25]

Auch die Reichsregierung war für den Waffenstillstand. Das kam einer Kapitulation gegenüber Preußen gleich, denn die Regierung in Berlin hatte ja die provisorische Zentralgewalt übergangen. Nur der Reichsjustizminister Robert von Mohl, ein Heidelberger Liberaler, erwog seinen Rücktritt.

Gegen eine Ratifikation des Waffenstillstandes nahm jedoch die einflußreiche Gruppe der liberalen Vertreter Schleswig-Holsteins Partei, zu deren Wortführern die Historiker Friedrich Dahlmann und Georg Waitz gehörten. Sie vertraten die Interessen der nationalrevolutionären Bewegung in Schleswig-Holstein einschließlich jenes Teiles der Bourgeoisie, der den Anschluß an den Deutschen Zollverein verlangte.

Zum ersten Male standen in der Frankfurter Nationalversammlung gemäßigte Liberale gegen gemäßigte Liberale. Somit ergab sich die Möglichkeit, den Waffenstillstand von Malmö durch eine Koalition aus kleinbürgerlichen Demokraten und gemäßigten Liberalen zu Fall zu bringen.

Am 5. September herrschte in der Frankfurter Paulskirche knisternde Spannung, denn an diesem Tage sollte eine vorläufige Entscheidung fallen. Heinrich von Gagern eröffnete um neun Uhr morgens die Sitzung, mußte sie jedoch schon nach wenigen Minuten auf halb zwölf Uhr vertagen. Noch war nämlich das Reichsministerium nicht anwesend. Es beriet seit dem frühen Morgen in getrennter Sitzung. Im Thurn- und Taxisschen Palais in der Eschenheimer Gasse, dem einstigen Sitz der Bundesversammlung, debattierten die Minister erregt darüber, wie die Ablehnung des Waffenstillstandes durch das Parlament verhindert werden könne. Schließlich entschieden sie sich dafür, die Ratifikation des Waffenstillstandes zur Kabinettsfrage zu machen, sie drohten also ihren Rücktritt für den Fall an, daß die Vereinbarung nicht ratifiziert würde. Das Parlament sollte unter Druck gesetzt werden.

Um dreiviertel zwölf Uhr hatten sich die Abgeordneten erneut versammelt, um die Sitzung fortzusetzen. Noch bevor die eigentliche Debatte eröffnet wurde, konnten die Feinde des Waffenstillstandes den ersten Sieg verbuchen. Dahlmann, seit langem als Gegner der Dänenherrschaft bekannt, war mit der Berichterstattung beauftragt worden.

Friedrich Dahlmann (1785–1860), der bis 1829 als Professor der Geschichte an der Universität Kiel, später in Göttingen und Bonn lehrte, hatte die schleswig-holsteinische Unabhängigkeitsbewegung gegenüber Dänemark stets unterstützt.

Er setzte sich gleichzeitig für einen bürgerlichen deutschen Nationalstaat ein. Wie viele gemäßigte Liberale, war er Anhänger einer bürgerlich-konstitutionellen Monarchie nach englischem Vorbild. Als Mitglied der «Göttinger Sieben» war Dahlmann wegen seines Protestes gegen die absolutistische Willkür des hannoverschen Königs 1837 seines Amtes enthoben und des Landes verwiesen worden.

Obwohl er, wie alle gemäßigten Liberalen, grundsätzlich für eine Übereinkunft mit Adel und Fürsten eintrat, sprach er sich als engagierter Vertreter der schleswig-holsteinischen Unabhängigkeitsbewegung dafür aus, Preußen diesmal die Stirn zu bieten, und trat für die Ablehnung des Waffenstillstandes ein. Im Unterschied zu den meisten anderen Liberalen stellte er die Souveränität und das Ansehen der Nationalversammlung höher als die Furcht vor politischen Verwicklungen oder einem Konflikt mit Preußen. Habe das Parlament, erklärte er, in einer so wichtigen Frage erst einmal nachgegeben, so werde es stets den kürzeren ziehen. Hierauf erwiderte Radowitz mit eiskaltem Zynismus, Preußen werde den Vertrag mit oder ohne die Nationalversammlung ausführen. Ratifiziere diese den Vertrag nicht, so schade sie lediglich sich selbst.

Aus der Rede Robert Blums über den Waffenstillstand von Malmö vom 5. September 1848

«Man droht uns jetzt mit Krieg von allen Seiten, und der Reichsminister des Auswärtigen hat uns gestern Abend sogar gesagt, daß, wenn wir jetzt nicht den Waffenstillstand genehmigten und gewissermaßen die kleine Schande ertrügen, alsdann ein Ausgang zu befürchten sei, der uns mit größerer Schande, vielleicht mit Verachtung bedrohe. Nun gehöre ich nicht zu denen, welche glauben, sie bedürfen eines Bündnisses freiheitsstrebender Völker nicht, um in Europa festzustehen; ich gehöre nicht zu denen, die da meinen, die Zeit wäre da, wo ein Volk im europäischen Staatenverband alleinstehen kann; allein ich möchte nicht so begeisterungslos sein im

Anblicke der Gefahr, die möglicherweise oder wirklich drohe, hier vorzuschlagen, die kleine Schande zu tragen, um die große zu vermeiden. Im Gegenteil, eine Nation wird nimmer mit Schande und Schmach bedeckt werden, wenn sie sich das Ziel vorsteckt, daß sie nicht damit bedeckt werden w i l l; *wenn sie Mut hat, den Gefahren zu trotzen, die sich ihr entgegentürmen. (Stürmisches Bravo). Es ist ein Erfahrungssatz so alt wie die Welt, daß der Mensch und der Staat soviel gilt, als er Mut hat, und wäre über die deutsche Nation durch die Verhältnisse, wie sie vorliegen, in der ersten Zeit ihres Emporstrebens das Verhängnis der Vernichtung ausgesprochen – es wäre unendlich schmerzlich! – aber ertragen möchte ich es noch lieber, als mit Schmach und durch schmachvolle Nachgiebigkeit fortzuleben. Sie mag am Völkergrabe das Bewußtsein sich eintauschen, daß die Nachwelt sage,* s i e s e i z u g r u n d e g e g a n g e n, a b e r m i t E h r e.» *(Beifall auf der Linken) . . .*

Aber der 5. September 1848 ist nicht der Tag eines Josef Maria von Radowitz, sondern der Tag Robert Blums. Er war damals ein Mann von 40 Jahren, rothaarig und von mittelgroßer, untersetzter Statur. Ob mit schneidender Logik oder mit gefühlvollem Pathos, stets sprach er eindrucksvoll. In einer seiner besten parlamentarischen Reden überhaupt bekennt er sich zur Würde des Parlamentes und zu einer Politik der nationalen Verantwortung. Dagegen kamen selbst die prominentesten Redner der gemäßigten Liberalen und der äußersten Rechten nicht an. Sie konnten das Blatt nicht mehr wenden.

Nicht weniger als fünf Minister und Staatssekretäre ergreifen am 5. September das Wort: Reichskriegsminister Peucker, Innenminister Schmerling, Finanzminister Beckerath sowie die Staatssekretäre Bassermann und Max von Gagern. Alle plädieren für die Annahme des Waffenstillstandes, aber der Kampf um jede Stimme hält weiter an. Beckerath appelliert gegen Ende der Debatte an die Schleswig-Holsteiner um Dahlmann, die Mehrheit des rechten Zentrums nicht im Stich zu lassen: «Ihr Männer von Schleswig, Ihr gehört ja zu uns; wir haben uns ja mit Euch auf immer verbunden und durch unser Blut den Bruderbund besiegelt; aber wir setzen auch voraus, daß Ihr, wie Ihr bisher treulich mitgearbeitet habt am Friedenswerke der Einigung, nun nicht den Feuerbrand hineinschleudern werdet in die Nation ...»[26] Auch dieser Appell bleibt ohne Echo.

Am Nachmittag schreitet Präsident Gagern zur Abstimmung. Die Versammlung hat nunmehr darüber zu entscheiden, ob der Waffenstillstand von Malmö vorläufig sistiert, das heißt zunächst nicht in Kraft gesetzt wird. Name auf Name wird von den Sekretären verlesen: Achleitner aus Ried, Adams aus Koblenz, Ahrens aus Salzgitter ... Die Ja-Stimmen und die Nein-Stimmen scheinen sich die Waage zu halten. Die Spannung bleibt bis zum letzten Namen erhalten: Es ist der Abgeordnete Johann zum Sande (rechtes Zentrum); er ist für den Waffenstillstand und lehnt die Sistierung ab.

Kurz vor halb sieben Uhr verkündet Gagern das Ergebnis der Abstimmung: «Die Nationalversammlung hat mit 238 gegen 221, also mit einem Mehr von 17 Stimmen, die Sistierung der zur Ausführung des Waffenstillstandes nötigen militärischen und anderen Maßregeln beschlossen.»[27] Die Linke und die auf den Galerien anwesenden Besucher quittieren das Ergebnis mit stürmischem Beifall, aber es bringt den Gegnern des Waffenstillstandes noch keinen endgültigen Sieg, denn erst zehn Tage später soll eine Schlußabstimmung stattfinden.

Das Abstimmungsergebnis vom 5. September erregte großes Aufsehen, ganz besonders die Tatsache, daß innerhalb der Paulskirche gemäßigte Liberale, etwa 12 bis 14 Casinoabgeordnete, mit der Linken zusammengegangen waren. Ob sich daraus Chancen für eine politische Umorientierung der Frankfurter Nationalversammlung und eine Regierungsneubildung ergaben, mußte die weitere Entwicklung zeigen.

Noch am Abend des 5. September tritt das Reichsministerium zurück. Zu gleicher Stunde beauftragt der Reichsverweser mit säuerlichem Gesicht den Abgeordneten Dahlmann, nunmehr sein Glück zu versuchen und ein neues Ministerium zu bilden. Gleichzeitig torpediert er jedoch dessen Bemühungen: Während Dahlmann Verhandlungen mit der Linken und dem linken Zentrum aufnimmt, bestellt Johann die liberalen Abweichler, um ihnen die Leviten zu lesen. So stehen Dahlmanns Bemühungen von vornherein unter keinem guten Stern.

Die Fraktionen der Linken sind nicht bereit, einer Handvoll von gemäßigten Liberalen größere Zugeständnisse zu machen. Und diejenigen Liberalen, die gegen den Waffenstillstand gestimmt haben, bekommen jetzt Angst vor ihrer eigenen Courage.

Befriedigt notiert ein Befürworter des Waffenstillstandes zwei Tage nach der Abstimmung: «Viele, die gegen uns gestimmt haben mit dem Wunsche, überstimmt zu werden, sahen, was sie angerichtet und wollten einlenken.»[28] Überdies besaß Dahlmann auch zu wenig Verhandlungsgeschick, um unter so schwierigen Bedingungen eine neue Regierung bilden zu können. Am 8. September gab er seinen Auftrag zurück. Nunmehr sollte der 53jährige Münchener Professor Friedrich von Herrmann die Regierung bilden. Er war Mitglied des linken Zentrums und hatte am 5. September gleichfalls gegen den Waffenstillstand gestimmt. Johann hielt die Beauftragung Herrmanns jedoch lediglich für eine Pflichtübung. Der Münchener Politiker galt in der Paulskirche allgemein als nicht sehr zuverlässig, weil seine politischen Auffassungen häufig wechselten. Herrmann mußte ebenfalls kapitulieren.

Außerhalb des Parlamentes verdichtete sich die politische Krise immer mehr, auch im Hinblick auf die ungeklärte Lage in Frankfurt. In Berlin wurde die immer offener auftrumpfende Reaktion endlich einmal durch das preußische Parlament in die Schranken gewiesen. Es bekräftigte am 7. September nämlich den bereits früher gefaßten Beschluß, daß das preußische Heer von reaktionären Elementen gesäubert werden müsse. Der Antragsteller, der demokratische Abgeordnete Julius Stein, wurde nach der Abstimmung im Triumph durch die Straßen getragen. In Chemnitz, im Zentrum der sächsischen Industrie, erhoben sich die Arbeiter am 11. und 12. September und forderten die Verbesserung ihrer Lebensbedingungen. Und in der Schweiz, nahe der südbadischen Grenze, sammelte Gustav von Struve revolutionäre Kämpfer. – Die meisten Paulskirchenliberalen, die noch am 5. September gegen den Waffenstillstand gestimmt und danach noch eine Zeitlang unentschlossen gewesen waren, hatten nunmehr den Mut verloren. So bekamen die Befürworter des Waffenstillstandes bereits während der Vorbereitungen für die Mitte September angesetzte endgültige Parlamentsabstimmung allmählich wieder Oberwasser.

Zunächst schien es so, als könnten die Gegner des Waffenstillstandes auch diese Hürde nehmen. Am 12. September legten die beiden zuständigen Parlamentsausschüsse ihr Gutachten vor. Es sprach sich wiederum gegen den Waffenstillstand aus. Aber das Votum war nur durch eine denkbar knappe Mehrheit, nämlich mit 12 gegen 10 Stimmen zustande gekommen. Zu den Unterzeichnern des Gutachtens hatte auch der Dichter und Historiker Ernst Moritz Arndt gehört. Einen Tag später vollzog er den Absprung. Damit war das seltene Ereignis eingetreten, daß hinter dem Mehrheitsgutachten eines Parlamentsausschusses keine Mehrheit mehr stand. Als nächste wechselten drei schleswig-holsteinische Abgeordnete die Fronten, nämlich der Historiker Johann Gustav Droysen, der Regierungspräsident Karl Francke und der Universitätsprofessor Andreas Michelsen. Dahlmann selbst hielt den Gegnern des Waffenstillstandes die Treue, aber sein Selbstbewußtsein war gebrochen. Während er am 5. September den Gang der Verhandlungen bestimmt hatte, nahm er in der Schlußdebatte vom 14. bis 16. September nicht ein einziges Mal mehr das Wort. Um so aktiver traten diesmal erneut seine politischen Gegner auf.

Noch vor der Eröffnung der Debatte bombardierten sie das Parlament geradezu mit Anträgen, in denen die Genehmigung des Waffenstillstandes gefordert wurde. Daraufhin verlangte ein Vertreter der äußersten Linken, der Düsseldorfer Rechtsanwalt Hugo Wesendonck, auch jene Eingaben aus der Bevölkerung zu verlesen, in denen das Abkommen von Malmö abgelehnt wurde. Die Zahl der Protestadressen überwog eindeutig gegenüber den zustimmenden Äußerungen. Von achtzehn Stellungnahmen, die auf Volksversammlungen und ähnlichen Veranstaltungen in verschiedenen Gegenden Deutschlands vom 12. bis 14. September zum Waffenstillstand von Malmö verabschiedet wurden, protestierten mit einer Ausnahme sämtliche Resolutionen gegen das Abkommen. Nicht nur demokratische Kräfte, sondern auch bürgerlich-liberale konstitutionelle Klubs sprachen sich gegen den Waffenstillstand aus. Der demokratisch-konstitutionelle Klub aus Tilsit solidarisierte sich mit der Linken: «Ihr geehrten Abgeordneten des deutschen Vaterlandes, habt den geschlossenen Waffenstillstand mit Unwillen aufgenommen. Wir sagen Euch hierfür unseren innigsten Dank!»[29]

Heinrich von Gagern lehnte es jedoch aus fadenscheinigen Gründen ab, solche und ähnliche Adressen zu verlesen. Drei Tage lang wogte die Debatte hin und her. Anfangs erhielten vor allem Befürworter des Waffenstillstandes aus dem liberalen Lager das Wort. Sie ergingen sich in besorgten Äußerungen über einen bevorstehenden europäischen Krieg. Niemand konnte voraussagen, welche internationalen Auswirkungen die Verwerfung des Waffenstillstandes haben würde. Möglich war allerdings, daß ein Krieg um Schleswig-Holstein sich zu einem Revolutionskrieg ausweiten würde, der, wie die «Neue Rheinische Zeitung» schrieb, das Vaterland rettete, «indem er den Sieg Deutschlands vom Siege der Demokratie abhängig macht».[30] Dies wollten die Liberalen vermeiden.

Aus der Rede Georg von Vinckes über den Waffenstillstand von Malmö vom 16. September 1848

«Was ist Deutschland ohne Preußen, was ist ein Körper, wenn Sie den rechten Arm abgenommen haben? ... Herr Vogt hat Preußen hier Wortbrüchigkeit vorgeworfen. Es ist von vielen Seiten bemerkt worden, daß es keinen größeren Vorwurf gibt in der Welt, als wenn man einem Manne sagt, daß er nicht wahr ist, daß er sein Wort nicht hält. Daß wir der Zentralgewalt gegenüber nicht wortbrüchig geworden sind, davon werden Sie sich, denke ich, nun wohl überzeugt haben; daß wir aber auch den Dänen gegenüber Wort halten werden, darauf können Sie sich verlassen. Nicht 10 Millionen, ich werde nur einen kleinen Teil im Süden ausnehmen, mindestens 14 Millionen Preußen werden sich dafür erheben. Wollen Sie uns die rote Republik bringen, Herr Schoder, an

der Spitze Ihrer Freischaren, ich glaube, wir werden es mit Ihnen aufnehmen. (Bravo von der Rechten). Ich hätte geglaubt, daß es einer Versammlung, die aus besonnenen Männern besteht und über Begründung eines rechtlichen Zustandes berät, nicht würdig wäre, wenn uns von einer Seite gesagt wird: Wenn Ihr nicht tut, was wir wollen, so bringen wir Euch die Revolution. Ich glaube, wir hätten auf dem gesetzlichen Wege zu beschließen. Wenn Sie die Gewalt an die Stelle unserer Beratung setzen, so glaube ich, wird niemand bei uns Bedenken tragen – wir werden Ihnen den Krieg nicht bringen; wenn Sie ihn aber uns bringen, dann werden sich noch Männer finden, die Haus und Herd verteidigen. Nun denn, so schließe ich, der Waffenstillstand, wenn er auch nicht allen Erwartungen entsprochen hat, welche wir vielleicht gehegt haben, enthält doch alles, was wir nach der jeweiligen Lage der europäischen Verhältnisse von Dänemark haben erlangen können ...»

Der dritte und letzte Verhandlungstag brachte die Entscheidung. Der 16. September 1848 war nicht nur einer der längsten Sitzungstage – er dauerte genau zehn Stunden und fünfundvierzig Minuten –, sondern auch einer der dramatischsten in der Geschichte der Paulskirchenversammlung. Gegner und Befürworter des Waffenstillstandes wechselten einander ab: Der Mindener Linksliberale August Ziegert, der kleinbürgerliche Demokrat Wilhelm Löwe aus Calbe waren gegen den Vertrag. Der westfälische Landrat Georg von Vincke von der äußersten Rechten, der eine sehr militante Rede hielt, der konservative Hamburger Großkaufmann Ernst Merck und der liberale Eilenburger Unternehmer Carl Degenkolb sprachen sich für die Ratifikation aus.

Dann kam Robert Blum. Wie am 5. September, appellierte er erneut nachdrücklich und wirkungsvoll an die Verantwortung des Parlamentes. «Die Entscheidung», erklärte er, «liegt ... in Ihrer Hand, tun Sie, was Sie müssen, ... offen wie ein Mann, für oder wider, nicht Achselzucken, nicht zweideutig, nicht zwar und aber, ich möchte gern, aber ich mag nicht, – schieben Sie nichts auf die Zentralgewalt, denn das sind Sie selbst, sie ist stark oder schwach in dem Verhältnisse, wie Sie es sind ...»[31]

Der nächste Abgeordnete, Felix von Lichnowsky, ein konservativer preußischer Offizier und Gutsbesitzer, konnte nur mit großer Mühe den Eindruck, den die Rede Blums gemacht hatte, abschwächen, obgleich auch der 34jährige Lichnowsky ein gewandter Redner war. Er hatte jedoch vor allem durch private Eskapaden eine zweifelhafte Berühmtheit erlangt. In der Nationalversammlung vertrat er einen ausgeprägt antidemokratischen Standpunkt. Nachdem, so verkündete er scheinheilig, die parlamentarische Linke die Gemüter erregt habe, wolle er für Ruhe und Versöhnung eintreten. Natürlich sollte diese Versöhnung ausschließlich Preußen zugute kommen. Mit der ihm eigenen Arroganz erklärte er deshalb am Ende seiner Rede: «Preußen hat sich für die Aufrechterhaltung des Vertrages verpfändet, Preußen wird seine Verbindlichkeiten halten ...»[32] Am wirkungsvollsten vertrat diesmal der 29jährige temperamentvolle Trierer Ludwig Simon die Sache Schleswig-Holsteins.

Ludwig Simon (1819–1872) stammte aus kleinbürgerlichen Verhältnissen; der Vater war Gymnasiallehrer, er selbst arbeitete am Trierer Landgericht als Advokat. Ludwig Simon, den Problemen seiner Zeit gegenüber aufgeschlossen, kannte das Elend der Moselbauern und der Fabrikarbeiter in den großen Werken des Rheinlandes. Er hatte sich schon frühzeitig für soziale Gerechtigkeit eingesetzt und den kleinbürgerlichen Demokraten in Trier angeschlossen. Simon war ein überzeugter Republikaner und der geborene Parlamentarier, er besaß Verhandlungsgeschick und agierte als glänzender Redner. So wurde er bald einer der angesehensten Führer der äußersten Linken und in der Debatte über die Schleswig-Holstein-Frage ihr energischster Wortführer.

Simon brachte in der Schlußdebatte den Standpunkt der demokratischen Kräfte des deutschen Volkes am deutlichsten zum Ausdruck. Er legte in eindringlichen Worten dar, daß das Einstehen für die Rechte Schleswig-Holsteins eine revolutionäre Pflicht und ein Gebot der nationalen Ehre für die Paulskirche sei.

Auf den mit Besuchern wiederum überfüllten Galerien verfolgten die Zuhörer die Rede Ludwig Simons mit Spannung. Längst hatte der Parlamentspräsident darauf verzichtet, Meinungsäußerungen von seiten der Gäste zu verbieten. Auch Ludwig Simon wurde mehrfach vom Beifall der Besucher unterbrochen. Anhänger der Linken trugen ihn nach dem Abschluß der Sitzung auf den Schultern durch die Straßen.

Als sich die Nationalversammlung in den Abendstunden des 16. September zur Stimmabgabe anschickte, wurde – auf Veranlassung der Rechten – die Abstimmung über den Waffenstillstand mit der Entscheidung über die Einstellung des Krieges verknüpft. Wer die Beendigung des Krieges gegen Dänemark wünschte, der konnte sich – den Modalitäten der Abstimmung entsprechend – nicht gleichzeitig auch gegen den Friedensvertrag aussprechen. Damit waren die Weichen endgültig für die Annahme des Vertrages von Malmö gestellt.

Aus der Rede Ludwig Simons über den Waffenstillstand von Malmö vom 16. September 1848

«Man sagt, Preußen habe seine Ehre verpfändet, und mir ist an der Ehre jedes einzelnen deutschen Staates, der zu Deutschland gehört, auch etwas gelegen. Ich behaupte, daß durch diesen Vertrag weder Deutschland noch Preußen gebunden ist. Deutschland ist nicht gebunden, solange die Genehmigung der Nationalversammlung nicht erfolgt ist, und weil selbst von der preußischen Regierung diejenigen Bedingungen nicht einmal eingehalten worden sind, welche die Zentralgewalt ihr vorgeschrieben hatte ... Ich behaupte also, daß weder Deutschland noch Preußen gebunden ist. Aber, meine Herren, wenn wirklich die Ehre Preußens oder vielmehr die Ehre des preußischen Ministeriums gefährdet wäre, so bin ich doch nicht derjenige, welcher die Ehre des preußischen Ministeriums der Ehre Deutschlands vorgehenläßt. Das preußische Ministerium hat von Anfang an unsere Befugnisse angezweifelt, es hat V o r a u s s e t z u n g e n gemacht, unter welchen dieselben bestehen dürften, es hat verlangt, daß

aus unsern Beschlüssen keine Konsequenzen gezogen würden, es hat sodann eine unbedingte Vollmacht verlangt, es hat sie formell unbedingt erhalten, materiell nicht, es hat die materiellen Bedingungen überschritten, und nun tritt man uns entgegen und sagt, die Ehre des preußischen Ministeriums müsse gewahrt werden! Meine Herren, wenn die Ehre des preußischen Ministeriums auf dem Spiele steht, so will ich wenigstens die Ehre Deutschlands nicht noch dazu aufs Spiel setzen . . .»

Nach der zeitraubenden namentlichen Abstimmung verkündete Vizepräsident von Soiron, nunmehr mit gehobener Stimme: «Der Antrag ist mit 257 gegen 236 Stimmen angenommen.»[33] Damit war das Ergebnis vom 5. September revidiert worden. Die Waffenstillstandsgegner hatten fast ebensoviele Stimmen wie bei der ersten Abstimmung (238) erzielt, die Rechte jedoch ein deutlich besseres Ergebnis erreicht. Durch Sonderkuriere waren von allen Seiten abwesende Abgeordnete herbeigeholt worden.

Die Entscheidung des Parlamentes über die Schleswig-Holstein-Frage stand fest. Aber die Septemberkrise in Frankfurt hielt an, ja sie verschärfte sich noch. Nunmehr gingen die demokratischen Kräfte außerhalb der Nationalversammlung ihren eigenen Weg.

Der Septemberaufstand

Frankfurt ist in jenen Tagen voller Menschen. Das Bild erinnert beinahe an die Zeit der Parlamentseröffnung. Aber die Spannung ist ungleich höher. Aus Offenbach, Darmstadt, Mainz und anderen Orten sind Revolutionäre nach Frankfurt gekommen, allen voran die Hanauer Turner, meist kräftige und hochgewachsene Gestalten voller Mut und Entschlossenheit.

Viele von ihnen haben am Abend des 16. September auf der Besuchergalerie oder vor den Toren der Paulskirche bis zum letzten Augenblick ausgeharrt. Jetzt sind sie von Enttäuschung und Zorn ergriffen. Abgeordnete der Rechten werden auf dem Paulsplatz mit Pfiffen und Rufen der Empörung empfangen. Einzelne von ihnen mischen sich unter die Linke, um unerkannt aus der Paulskirche zu kommen. Im Englischen Hof, einem Fraktionslokal des linken Zentrums, versteckt sich der Abgeordnete Friedrich Ludwig Jahn, der einstige Vorkämpfer der fortschrittlichen Burschenschaft, vor der Menge. Er hatte an der Abstimmung zwar nicht teilgenommen, aber nie ein Hehl daraus gemacht, daß er den Waffenstillstand befürwortete. Siegt die Waffenstillstandspartei, schrieb der seinen früheren Ideen untreu Gewordene am 13. September in heftiger Übertreibung an Parlamentspräsident Gagern, so «führt in wenigen Wochen Hecker in der Paulskirche den Vorsitz der roten Republik ... Der Waffenstillstand war eine Notwendigkeit, und die läßt sich nicht durch Gefühlspolitik zurückschwatzen.»[34] Auch vor der Wohnung des Reichsaußenministers Heckscher versammeln sich empörte Demokraten. Er hat sich für den Waffenstillstand in der Reichsregierung und im Parlament für den Vertrag besonders stark gemacht. Als die Menge erfährt, daß er sich vorsorglich nicht zu Hause aufhält, werden ihm die Scheiben eingeworfen.

Revolutionäre Arbeiter, Bauern und Kleinbürger wollen mit der Linken der Paulskirche zusammengehen. Das Parlament, so urteilen sie, habe versagt. Nachdem die Mehrheit vor Preußen kapituliert habe, sei es das Beste, wenn die Linke austrete. Sie solle die Führung der demokratischen Kräfte übernehmen und vor allem mit außerparlamentarischen Mitteln für das Volk wirken. Vielleicht könne sie sogar ein Gegenparlament bilden.

Am Abend des 16. September haben sich die gemäßigte und die äußerste Linke der Frankfurter Nationalversammlung im Deutschen Hof in der Bockenheimer Gasse im Nordwesten Frankfurts versammelt, um zu beraten, wie es nun weitergehen solle. Fast hundert Abgeordnete sitzen eng gedrängt in den Räumen der Gaststätte beieinander. Auch unter den Donnersbergern gibt es eine kleinere Gruppe, die nichts mehr vom Parlament wissen will. Franz Zitz, der bekannte Mainzer Demokrat, und Friedrich Wilhelm Schlöffel, der revolutionär gesinnte Unternehmer aus Schlesien, gehören dazu.

Was soll das ewige Debattieren, sagen sie. Die Liberalen führen das Volk an der Nase herum ... Laßt es uns ohne dieses Parlament versuchen. Was uns not tut, das ist ein Parlament des Volkes ...

Aber die meisten Anwesenden versuchen zu beschwichtigen. Ja, dieses Parlament hat versagt, erklären sie. Aber wir dürfen es trotzdem nicht den Gemäßigten überlassen. Wenn unsere Kraft nicht ausreicht, um dem Volke zum Siege zu verhelfen, so möge das Volk selbst den Liberalen und deren Bundesgenossen mitteilen, was es von ihnen hält. Am späten Abend versammeln sich revolutionäre Demonstranten vor dem Deutschen Hof. Sie feiern die Linke, weil sie der Parlamentsmehrheit mutig entgegengetreten ist. Aber jetzt soll der nächste Schritt folgen, der Austritt aus der Nationalversammlung.

Robert Blum und Ludwig Simon, beide blaß und abgespannt von den Anstrengungen dieses ereignisreichen Tages, sprechen zu den revolutionären Arbeitern und Kleinbürgern. Blum, der unbedingt am Parlament festhalten will, macht Ausflüchte. Für einen solchen Schritt, erklärt er, brauche man Bedenkzeit. Eine derartige Entscheidung könne nicht übers Knie gebrochen werden. Ludwig Simon pflichtet ihm zögernd bei. Er hatte sich für den Austritt ausgesprochen, aber als Sprecher der Linken muß er jetzt die Entscheidung der Mehrheit verteidigen. Er sei, so formuliert er seinen Standpunkt, nicht gegen einen Austritt, ein «vereinzeltes Austreten und Abreisen» sei jedoch «kein politischer Akt», die Sache des Vaterlandes werde dadurch nicht gefördert.[35] Damit hatte Ludwig Simon allerdings recht. Wäre die Linke dem Rate von Marx und Engels gefolgt, hätte sie geschlossen ihren Austritt erklärt und sich als Gegenparlament konstituiert, würde dieser Schritt der Revolution ohne Zweifel genützt haben.

So aber müssen sich die Demonstranten unverrichteterdinge entfernen. Sie können sich kein genaues Bild über die weiteren Pläne der Linken machen. Die nächsten Tage müssen Klarheit bringen.

Frankfurter Demokraten entschließen sich in aller Eile, am folgenden Tage eine Volksversammlung durchzuführen, die über die politische Lage beraten soll. Tagungsort ist die vor den Toren der Stadt, im Osten von Frankfurt gelegene Pfingstweide. Noch in der Nacht und am frühen Morgen werden in Frankfurt und den angrenzenden Orten Einladungen verteilt. Sie ergehen auch an die Linke der Nationalversammlung.

Am 17. September zieht ein großer Strom von Menschen aus der Stadt hinaus zur Pfingstweide. Als die revolutionäre Kundgebung am Nachmittag um vier Uhr eröffnet wird, haben sich etwa 20 000 Demokraten aus Frankfurt und Umgebung versammelt, unter ihnen Vertreter der Linken.

Prominente Abgesandte der demokratischen Bewegung und Paulskirchenabgeordnete ergreifen das Wort, unter ihnen der Frankfurter Demokrat Maximilian Reinganum, die beiden Mainzer Revolutionäre Germain Metternich und Friedrich Schütz, ferner Friedrich Schlöffel, Ludwig Simon und Franz Zitz. Übereinstimmend wird die Entscheidung der Nationalversammlung vom 16. September als Verrat am deutschen Volke verurteilt. Die Versammlung beschließt, der Parlamentsmehrheit am darauffolgenden Tag eine Mißtrauenserklärung zu überbringen.

Die Paulskirchenabgeordneten der Linken geben keine eindeutige Antwort auf die immer wieder gestellte Frage, ob sie bereit seien, das Parlament zu verlassen. Am Abend des 17. September findet sich erneut eine Delegation des Frankfurter Demokratenvereins im Deutschen Hof ein und drängt sie zu einem klaren Entschluß. Der Austritt, erklären die Abgesandten, wird kein isolierter Akt bleiben. Das Volk steht hinter euch. Die revolutionären Arbeiter, Bauern und Kleinbürger werden euch, notfalls auch mit Waffen, unterstützen. Die Zeit zum Handeln ist da. Aber bei der Linken haben sich die Gemäßigten durchgesetzt, die Parlamentsopposition soll fortgesetzt werden.

Karl Vogt, einer der Führer der Fraktion Deutscher Hof, verhandelt mit den Frankfurter Demokraten. Die Linke, erwidert er, sei nach wie vor gegen den Waffenstillstand, aber sie müsse auch Rücksicht auf die Stimmung in Norddeutschland nehmen, wo der Vertrag zum Teil befürwortet werde. Die Linke wolle am Parlament festhalten. Sie werde nicht austreten, weil dies zum offenen Konflikt, zum revolutionären Aufstand führen könne. Die Abgesandten unterbrechen

Vogt und widersprechen. Ohne auf die Einwände einzugehen, fährt dieser fort: Das Volk möge sich darauf beschränken, den parlamentarischen Protest der Linken mit legalen Mitteln, durch Mißtrauensadressen und dergleichen, zu unterstützen. Sie selbst werde sogleich ein öffentliches Manifest verfassen, in dem sie noch einmal ihren Standpunkt darlegen wolle. Die Delegierten des Frankfurter Demokratenvereins entfernen sich grußlos, mit ihnen eine größere Menschenmenge, die sich vor dem Deutschen Hof versammelt hatte.

In der Stadt wird das Ergebnis mit Entrüstung und Erbitterung zur Kenntnis genommen. Sind das jene Abgeordneten, denen wir unsere Interessen anvertraut haben, so fragen Frankfurter Arbeiter. Wir sollten auf eigene Faust handeln! – In Frankfurt stehen die Zeichen auf Sturm.

Inzwischen treffen Frankfurter Regierungsbehörden Vorsorge, um einen etwaigen Volksaufstand mit bewaffneter Gewalt niederzuschlagen. Noch am Abend setzt der Reichsverweser die Reichsminister Schmerling, Peucker, Mohl und Duckwitz, später auch Finanzminister Beckerath, die am 5. September zurückgetreten waren, wieder in ihre Ämter ein. Schmerling ergreift sogleich die Initiative. Am gleichen Abend ersucht er, ohne zunächst seine Ministerkollegen zu verständigen, das Mainzer Festungskommando um die Entsendung von zwei Bataillonen nach Frankfurt. Als später die Minister Mohl und Duckwitz Bedenken anmelden, zerstreut er diese mit der Bemerkung: «Erwägen Sie, meine Herren, entweder hängen die Aufständischen uns, oder wir hängen sie; wählen Sie nun.»[36] Die aus Liberalen bestehende Reichsregierung verbündet sich mit der Konterrevolution. Sie hat keine Bedenken, die Hilfe reaktionärer Truppen in Anspruch zu nehmen, um das Volk niederzuhalten.

Gegen Morgen rücken aus Mainz ein Bataillon Preußen und ein Bataillon Österreicher in Frankfurt ein. Die Paulskirche wird von Militär umstellt. Auf der westlichen Seite zwischen der Paulskirche und der deutsch-reformierten Kirche am Großen Kornmarkt, die später vorübergehend zum Domizil der Versammlung wird, stehen Österreicher. Preußen sind auf dem Paulsplatz, gegenüber der Börse und dem Römer postiert. Als die Beauftragten der Pfingstweidenversammlung der Nationalversammlung ihre Mißtrauenserklärung überbringen wollen, werden sie zurückgewiesen. Unter höhnischen Zurufen des Militärs sind sie genötigt, ihre Petition an der Tür zu übergeben.

Die Frankfurter setzen sich zur Wehr. Sie drängen gegen die Postenkette an. Vereinzelt fliegen Steine. Das Militär verhält sich anscheinend inkonsequent. Einmal gehen die Soldaten, vor allem die Preußen, mit größter Härte gegen die Menge vor – ein Demonstrant wird sogar durch Bajonettstiche schwer verletzt –, dann wieder lassen sie die Andrängenden gewähren. Offenbar ist dem Militär an der Konfrontation, am offenen Ausbruch der Feindseligkeiten gelegen, soll sie ihnen doch Gelegenheit bieten, alle ihre Kräfte gegen die revolutionäre Bewegung aufzubieten.

Am Römerberg entstehen die ersten Barrikaden. Frankfurter Arbeiter und Handwerksgesellen stürzen die Verkaufsbuden der Jahrmarktshändler um. Die Warenkästen werden mit Sand gefüllt, sie bilden einen Kugelfang. Der Abgeordnete Lichnowsky, der die Sitzung verlassen hat, mischt sich in die Auseinandersetzungen ein. Er feuert die hier postierten preußischen Soldaten an, es den «Kerls» tüchtig zu geben. Er gefällt sich in der Rolle des starken Mannes, er hat nie ein Hehl aus seiner Verachtung für das Volk gemacht. Jetzt unternimmt er gemeinsam mit einem anderen Abgeordneten der äußersten Rechten, dem Preußen Hans von Auerswald, einen «Erkundungsritt» vor die Tore der Stadt. Im Verlaufe der Auseinandersetzungen mit den sich sammelnden Revolutionären wird er gemeinsam mit seinem Begleiter in der Bornheimer Heide, nordöstlich der Stadt, tödlich verletzt.

Die Frankfurter erhalten Zuzug aus der Umgebung der Stadt. Die Vertreter der Linken in der Paulskirche haben sich dagegen ausgesprochen, weil sie einen Volksaufstand ablehnen. In größeren oder kleineren Gruppen strömen vor allem durch das im Osten gelegene Allerheiligentor revolutionäre Arbeiter und Bauern, die meisten zu Fuß und ohne Waffen, nach Frankfurt. Aber auch das Militär ist noch verstärkt worden. Es ist weit in der Übermacht, rund 10 000 Soldaten werden im Laufe des Tages in der Stadt konzentriert. Ihnen stehen weniger als 1000 revolutionäre Kämpfer gegenüber, von denen nur etwa 150 über moderne Gewehre verfügen.

Mittags zwischen ein und zwei Uhr, die Paulskirchenversammlung hat an diesem Tage ihre Sitzung vorzeitig beendet, beginnt der Kampf zwischen den revolutionären Arbeitern, Bauern und Handwerkern und dem preußischen und österreichischen Militär.

In wenigen Stunden hat die Zahl der Barrikaden zugenommen. Die meisten befinden sich in einem Geviert von weniger als einem Quadratkilometer, welches von der Zeil zwischen Haupt- und Konstablerwache, der Fahrgasse, dem Mainquai und der Linie Römerberg–Neue Kräme gebildet wird. Hier entflammen auch die heftigsten Kämpfe. Hinter den Barrikaden stehen viele junge, militärisch wenig erfahrene Arbeiter und Lehrjungen, die meisten schlecht bewaffnet. Aber sie machen es den Preußen und Österreichern nicht leicht. Die Revolutionäre kämpfen mit Hingabe. Viele Verteidiger nutzen geschickt die Vorteile des Häuser- und Barrikadenkampfes – günstige Fluchtmöglichkeiten und die Unübersichtlichkeit der Straßen und Gassen –, aus den Fenstern der Häuser erwidern sie gut gedeckt das Feuer der Angreifer.

Am Nachmittag rückt vom Frankfurter Bahnhof auf dem Mainquai eine Kompanie hessen-darmstädtisches Militär heran, das eilig herbeigeholt worden ist. Als sie sich der Mainbrücke mit dem Standbild Karls des Großen unterhalb der Fahrgasse nähert, schlägt ihr gezieltes Gewehrfeuer entgegen. Auf der Brücke haben sich revolutionäre Arbeiter aus Sachsenhausen verschanzt, sie schirmen die Barrikadenkämpfer auf dem rechten Mainufer ab. Die Darmstädter müssen sich zurückziehen. Dennoch gelingt es dem Militär, bis zum späten Nachmittag seine Positionen zu verbessern, aber die revolutionären Kämpfer sind noch nicht geschlagen.

Eine Delegation der Linken begibt sich zum Reichsverweser, der hat sich aus der Stadt entfernt und hält sich in seinem Bockenheimer Landhaus auf. Er möge sich für eine Einstellung der Kampfhandlungen einsetzen, verlangen die demokratischen Abgeordneten. Sie werden an das Reichsministerium verwiesen. Im Thurn- und Taxisschen Palais in der Eschenheimer Gasse empfängt sie Schmerling. Das Militär möge sich zurückziehen, erklären die Abgeordneten, dann werde auch das Volk den Kampf einstellen. Die Truppen bleiben da, wo sie sich befinden, erwidert Schmerling kalt.

Es könne keine Rede davon sein, daß es den Aufständischen gestattet werde, Bedingungen zu stellen. Er selbst und die anwesenden Minister seien bereit, die volle Verantwortung zu übernehmen. Nun versuchen es die Abgeordneten auf eigene Faust.

Der Gymnasiallehrer Adolf Rösler aus Öls, der Wiener Joseph Gritzner und andere Abgeordnete der Linken gehen die wenigen Schritte von der Eschenheimer Gasse zur Zeil, wo noch immer heftig gekämpft wird. Weiße Tücher schwenkend, fordern sie beide Seiten zur Einstellung des Kampfes auf. Nach und nach verstummt das Feuer. Gegen siebzehn Uhr tritt für etwa eineinhalb Stunden Waffenruhe ein. Die Aufständischen versorgen notdürftig ihre Verwundeten. Sie bessern die Barrikaden aus. Aber die Truppen erhalten Zuzug. Aus Darmstadt wird eilig Artillerie herbeibeordert. Die Hessen transportieren ihre Geschütze nicht mit der Eisenbahn, weil sie befürchten, der Schienenweg könnte blockiert werden. Kurz vor achtzehn Uhr rasseln die Kanonen, von Süden kommend, mit Pferdebespannung durch die Stadt und gehen am Ende der Zeil in Stellung. Noch befinden sich die Vertreter der Aufständischen beim Reichsverweser und verhandeln über eine Verlängerung der Waffenruhe. Während die Gespräche andauern, feuern die Kanonen auf der Zeil ihre ersten Schüsse gegen die Barrikaden in der Allerheiligenstraße ab. Gestützt auf die bessere Bewaffnung und ihre zahlenmäßige Überlegenheit erlangt das Militär immer mehr das Übergewicht. Die Artillerie schießt die Barrikaden auf der Zeil sturmreif, deren Verteidiger müssen sich zurückziehen. Aber der Widerstand an den Barrikaden zwischen Paulskirche und Main hält sich. Aufopfernd widerstehen die revolutionären Kämpfer anfangs den Angriffen. Die Truppen benötigen noch Stunden, um auch hier wieder Herr der Lage zu werden. Gegen Mitternacht ist der Aufstand der revolutionären Arbeiter, Bauern und Kleinbürger niedergeschlagen.

Nun nehmen die Sieger Rache an den Unterlegenen. Preußische und österreichische Soldaten ergreifen und mißhandeln Barrikadenkämpfer ebenso wie Unbeteiligte. Schreinergesellen, die nach dem Aufstand verhaftet wurden, erhielten während der ersten dreißig Stunden weder Essen noch Trinken. Auf der Frankfurter Hauptwache ohrfeigt ein Offizier einen 16jährigen Barrikadenkämpfer bei seiner Einlieferung haßerfüllt mit den Worten: «Ei! Der hat ein recht böses Gesicht! der hat ein bitterböses Gesicht.» Der Reichsjustizminister Robert von Mohl berichtete, daß die Gefangenen einfach in einen engen und lichtlosen Keller unter der Hauptwache hineingepfercht wurden. «Es waren Hunderte von Menschen in dem engen Raume aufeinander gedrängt, welche nach Luft, nach Wasser, nach ärztlicher Hilfe riefen und vom Heraufbrechen nur durch die auf sie gerichteten Gewehre der zahlreichen Wache abgehalten wurden.»[37]

Verkündung des Belagerungszustandes in Frankfurt am Main

Belagerungszustand

Bei der Fortdauer des Aufruhrs wird Frankfurt in Belagerungszustand erklärt und das Kriegsgesetz verkündet.

Alle Vereine sind suspendiert, und es wird deren Mitgliedern verboten, sich zu versammeln.

Wer zum Aufruhr aufreizt, wer den Truppen Widerstand leistet oder sich nur unbefugterweise bewaffnet, wird standrechtlich behandelt.

Frankfurt, den 18. September 1848

Der Reichsverweser
Johann
Der Reichsminister des Innern
Schmerling

Die meisten Gefangenen, von denen man aus Sicherheitsgründen einen großen Teil in die Bundesfestung Mainz überführte, waren Arbeiter, Handwerker und Tagelöhner. Auch unter den Gefallenen, die die Barrikadenkämpfer zu beklagen hatten, gehörten die meisten den werktätigen Klassen an.

Das Volk hatte die größten Opfer im Frankfurter Septemberaufstand gebracht – entschiedenster Vorkämpfer für eine Sache, die eigentlich der Paulskirche zur Ehre gereicht hätte, ging es doch um die nationalrevolutionären Interessen Deutschlands. Dennoch distanzierten sich alle in der Paulskirche vertretenen Parteien vom Aufstand. Die Rechte verharrte auf ihrem ablehnenden antidemokratischen Standpunkt, aber auch die Linke blieb bei ihrer unentschlossenen Haltung.

In Frankfurt regierte nunmehr der Belagerungszustand. Er war bereits am 18. September vom Reichsministerium verkündet worden und dauerte bis Ende Oktober. Auf den Frankfurter Straßen und Plätzen erschienen bunte, ins Auge springende Plakate. Sie warnten die Frankfurter Bürger vor «Zusammenrottungen» und forderten zur unverzüglichen Abgabe aller Waffen auf. Jedem Zuwiderhandelnden wurden strenge Strafen angedroht. Auf der Zeil, am Römerberg und bei der Paulskirche patrouillierten die blau uniformierten Preußen und die Österreicher in ihren weißen Waffenröcken mit geschultertem Gewehr. Mit scheelem Blick musterten sie jeden auffällig oder gar politisch verdächtig wirkenden Bürger.

Bekanntmachungen
während des Frankfurter Belagerungszustandes

Zur Durchführung der zur dauernden Ruhe erforderlichen Maßregeln wird die Entwaffnung der hiesigen Einwohner, insofern sie nicht zur organisierten Bürgerwehr und Schutzwache gehören, hiermit verfügt. Es sind daher alle Feuergewehre, Hieb- und Stichwaffen unverzüglich in das Kriegsamt abzuliefern. Diejenigen, welche diesem Befehl nicht längstens binnen 24 Stunden entsprochen haben, werden nach der Strenge der Kriegsgesetze behandelt.

Frankfurt a. M., am 19. September 1848, morgens 10 Uhr

Der interimistische Reichsminister
des Innern
Schmerling

W a r n u n g

Mit Bezug auf die Verordnung vom 18. September 1848, wodurch der Belagerungszustand verfügt worden, wird jedermann gewarnt, an Aufzügen, Zusammenrottungen oder Zusammenläufen teilzunehmen. Wer dieser Warnung nicht entspricht, wird v e r h a f t e t und dem ständigen Kriegsgericht übergeben werden.

Frankfurt, am 23. September 1848

Das Reichstruppen-Kommando
General Nobili

Schmerling ließ eine Feier für die am 18. September gefallenen Arbeiter verbieten. Diejenigen Abgeordneten der parlamentarischen Linken, die am 27. September auf der Pfingstweide gesprochen hatten, wurden gerichtlich verfolgt, die Versammlungslokale der Linken – Donnersberg und Deutscher Hof – militärisch überwacht. Überhaupt beschuldigten die Vertreter der parlamentarischen Rechten die Linke, sie sei der geistige Urheber des Aufstandes gewesen.

Aus dem öffentlichen Manifest der Linken nach dem Frankfurter Septemberaufstand

«Niemand kann und wird diesen Aufstand ohne Plan, Vorbedacht, Leitung, Vorkehrungen, Verbindungen und verständige Schätzung der Angriffs- und Widerstandskräfte rechtfertigen wollen, er war ziellos, aus dem Drange des Augenblicks hervorgegangen und von der Verzweiflung durchgeführt. Aber niemand darf sich auch von der Parteileidenschaft so weit verblenden lassen, zu verkennen, daß das Gefühl für Deutschlands gefährdete Ehre, Freiheit und Einheit denselben hervorgerufen und Männer in den Tod getrieben hat, die gewiß freudiger den Tod gegen den auswärtigen Feind als im Bruderkampfe gefunden hätten.

Frankfurt steht jetzt unter der ehernen Zuchtrute des Belagerungszustandes und des Kriegsgesetzes, d. h. der Rechtlosigkeit. Die Reaktion erhebt mächtig und übermütig ihr Haupt und macht Miene, die freiheitsgetreue Minderheit gänzlich zu unterdrücken. Wir aber werden trotzdem die Grundsätze der Freiheit und Einheit Deutschlands unerschütterlich vertreten wie bisher, was auch geschehe!»

Die Linke geriet in eine sehr schwierige Lage. Erst hatte sie sich in der Debatte über den Waffenstillstand den Haß des harten Kerns der Waffenstillstandspartei zugezogen. Wegen ihrer mutlosen und verzagten Haltung während des Aufstandes mußte sie sich nunmehr aber auch Kritik von seiten des Volkes gefallen lassen. Verzweifelt versuchte sie sich vor der Öffentlichkeit in einem Manifest zu rechtfertigen. Doch nach wie vor drückte sie sich vor dem «Entweder-Oder», indem sie sich zum «Sowohl-Als-auch» bekannte. Sie mißbilligte den Aufstand, aber sie billigte die Motive der Aufständischen. Sie übte Kritik an der Paulskirche, weil sie die nationalen Interessen des Volkes preisgegeben habe, aber sie hielt auch weiterhin an der Nationalversammlung fest, ebenso an ihrer Forderung, das Volk möge der Parlamentsmehrheit sein Mißfallen ausdrücken.

Diese hatte sich jedoch erst einmal behauptet. Die politische Autorität des Frankfurter Parlamentes und der Zentralgewalt war zwar im Volke geschwächt worden, die innere Funktionsfähigkeit von Reichsministerium und Paulskirchenversammlung war davon jedoch kaum berührt. Nach der Ratifikation des Waffenstillstandes von Malmö setzte der Reichsverweser das Reichsministerium wieder in seine Rechte ein. Nur Ministerpräsident von Leiningen und der völlig diskreditierte bisherige Außenminister Heckscher schieden aus. Als Ministerpräsident amtierte nunmehr Schmerling, der bei der Niederschlagung des Septemberaufstandes besonders hervorgetreten war.

Innerhalb der Paulskirchenversammlung hatte sich die Fraktionsstruktur verändert und gefestigt. Bei der äußersten

Rechten waren keine Veränderungen zu verzeichnen. Aber die Zentrumsfraktionen hatten sich klarer profiliert. Ende August/Anfang September spaltete sich *der Landsberg vom rechten Zentrum* ab. Ihm gehörten fast ausschließlich norddeutsche und preußische Liberale an, die zwar in der Grundrichtung mit dem Casino übereinstimmten, den Einzelstaaten jedoch weniger Zugeständnisse als die Casino-Vertreter einräumen wollten. Vom *heterogenen linken Zentrum (Fraktion Württemberger Hof)* sonderte sich schon Ende Juli die *Fraktion Westendhall* ab. Im Zusammenhang mit den Septemberereignissen trennten sich die *stärker mit der Casino-Fraktion kooperierenden Abgeordneten vom linken Zentrum* und konstituierten sich als *Fraktion Augsburger Hof.* Dieser regierungstreue Flügel des linken Zentrums unterstützte im wesentlichen die Repressionspolitik der Reichsregierung gegenüber den demokratischen Kräften. Auch die Gegensätze zwischen äußerster Rechter und rechtem Zentrum einerseits sowie der Linken hatten sich vertieft. Die politisch-ideologische Stabilität der Linken war gewachsen.

Während der Schlußabstimmung über den Waffenstillstand von Malmö war auf allen Seiten mit Erfolg der Fraktionszwang praktiziert worden, das heißt, die Fraktionen legten bereits in Vorberatungen verbindlich fest, wie in den anstehenden Entscheidungen abgestimmt werden sollte. Der gesamte parlamentarische Betrieb in der Frankfurter Nationalversammlung hatte sich in den Sommermonaten 1848 vervollkommnet.

Den eigentlichen Nutzen aus den Septemberereignissen zogen freilich die reaktionären Junker und Militärs. Erst hatte Preußen das Parlament in Frankfurt brüskiert. Dann hatte es die Revolution niedergeschlagen und dafür noch den Beifall der Parlamentsmehrheit erhalten, die den Truppen am Morgen des 19. September ausdrücklich den «Dank für ihre Hingebung und Mäßigung» aussprach. Die Konterrevolution marschierte also gleichsam unter dem Schutz der Reichsbehörden, sie gewann eine gute Ausgangsposition für ihr weiteres Vorgehen.

Die Paulskirche im Banne der zweiten Revolution

Georg Herwegh

Das Reden nimmt kein End

(1848)

Zu Frankfurt an dem Main –
Sucht man der Weisen Stein
Sie sind gar sehr in Nöten,
Moses und die Propheten,
Präsident und Sekretäre,
Wie er zu finden wäre –
Im Parla – Parla – Parlament
Das Reden nimmt kein End!

Zu Frankfurt an dem Main –
Da wird man uns befrein;
Man wird die Republiken
Im Mutterleib ersticken.
Und Bassermann und Welcker
Beglücken dann die Völker
Im Parla – Parla – Parlament
Das Reden nimmt kein End!

Zu Frankfurt an dem Main –
Bald zieht der Kaiser ein!
Schon träuft der Gnade Manna,
Ihr Knechte, Hosianna!
Mathy, der Schuft, Minister –
Triumph, ihr Herrn Philister!
Im Parla – Parla – Parlament
Das Reden nimmt kein End!

Zu Frankfurt an dem Main –
Die Wäsche wird nicht rein;
Sie bürsten und sie bürsten,
Die Fürsten bleiben Fürsten,

Die Mohren bleiben Mohren
Trotz aller Professoren.
Im Parla – Parla – Parlament
Das Reden nimmt kein End!

Zu Frankfurt an dem Main –
Ist alles Trug und Schein.
Alt-Deutschland bleibt zersplittert,
Das Kapitol erzittert,
Umringt von Feindeslagern;
Die Gänse giga-gagern
Im Parla – Parla – Parlament
Das Reden nimmt kein End!

Zu Frankfurt an dem Main –
So schlag der Teufel drein!
Es steht die Welt in Flammen,
Sie schwatzen noch zusammen,
Wie lange soll das dauern?
Dem König Schach, ihr Bauern!
Dein Parla – Parla – Parlament,
O Volk, mach ihm ein End!

Während am Morgen des 19. September in Frankfurt die Trümmer der Barrikaden beseitigt werden und preußisches und österreichisches Militär vor allem die Gegend zwischen Hauptwache und Main nach versprengten revolutionären Kämpfern durchkämmt, versammeln sich die Abgeordneten in der Paulskirche wie gewöhnlich um neun Uhr. Als erster tritt diesmal der Parlamentspräsident Heinrich von Gagern an das Rednerpult. Er wirkt blaß und übernächtig, dennoch um die gewohnte Sicherheit bemüht. Die Abgeordneten erwarten Gagerns Rede mit großer Spannung, besonders seine Stellungnahme zum Septemberaufstand. Einerseits hatte Gagern revolutionäre Volksaufstände abgelehnt, andererseits war er stets gegen eine Rückkehr zu den vormärzlichen Ausnahmegesetzen eingetreten.

Gagern billigt die Niederschlagung des Aufstandes, denn «eine solche bösliche und auflösende Weigerung des Gehorsams» einer «Anzahl verblendeter oder irregeleiteter Menschen» gegenüber den Beschlüssen der Paulskirchenversammlung könne «nicht ungestraft hingehen». Gleichzeitig erklärt er jedoch, es dürfe keinen Rückfall in die Zeit der Reaktion geben. «Wir werden», betont er, «unseren Weg einhalten, der auch die Freiheit schützt. Wir werden keinem Gelüste Vorschub leisten, das etwa rückwärts führen könnte.»[1]

Gagern hoffte also, das Paulskirchenparlament könne weiterhin, wie vor den Septemberereignissen, zwischen Revolution und Reaktion balancieren. Aber die Zeit, wo Freund und Feind der Nationalversammlung mit Respekt begegnen, ist vorbei. Adel und Fürsten haben die Furcht vor einem Parlament, dessen Mehrheit des militärischen Beistandes der Reaktion bedurfte, weitgehend verloren. Die revolutionäre Volksbewegung wandte sich nach dem Septemberaufstand endgültig enttäuscht von dem Hohen Hause in Frankfurt ab und trat, gestützt auf die eigenen Kräfte, der Konterrevolution in den Weg, in der Hoffnung, den Herbst des Jahres 1848 in einen neuen revolutionären Frühling zu verwandeln.

In der Nacht vom 20. zum 21. September überschritt der badische Revolutionär Gustav von Struve mit etwa fünfhundert Kämpfern die deutsch-schweizerische Grenze bei Lörrach. Wie fünf Monate zuvor Friedrich Hecker, glaubte er, es werde gelingen, die Republik im Handstreich zu errichten. Aber erneut konnten die wohlausgerüsteten und zahlenmäßig überlegenen badischen Truppen die Freischärler rasch zersprengen. In anderen Zentren der Revolution standen die Chancen günstiger. Hier erlangten die Aktionen der revolutionären Kräfte in vielen Fällen Massencharakter. In den sächsischen Handels- und Industriestädten wie Leipzig, Oelsnitz oder Werdau versammelten sich im September 1848 fast täglich Tausende von Arbeitern und revolutionären Kleinbürgern zu Kundgebungen, auf denen sie mehr Rechte für das Volk verlangten. Gleichzeitig begann die Wahl revolutionärer Ausschüsse, das heißt eigener Machtorgane, und die Regierung in Dresden wagte es nicht, dagegen einzuschreiten.

Auch in Köln, wo die politische Krise fast den ganzen September andauerte, waren die Behörden kaum noch Herr der

Lage. Hier bildeten Kommunisten, unter ihnen Marx und Engels, revolutionäre Arbeiter und kleinbürgerliche Demokraten einen Sicherheitsausschuß. Schon wurde mit dem Bau von Barrikaden begonnen.

In Berlin hielt der Konflikt zwischen Volk und Nationalversammlung auf der einen sowie Krone und Regierung auf der anderen Seite schon nahezu zwei Monate an. Das Parlament verlangte seit Wochen, daß endlich die preußische Armee demokratisiert werden sollte, die Beschlüsse dazu waren längst gefaßt. Doch die Regierung Auerswald unternahm nichts, um sie in die Tat umzusetzen, sondern verschleppte die Demokratisierung auf Geheiß des Königs. Da das Parlament jedoch nicht nachgab, blieb Auerswald schließlich nur noch der Rücktritt. Daraufhin berief Friedrich Wilhelm IV. den inzwischen aus Schleswig-Holstein zurückgekehrten Wrangel zum militärischen Oberbefehlshaber «in den Marken». Dieser kündigte beim Antritt seines neuen Kommandos allen demokratischen Kräften den Kampf an. Die ihm unterstellten Soldaten würden treue Wache halten, mit der Kugel im Lauf und haarscharf geschliffenen Säbeln.

Aber noch wagte der Monarch nicht, den Worten seines Generals Taten folgen zu lassen. Neuer preußischer Ministerpräsident wurde überraschenderweise kein Stockreaktionär, sondern der gemäßigt-konservative General Ernst von Pfuel, eine etwas farblose Persönlichkeit. Der König suchte Zeit zu gewinnen, ehe er zum großen Schlag gegen die Revolution in Berlin und in Preußen ausholte. – Die Verhältnisse lagen vielerorts in Deutschland ähnlich. Die Situation war gespannt, und der Konflikt zwischen der revolutionären Volksbewegung und den Kräften der Reaktion stand auf des Messers Schneide.

Auch in der Frankfurter Nationalversammlung dauerten die scharfen Auseinandersetzungen zwischen der Rechten und der demokratischen Opposition an. Hatte die politische Entwicklung in Deutschland während der Sommermonate 1848 häufig unter dem Eindruck der Paulskirchendebatten gestanden, so verhielt es sich nunmehr umgekehrt. Die allgemeine Verschärfung der Lage strahlte auf die Paulskirche aus. Nach der Niederschlagung des Septemberaufstandes gewannen die antidemokratischen Scharfmacher im Frankfurter Parlament an Einfluß. Anton von Schmerling leitete jetzt das Kollegium der Reichsminister. Militante preußische Monarchisten, die sich zuvor in der Paulskirchenversammlung nur selten hervorwagten, führten erbitterte und haßerfüllte Attacken gegen demokratische Abgeordnete. Sie weckten starke Zweifel an der Voraussage Gagerns vom 19. September, es werde keine Rückkehr zur Reaktion geben.

Am 5. Oktober holte das Ministerium Schmerling zum ersten Schlag gegen die Linke aus. Es forderte die Paulskirchenversammlung auf, «die Zustimmung zur Verhaftung und strafrechtlichen Untersuchung der Abgeordneten Zitz, Simon von Trier und Schlöffel zu vermitteln, welche der Aufreizung zum Aufruhr und zur tätlichen Mißhandlung der Abgeordneten aus der Mehrzahl der Reichsversammlung angeschuldigt und verdächtig seien.»[2] Dieser Antrag gründete sich einzig und allein darauf, daß die drei auf der Pfingstweide gesprochen hatten – für das Ministerium Schmerling Grund genug, sie der Urheberschaft am Septemberaufstand zu bezichtigen. Obwohl die Nationalversammlung deren Inhaftierung ablehnte, billigte sie immerhin die Einleitung einer Untersuchung.

Der Antrag folgte, wie Ludwig Simon treffend bemerkte, nicht der Gerechtigkeit, sondern dem Streben nach Rache. Zitz, Schlöffel und Simon hatten in erster Linie den Waffenstillstand von Malmö heftig kritisiert. Wenn dies bereits ein Verbrechen war, dann hätte die gesamte Linke in den Anklagestand versetzt werden müssen – so verlangte es der einst freiheitsliebende Friedrich Ludwig Jahn nach dem Septemberaufstand. Diese absurde Forderung nahmen jedoch nur wenige in der Paulskirche ernst. Die antidemokratischen Scharfmacher bemühten sich aber mit allem Nachdruck, prominente demokratische Abgeordnete anzuschwärzen oder mundtot zu machen. Als am 5. Oktober der seit der Polendebatte innerhalb und außerhalb der Paulskirche bekannte demokratische Abgeordnete Franz Schmidt aus Löwenberg das Rednerpult betrat, um einen parlamentarischen Antrag zu begründen, erklärte Schmerling mit haßerfülltem Gesicht halblaut, aber vernehmlich: «Das ist auch eine von den Kanaillen, die wir hinausbringen müssen.»[3]

Am 9. Oktober verabschiedete das Parlament nach wenigen Stunden das «Gesetz betreffend den Schutz der konstituierenden Nationalversammlung und der Beamten der Zentralgewalt». Für Angriffe auf die Reichsversammlung in der Absicht, dieselbe auseinanderzutreiben oder die Versammlung zur Fassung eines Beschlusses zu zwingen, wurden Zuchthausstrafen bis zu zwanzig Jahren angedroht. Während der Parlamentssitzungen durften innerhalb von fünf Meilen keine Volksversammlungen unter freiem Himmel durchgeführt werden. Öffentliche Beleidigungen der Nationalversammlung sollten mit Gefängnisstrafen bis zu zwei Jahren geahndet werden.

Das Gesetz richtete sich besonders gegen die revolutionären Arbeiter, Bauern und Kleinbürger in Frankfurt und Umgegend. Es sollte keine Pfingstweidenversammlung mehr geben, und auch der 18. September durfte sich nicht wiederholen. Das Gesetz zielte vor allem gegen die parlamentarische Linke, denn wer wollte schon immer genau entscheiden, wo die sachbezogene Kritik endete und die Beleidigung des parlamentarischen Gegners begann. Aber die Linke sah sich nicht nur im Parlament immer schärferen Attacken ausgesetzt. Ihre politischen Gegner veranstalteten sogar in den Heimatorten demokratischer Abgeordneter Mißtrauenskundgebungen. In Naumburg und Umgebung beispielsweise waren die Vertreter des dortigen bürgerlich-konstitutionellen Vereins von Haus zu Haus gezogen, um Unterschriften gegen den Oberlandesgerichtsassessor August Reinstein (äußerste Linke) zu sammeln. Trotz intensiver Bemühungen hatten sie es lediglich auf 1569 Unterschriften gebracht; das waren etwa 7 Prozent der dortigen Urwähler.

Aber auch gemäßigte Liberale erhielten in jenen Tagen Mißtrauenskundgebungen, selbst die Prominenten unter ihnen. So quittierte man ihr Einschwenken auf den antidemokratischen Kurs des amtierenden Ministerpräsidenten Schmerling.

Das Ansehen der Paulskirchenversammlung in der deutschen Öffentlichkeit war Ende September/Anfang Oktober auf einem Tiefpunkt angelangt. Sie bewegt nichts, sie kann nur bewegt werden, schrieb eine bekannte demokratische Zeitung Anfang Oktober über die Paulskirche. Ehe sie erneut in den Bann der revolutionären Ereignisse geriet, befaßte sie sich weiter mit Verfassungsparagraphen. Auf der Tagesordnung standen die Grundrechte, zweiter Teil.

Größere Bedeutung kam vor allem der Debatte über die Abschaffung der Feudallasten zu. Bürgerliche Revolutionen in anderen Staaten hatten mit dem feudalen Großgrundbesitz und den unzähligen Lasten und Abgaben aufgeräumt. In England nahmen im 16. und 17. Jahrhundert bürgerliche Pächter die ehemals feudalen Ländereien in Besitz und setzten massenhaft die landlosen Bauern frei. In Frankreich verfügte die Nationalversammlung die Aufhebung beziehungsweise Ablösung der Frondienste und Feudalrechte. Die revolutionären Jakobiner teilten einen bestimmten Prozentsatz des Großgrundbesitzes unter die Landarmen auf. Wer feudale Rechtstitel weiterhin aufbewahrte, mußte mit Zuchthausstrafe rechnen.

In Deutschland waren Anfang des 19. Jahrhunderts unter dem Einfluß der Französischen Revolution und auf Druck des Volkes erste Agrarreformen eingeleitet worden. Nach dem berühmten Oktoberedikt des Freiherrn vom Stein endete am Martinitage 1810 alle Gutsuntertänigkeit in Preußen. Damit waren allerdings nur die sogenannten persönlichen Lasten der Bauern abgeschafft worden; all die Abgaben, die die Bauern für die Bewirtschaftung des Bodens zu entrichten hatten, blieben hiervon unberührt. Wer sich ihrer entledigen wollte, der mußte einen hohen Preis zahlen, nämlich die Hälfte oder ein Drittel seines Bodens abgeben oder aber große Geldbeträge aufbringen.

Für die Feudalherren bedeutete die Ablösung ein gutes Geschäft. Während ihnen auf diese Weise Geldmittel zuflossen, mit denen sie ihre Betriebe modernisieren und erweitern konnten, behielten sie ihren politischen Einfluß und ihre Privilegien fast ungeschmälert. Nicht wenige der Großagrarier waren Landräte. Viele von ihnen bekleideten hohe politische Staatsämter. Und in der preußischen Armee galt es immer noch als das beste Renommee, Angehöriger eines alten, bodenständigen Adelsgeschlechtes zu sein.

Im Revolutionsjahr 1848 hatten sich vor allem im Südwesten und in Mitteldeutschland, aber auch in den ostelbischen Gebieten die Bauern gegen ihre Herren erhoben, die Gutsschlösser gestürmt und die feudalen Schuldbriefe verbrannt. Die Linke in der Paulskirche war bereit, den Bauern entgegenzukommen, wollte es jedoch in der Mehrzahl bei einer geringen Ablösungssumme belassen. Eine Ausnahme bildete unter anderen der Donnersbergabgeordnete Friedrich Wilhelm Schlöffel, ein 48jähriger, radikal eingestellter Demokrat aus Eichberg in Schlesien. Unweit seiner Heimatstadt, im Hirschberger Tal, hatten erbitterte Bauern im Frühjahr 1848 gegen ihre Feudalherren rebelliert. Längst schon war Schlöffel als Anwalt der Armen und Ausgebeuteten innerhalb und außerhalb der Paulskirche bekannt. Bereits zu einem früheren Zeitpunkt hatte er im Frankfurter Parlament die Aufteilung der großen Güter zugunsten der landlosen und landarmen Bauern gefordert. Jetzt, am 3. Oktober, verlangte er «die Aufhebung aller Feudallasten o h n e Entschädigung, sie mögen in baren oder persönlichen – also in Geldabgaben oder Arbeit – bestehen.»[4] «Das deutsche Volk», erklärte Schlöffel, «läßt sich nicht mehr irritieren; es sagt: Das Revolutionsrecht besteht, und es besteht so lange, bis wir zu unseren Rechten und Ehren gekommen sind.»[5]

Die gemäßigten Liberalen hegten andere Vorstellungen. Sie wünschten die Fortsetzung vorsichtiger Reformen. Ihnen ging es um eine moderne, kapitalistisch arbeitende Landwirtschaft, in der das Eigentum der Junker und Großgrundbesitzer unangetastet blieb. Die Herren von Schrot und Korn sollten für alle Einbußen reichlich entschädigt werden. So faßte die Paulskirche den Beschluß, die Ablösung der Feudallasten weiterzuführen.

Die Agrarbestimmungen waren typisch für den Charakter der von der Paulskirche verabschiedeten Grundrechte im allgemeinen – im großen und ganzen von dem Grundsatz geprägt: soviel Fortschritt wie nötig, aber auch soviel Rücksicht auf Adel und Fürsten wie möglich. Dennoch faßte die Nationalversammlung auch eine Reihe von Beschlüssen, die ihr unbedingt Ehre machten. Sie entschied sich für die Aufhebung des Adels als Stand und verabschiedete die Pressefreiheit mit dem ausdrücklichen Zusatz, daß diese nicht durch die Zensur aufgehoben werden dürfe. Auch verkündete sie die Trennung von Kirche und Staat.

Da die Grundrechte, in zeitraubenden Diskussionen fixiert, zunächst nur auf dem Papier standen, blieben sie in der politischen Realität allerdings vorerst wirkungslos. Am 12. Oktober ging die Beratung der Fundamentalrechte (erste Lesung) zu Ende. Das Interesse der Öffentlichkeit an den Grundrechtsdiskussionen war in den meisten Fällen gering. Es belebte sich erst wieder, als die Paulskirchenversammlung sich einem neuen Thema zuwandte – der Gestaltung des künftigen deutschen Staates.

Die Paulskirche und der österreichische Staat

Die Linke sprach sich dafür aus, Österreich mit seinen zum Deutschen Bund gehörigen Gebieten in den künftigen Bundesstaat einzubeziehen. Sie lehnte ein Kleindeutschland unter der Führung Preußens ab, während die Zentrumsfraktionen und die äußerste Rechte (Milani) mehrheitlich den Standpunkt vertraten, daß Preußen an die Spitze Deutschlands gehöre. Es gab hier jedoch unterschiedliche Auffassungen darüber, ob Österreich zumindest mit seinen deutschen Territorien dem künftigen deutschen Staat beitreten sollte.

Bereits im August 1848, bevor die Paulskirche über diesen strittigen Punkt debattierte, war in Wien erneut die Revolution ausgebrochen. Der österreichische Hof, Anfang August von Innsbruck in die Donaumetropole zurückgekehrt, hatte die Konterrevolution forciert. Vornehmlich auf seinen Einfluß hin beschloß die Regierung beispielsweise die Kürzung des Tageslohnes für arbeitende Frauen und Jugendliche um fünf Kreuzer. Daraufhin kam es zu Massendemonstrationen gegen den «Kreuzerminister», die die Sicherheitswache mit Schüssen in die Menge beantwortete.

Zu dieser Zeit hielt sich Karl Marx in Wien auf. Er sprach am 28. August vor dem Demokratischen Verein und forderte ebenfalls den Rücktritt des verhaßten Arbeitsministers Schwarzer. In den folgenden Wochen spitzte sich die Krise zu.

Am 6. Oktober verweigerte ein deutsches Grenadierbataillon, das zum Einsatz gegen die revolutionären Ungarn vorgesehen war, der Regierung den Gehorsam und verbrüderte sich mit den Wiener Arbeitern und Studenten. Es folgten Zusammenstöße mit regierungstreuen Truppen, in deren Verlauf der verhaßte kaiserliche Kriegsminister Latour getötet wurde.

Die Paulskirche nahm die ersten Nachrichten aus Wien unterschiedlich auf; die Linke begrüßte einhellig den Aufstand des Volkes, öffentlich erklärte sie ihre moralische Verbundenheit, denn die Ereignisse konnten den Weg zu einer großdeutschen Republik ebnen. Die Liberalen hingegen reagierten mit Zurückhaltung, fürchteten sie doch den Sieg des Volkes ebenso wie einen Erfolg der Konterrevolution. Deshalb lag ihnen an der Fortdauer der konstitutionellen Monarchie mit einem liberalen Ministerium unter der Leitung des gemäßigt-konservativen Johann Freiherr von Wessenberg. Dieser schien ihnen am ehesten geeignet, die Verfassungspläne des Paulskirchenparlamentes mit zu verwirklichen.

Ohne den endgültigen Ausgang der revolutionären Ereignisse abzuwarten, verabschiedete die Frankfurter Nationalversammlung am 27. Oktober zwei Paragraphen der künftigen Reichsverfassung, die von grundsätzlicher Bedeutung für das künftige Verhältnis Deutschlands zu Österreich waren. Kein Teil des deutschen Reiches sollte fortan mit nichtdeutschen Ländern zu einem Staate vereinigt werden dürfen. Deutsche und nichtdeutsche Gebiete konnten nur durch Personalunion eine Verbindung miteinander eingehen, das heißt sie konnten ein und dasselbe Staatsoberhaupt haben, mußten aber getrennt regiert werden. Österreich bot man somit einen Weg in den deutschen Bundesstaat, aber nur für die zum Deutschen Bund gehörigen deutschen Gebiete.

Noch hatten sich die Anhänger einer kleindeutschen Lösung nicht durchsetzen können. Als Heinrich von Gagern in der Nationalversammlung dafür eingetreten war, man möge Österreich seine außerdeutschen Gebiete belassen und zur Begründung eines engeren Bundesstaates, also eines Bundesstaates ohne Österreich schreiten, fand er selbst bei seinen Gefolgsleuten kaum Zustimmung und mußte seinen Antrag zurückziehen. Zunächst wollten auch die gemäßigten Liberalen das Band zu Österreich noch nicht durchschneiden, obwohl die Lage in Wien für sie wenig Grund zum Optimismus bot.

Die Linke in der Paulskirche hofft jetzt auf einen neuen Aufschwung der Volksbewegung in ganz Deutschland. Am Abend des 12. Oktober herrscht zum ersten Male seit den Septembertagen wieder eine optimistische Stimmung im Deutschen Hof. Man beschließt, Abgeordnete der Linken nach Wien zu schicken, die den dortigen Arbeitern und Studenten eine Sympathieadresse überbringen sollen. Drei bekannte und bei der Wiener Bevölkerung angesehene Demokraten – Julius Fröbel, Albert Trampusch und Moritz Hartmann – werden ausersehen. Offen bleibt zunächst, wer die Abordnung leiten soll, Blum oder Vogt stehen zur Diskussion. Da Robert Blum sehr viel an dieser Mission liegt, bittet er Vogt persönlich, ihm den Vortritt zu lassen. Damit ist die Entscheidung gefallen. Blum kommt es darauf an zu beweisen, daß er nicht nur ein guter Parlamentsredner ist, sondern auch die Entschlossenheit zum politischen Handeln besitzt.

Sympathieadresse der Linken an die Bevölkerung von Wien

An die Wiener!

Eure großartige Erhebung hat unsere Bewunderung erregt. Der blutige Kampf, den Ihr so glorreich bestanden habt, ist auch für uns, Eure Brüder, bestanden worden. Wir wissen, daß Ihr auch ferner, wie bisher, fortfahren werdet in Eueren Bestrebungen und daß Ihr dem übrigen Deutschland voranleuchten werdet durch Mannesmut und Energie.

Wir senden Euch 5 unserer Freunde, um Euch unsere ungeteilte Hochachtung und unsere innige Dankbarkeit für Eure Verdienste um die Freiheit auszudrücken.*

Robert Blum (geboren 1807 in Köln) war die bedeutendste Persönlichkeit der Linken in der Frankfurter Nationalversammlung. Von Beruf Gießer, später als Theaterdiener arbeitend, hatte er sich durch großen Fleiß politische und literarische Bildung angeeignet. Frühzeitig publizierte und arbeitete er unermüdlich für den demokratischen Fortschritt. Durch sein Wirken wurde er innerhalb des letzten Jahrzehnts vor Ausbruch der Achtundvierziger Revolution zu einem der

* Zu diesem Zeitpunkt weilte auch der Wiener Donnersberg-Abgeordnete Joseph Gritzner in Wien.

bekanntesten Demokraten in Deutschland. Bei den Wahlen für die Nationalversammlung im Frühjahr 1848 konnte er daher die Stimmenmehrheit gleich in mehreren Wahlkreisen auf sich vereinigen.

Sein anfangs in Frankfurt vertretenes politisches Konzept, das sich einseitig auf den parlamentarischen Kampf orientierte und ihn häufig zu Kompromissen mit den Liberalen bewog, korrigierte er im Laufe der Zeit. Nachdem er erkannt hat, daß sich die Linke vor allem an das Volk halten muß, wenn für die Revolution etwas erreicht werden soll, ist er im Oktober entschlossen, seinen Fraktionskollegen mit persönlichem Beispiel voranzugehen.

Am Morgen des 13. Oktober tritt die Delegation ihre Reise mit der Eisenbahn nach Wien an. Sie führt über Leipzig, Dresden und Breslau. Als die Abgeordneten am 17. Oktober in der Donaumetropole ankommen, steht diese Stadt noch ganz im Zeichen der Auseinandersetzungen. Die revolutionären Kräfte sitzen im Wiener Gemeinderat und verfügen mit der Akademischen Legion und der Mobilgarde über Streitkräfte, die sich zum Kampf gegen die vor der Stadt zusammengezogenen konterrevolutionären Truppen rüsten. Revolutionäre Begeisterung erfüllt die kämpfenden Arbeiter, Handwerker und Studenten. Windischgrätz und Jellačić, die kaiserlichen Feldmarschälle, sollen nur kommen – so erklären sie. Dieser Elan überträgt sich auch auf die Delegierten der Frankfurter Linken. Moritz Hartmann verfaßt einen Aufruf an die Wiener Bevölkerung. «Wir ..., die wir gesandt sind, Euch den Brudergruß und die heißen Segenswünsche von vielen Tausenden zu überbringen, ... wir preisen uns glücklich, in diesem verhängnisvollen Augenblick in Eurer Mitte zu weilen und, wenn es das Schicksal will, Eure Gefahr zu teilen, mit Euch zu stehen und zu fallen.»[6]

Blum und seine Freunde sind entschlossen, so schnell wie möglich Kontakt zu den Führern der Revolution aufzunehmen. Noch am Ankunftstag hält Blum eine Rede vor dem Wiener Studentenausschuß. Die Vertreter der Studenten, von denen viele bereits Waffen tragen, empfangen ihn mit großem Beifall. Die Wiener Bevölkerung, so erklärt Blum, steht mit ihrem Kampf nicht allein. Ganz Deutschland und auch die Linke in Frankfurt seien auf ihrer Seite.

Sitzung der Nationalversammlung in der Paulskirche
Zeitgenössischer Stich

Sitz der provisorischen Zentralgewalt –
das Thurn- und Taxissche Palais in der Eschenheimer Gasse
Nach der «Illustrierten Zeitung», 1848

Fackelzug von österreichischem, bayerischem und Frankfurter Militär zu Ehren des Reichsverwesers Nach der «Illustrierten Zeitung», 1848

Frankfurter Septemberaufstand –
Der Abgeordneten Adolf Rösler sucht zwischen
den Barrikadenkämpfern

und den angreifenden Truppen zu vermitteln,
18. September 1848
Nach der «Illustrierten Zeitung», 1848

Bildung der Akademischen Legion in Wien, 13./14. März 1848
Stich nach einer Radierung von Rudolf Swoboda (d. Ä.)

Wiener Oktoberaufstand – Kampf in der Jägerzeile, 28. Oktober 1848. Nach der «Illustrierten Chronik 1849»

Barrikadenkampf in Frankfurt
Nach einer Buchillustration, 1893

Blum, der noch im September in Frankfurt vor dem bewaffneten Kampf gegen die Reaktion zurückgeschreckt war, fordert jetzt Waffen! Diesmal wollen die Parlamentarier das Volk nicht allein lassen. Die Studenten sind von seinen Worten begeistert. Sie überreichen ihm ein Schwert als Symbol der geeinten Kampfentschlossenheit.

Am 23. Oktober spricht Robert Blum auf einer Volksversammlung in der Aula, dem wichtigsten Versammlungsort der Wiener Revolutionäre. Er hat einen großen Kalabreserhut auf dem Kopf und trägt das Schwert, welches ihm die Studenten überreicht hatten. Aber er ist nicht nur seinem Äußeren nach ein Wiener Revolutionär geworden. Blum schlägt einen noch entschiedeneren Ton an als am 17. Oktober. Die Revolution, so verlangt er, dürfe sich nicht nur gegen den äußeren, sie müsse sich auch gegen den inneren Feind richten, gegen jene Teile der Bourgeoisie, die mit der Konterrevolution zusammenarbeiten. «In unserer Mitte», erklärt er, «soll noch eine Partei leben, die unseren Feinden, den Feinden der Freiheit den Sieg wünscht – ich kann es nicht glauben; wenn es aber wahr sein sollte, wenn sie es wagen sollte, sich offen zu erheben, um uns zu veruneinigen, zu schwächen, dann müßten wir sie vernichten.»[7]

Am 25. Oktober treten Robert Blum und Julius Fröbel, ein Neffe des bekannten Pädagogen Friedrich Fröbel, in das Elitekorps ein. Beide werden Kompanieführer. Moritz Hartmann, ein deutsch-böhmischer Dichter aus Leitmeritz, schließt sich derselben Einheit an. Joseph Gritzner ist Oberst in der revolutionären Mobilgarde.

Die Lage in Wien spitzt sich bedrohlich zu. Die konterrevolutionären Armeen des kaiserlichen Feldmarschalls Windischgrätz und des Kroatenführers Banus Josip von Jellačić haben die Stadt eingeschlossen. Wien ist, wie einst im Jahre 1683 durch die Türken, erneut von einer überlegenen Streitmacht bedroht. Auch diesmal eilt ein Entsatzheer zu Hilfe, aber die ungarische Revolutionsarmee wird von den kaiserlichen Truppen zurückgeschlagen, bevor sie die Stadt erreichen kann. Am 26. Oktober beginnen Windischgrätz und Jellačić mit 70 000 Mann den Sturm auf Wien. Die revolutionären Arbeiter und Studenten wehren sich verzweifelt, stehen aber auf verlorenem Posten. Blum, Fröbel, Hartmann und Gritzner kämpfen mit ihnen. Blum verteidigt mit seiner Kompanie anfangs die Sophienbrücke am Donaukanal, im Osten der Stadt, später ist er bei Nußdorf eingesetzt.

Während sich die revolutionären Streitkräfte am Abend des 28. Oktober aufzulösen beginnen, legen Blum und Fröbel ihre Kommandos nieder. Sie begeben sich in ihr Hotel, wo sie sich vorläufig sicher fühlen können, denn der Wirt ist ihnen gewogen. Aber man kann sich nicht auf die Straßen wagen. Der Aufstand ist inzwischen niedergeschlagen worden. Kaiserliche Soldaten machen auf Revolutionäre Jagd. Sie üben Rache an jedem, der sich revolutionärer Sympathien nur verdächtig macht. Blum und Fröbel sind unschlüssig, wie sie sich weiter verhalten sollen. Ist es besser, Wien zu verlassen? Müssen auch sie die Rache der Sieger fürchten? Sie vertrauen auf ihre Immunität als Parlamentsabgeordnete.

Am Morgen des 4. November verschafft sich ein kaiserlicher Hauptmann mit mehreren Soldaten Einlaß im Hotel «Stadt London». Der Wirt versucht, Blum und Fröbel in letzter Minute zu warnen. Aber es ist zu spät. Die beiden Abgeordneten werden ins sogenannte Stabsstockhaus gebracht. Ihre Haftbedingungen sind relativ gut. Fröbel wird nach wenigen Tagen auf freien Fuß gesetzt. Ihm hält man zugute, daß er in seiner Broschüre «Wien, Deutschland und Europa» einige Zeit zuvor gefordert hatte, das ganze Österreich (mit seinen außerdeutschen Besitzungen) müsse mit Deutschland verbunden bleiben. An Blum jedoch will die Reaktion ein Exempel statuieren, wie der österreichische General und spätere Ministerpräsident Felix Fürst zu Schwarzenberg in einem Brief an seinen Schwager, den Feldmarschall Windischgrätz, zum Ausdruck bringt: «Blum bleibt Dir zur freiesten Disposition und verdient alles.»[8]

Am Abend des 8. November wird Robert Blum vor ein Standgericht gestellt. Zwei Stunden lang wird er verhört, dann in seine Zelle zurückgebracht. Am 9. November, morgens um fünf Uhr, eröffnet man ihm das Urteil. Er ist wegen seiner Teilnahme am Wiener Oktoberaufstand zum Tode durch den Strang verurteilt. In Ermangelung eines «Freimannes», eines Henkers also, soll das Urteil «nur» durch Erschießen vollstreckt werden. Um sechs Uhr steht ein Wagen vor dem Gefängnis, der Robert Blum zusammen mit einem katholischen Geistlichen in die am Donaukanal gelegene Brigittenau bringt. Hier, beim Jägerhause, ist er, mutig und gefaßt bis zu seinem letzten Atemzug, am 9. November um halb acht Uhr von einem neunköpfigen Kommando erschossen worden.

Moritz Hartmann

Zu Ehren der Gefallenen des Wiener Oktoberaufstandes

Friede den Schlummerern!
Heil den Gestorbenen,
Die in der Erde ruhn,
Die der erworbenen
Freiheit sich freuen nun.
Friede den Schlummerern!

Weh den Eidbrüchigen!
Schamlos ertödten sie
Alles was heilig heißt,
Und nicht erröthen sie
Vor der Geschichte Geist.
Weh den Eidbrüchigen!

Wehe den Mördern!
Segen ausstreuten sie
Für die Geschlachteten –
Flüche erneuten sie
Sich, den Verachteten!
Wehe den Mördern!

Der Racheakt der Konterrevolution galt gleichermaßen dem revolutionären Kämpfer und dem demokratischen Volksvertreter. Das deutsche Volk beklagte den Tod eines aufrechten Demokraten, der nicht nur ein fortschrittlicher Parlamentarier war, sondern als Revolutionär zu handeln verstand. Überall spendete die Bevölkerung für die Hinterbliebenen. Vielerorts wurden Fahnen auf Halbmast gesetzt. Auch die Linke in der Paulskirche war tief erschüttert. Moritz Hartmann, der Seite an Seite mit Robert Blum in Wien gekämpft hatte, verfaßte ein eindrucksvolles Gedicht zu Ehren der Toten des Wiener Oktoberaufstandes.

In immer neuen Interpellationen drängte die Linke das Parlament, gegen die Schuldigen am Tode Robert Blums vorzugehen. Aber die Liberalen waren der Meinung, nicht der Revolutionär, sondern höchstens der Parlamentarier Blum verdiente ihr Mitgefühl, weil ein Angriff auf letzteren einem Angriff auf die Paulskirche gleichkomme.

Der Casinoabgeordnete Ysaac Brons, ein Kaufmann aus Emden, schrieb: «Den Menschen Robert Blum beklagen wir nicht ..., für das Reichstagsmitglied müssen wir versuchen aufzutreten ...»[9]

Diese Worte sprechen für sich selbst. Die Paulskirchenversammlung beschränkte sich auf einen zahmen Protest. Sie verwahrte sich gegen die Verhaftung und Tötung Blums und verlangte, die Schuldtragenden zur Verantwortung zu ziehen. Zwei Reichskommissare sollten ihrem Anliegen Nachdruck verschaffen. Aber sie wurden in Wien wie Schuljungen behandelt und kehrten unverrichteterdinge wieder zurück. Der «maßvolle» Protest der Paulskirche schreckte weder die österreichische Regierung, noch machte er anderwärts in Deutschland, wo sich die Reaktion zum Kampf gegen das Volk rüstete, Eindruck.

Revolutionäre Auseinandersetzungen in Berlin — Signale für Frankfurt

Neben Wien war Berlin im Herbst 1848 der wichtigste Brennpunkt des revolutionären Geschehens. Die Ereignisse in Preußen erlangten sogar maßgebende Bedeutung für die weitere Entwicklung der Revolution in Deutschland. Der Sieg der Arbeiter, Handwerker und Studenten in den Märztagen 1848 hatte die Niederlage des absolutistischen Systems «von Gottes Gnaden» in Deutschland besiegelt. Vielleicht konnte die Krise, die seit den Sommermonaten in Berlin zwischen Volksbewegung und Parlament auf der einen sowie Krone und Regierung auf der anderen Seite schwelte, im Herbst einen neuen Aufschwung für die demokratischen Kräfte bringen.

Auch die Linke in der Frankfurter Nationalversammlung setzte deshalb Hoffnungen auf die Berliner Demokraten. In der Frankfurter Nationalversammlung nahm sie jetzt eine zunehmend isolierte Position ein. Entschlossen, den parlamentarischen Weg nicht zu verlassen, erwogen eine Reihe demokratischer Abgeordneter, enger mit der Linken in der Preußischen Konstituierenden Versammlung zusammenzugehen und gemeinsam ein neues Parlament der kleinbürgerlich-demokratischen Linken zu bilden, ein «Gegenparlament» über die Grenzen der deutschen Länder hinweg.

In der Linken der Berliner Versammlung, die über eine stärkere parlamentarische Position als die Paulskirchenopposition verfügte, gab es ähnliche Vorstellungen. Immerhin befand auch sie sich in der Minderheit. Abgeordnete beider Parlamente hatten bereits in Wittenberg, Frankfurt am Main und Berlin miteinander verhandelt und Einigkeit erzielt. Für Ende Oktober beriefen sie ein Parlament der Opposition, ein deutsches «Gegenparlament» nach Berlin ein. Auch oppositionelle Parlamentarier aus anderen deutschen Landtagen, die ganze deutsche «Kammerlinke», sollte vertreten sein und über wirksame Maßnahmen zur Unterstützung der demokratischen Bewegung mit parlamentarischen Mitteln beraten.

Am 27. Oktober begann in Berlin das «Gegenparlament» seine Beratungen. Eine Repräsentation der gesamten deutschen «Kammerlinken» war allerdings nicht zustande gekommen, immerhin aber hatten die beiden wichtigsten deutschen Parlamente ihre Vertreter entsandt, ebenso die Landtage einiger Kleinstaaten. Die Linke der Paulskirche war mit prominenten Abgeordneten präsent, wie Ludwig Simon und Wilhelm Adolf von Trützschler. Auch der radikale Demokrat Friedrich Schlöffel befand sich unter den Anwesenden. Franz Zitz nahm ebenfalls teil, obwohl sich die hessischen Behörden geweigert hatten, ihm einen Paß auszustellen.

Die dringlichste Aufgabe der demokratischen Bewegung in Deutschland war in den letzten Oktobertagen die Unterstützung des revolutionären Wien. Die Abgesandten der Paulskirchenopposition traten entschieden dafür ein, ohne lange Debatten wirksame Maßnahmen zu beschließen. Wenn für die Wiener überhaupt noch etwas getan werden könne, so sei höchste Eile geboten. In zwei wichtigen Punkten einigte sich die Versammlung: Sie erklärte die Sache Wiens zu der ihrigen; sie forderte das deutsche Volk auf, durch Taten zur Rettung der Revolution beizutragen, sei es durch militärischen Zuzug, sei es durch finanzielle Spenden. Da erschienen jedoch zwei bekannte und angesehene Vertreter der Berliner Linken, um einen Beschluß des Gegenparlaments zugunsten Wiens zu verhindern. Franz Leo Waldeck, ein 46jähriger aus Westfalen stammender Gerichtsbeamter, und sein Landsmann Jodocus Temme waren direkt von der Parlamentssitzung im Schauspielhaus ins «Gegenparlament» geeilt und behaupteten nun, in der preußischen Nationalversammlung habe sich die Lage zugunsten der Linken gewandelt, die im Begriffe sei, von der Minderheit zur Mehrheit zu werden. Eine öffentliche Parteinahme für die Wiener Revolution könne jedoch dem nunmehr gewonnenen parlamentarischen Einfluß der Linken abträglich sein. Damit zogen sie die anwesenden Berliner Vertreter auf ihre Seite, und ein Beschluß zugunsten Wiens kam nicht zustande. Auch das Berliner «Gegenparlament» war damit gescheitert. Die Volksvertreter kehrten in ihre Parlamente zurück und nahmen dort wieder ihre verwaisten Sitze ein.

Dennoch begrub die Frankfurter Linke nicht ihre Hoffnungen, die sie auf die preußischen Demokraten gesetzt hatte. Die revolutionären Berliner Arbeiter und Studenten drängten dort das Parlament weiterhin zu revolutionären Beschlüssen; der König aber drohte mit dem Einmarsch seiner Truppen. Noch lavierte der gemäßigt-konservative preußische Ministerpräsident Ernst von Pfuel zwischen König und Parlament. Am 31. Oktober versammelten sich Tausende von Menschen vor dem Schauspielhaus am Gendarmenmarkt, der Tagungsstätte der preußischen Nationlversammlung. Einhellig forderte die Menge, das Parlament müsse sich für die tatkräftigste Unterstützung der Wiener Aufständischen einsetzen. Nach erregter Debatte sprach sich die preußische Nationalversammlung schließlich für energische Schritte zur Wahrung der Volksfreiheit in Wien aus. Selbst Pfuel stimmte nach anfänglichem Zögern zu. Dies bot dem König einen Anlaß, mit Parlament und Regierung zu brechen.

Er berief einen neuen Ministerpräsidenten, den 56jährigen stockkonservativen preußischen General Friedrich Wilhelm Graf von Brandenburg. Diesen, einen illegitimen Sohn Friedrich Wilhelms II., hatte der preußische Monarch ausersehen, das Parlament streng zu zügeln und vor allem die Berliner Volksbewegung wieder unter die Knute zu zwingen. Die Nationalversammlung protestierte. Auf Volksversammlungen, auf Zusammenkünften der Bürgerwehr und der Landwehrmänner wurde dem neuen Ministerium das Mißtrauen ausgesprochen. Der König aber ließ zugleich erklären, Graf Brandenburg werde sich der Förderung der konstitutionellen Freiheiten widmen und auf diese Weise auch das Vertrauen des Landes erwerben.

Am 9. November erschien der neue Ministerpräsident vor dem Parlament. In herablassender Weise erklärte er den Abgeordneten, daß die Versammlung aufgelöst sei und sich erst am 27. November in dem märkischen Landstädtchen Brandenburg zusammenfinden dürfe. Die Maßnahme richtete sich gleichermaßen gegen das Parlament wie gegen die revolutionäre Bewegung, denn die Mehrheit der preußischen Nationalversammlung hatte sich häufig auf die Seite des Volkes gestellt. War dieses Parlament ausgeschaltet, so war die Gefahr eines reaktionären Rückschlages in Preußen sehr nahe gerückt.

Auch die gemäßigten Liberalen der Frankfurter Nationalversammlung erkannten die Signalwirkung der Berliner Ereignisse. Ihnen schien Eile geboten, um mit der preußischen Regierung ins Gespräch zu kommen, hatten doch ihre Pläne kaum noch Aussicht auf Erfolg, wenn in Preußen die Reaktion wieder fest im Sattel saß. Nur solange die Macht der Krone noch nicht gefestigt war, konnten die Gagern-Liberalen überhaupt hoffen, diese zur Zusammenarbeit mit der Paulskirche zu bewegen.

Am 6. November beauftragte die Reichsregierung Friedrich Bassermann damit, in Preußen zwischen König und Nationalversammlung zu vermitteln und gleichzeitig den Verfassungsplänen der Liberalen bei Friedrich Wilhelm IV. Gehör zu verschaffen.

Bassermann, ein 37 Jahre alter Verlagsbuchhändler, fungierte als Unterstaatssekretär im Innenministerium und übernahm 1848/49 mehrfach diplomatische Missionen. Bassermann fürchtete die Reaktion nicht so sehr wie die Revolution. Als er am 7. November nach Berlin reiste, erblickte er dort auf den Straßen, wie er später vor der Frankfurter Nationalversammlung berichtete, «höchst verdächtige Personen», welche als die berühmten «Bassermannschen Gestalten» in die Überlieferung eingingen. Obwohl er mehr auf seiten des Königs und seiner Regierung als auf seiten der preußischen Nationalversammlung stand, begegnete man ihm im königlichen Schloß, wo hohe Militärs schon wieder äußerst selbstbewußt umhereilten, mit scheelen Blicken und behandelte den Frankfurter Parlamentarier als ungebetenen Gast. Graf Brandenburg und seine Minister bedeuteten ihm, man werde gut allein mit der Krise fertig. Und, so fügten sie hinzu, es gäbe für die preußische Regierung augenblicklich Wichtigeres zu tun als sich den Kopf über die künftige Führung in Deutschland und ihre Beziehungen zur Paulskirchenversammlung zu zerbrechen. Enttäuscht mußte Bassermann nach Frankfurt berichten, daß das Ministerium Brandenburg «weder Aufforderung, noch Hilfe»[10] verlange. Die Reichsregierung stellte sich jedoch taub und forderte Bassermann am 12. November erneut auf, zwischen Reaktion und Anarchie zu vermitteln. Da dieser sich jedoch vom ersten Tage seiner Mission an in Berlin überflüssig gefühlt hatte, reiste er am 14. November zurück.

Inzwischen setzte die Frankfurter Nationalversammlung ihre Beratungen fort. Für mehr als zwei Monate (vom 6. November 1848 bis zum 9. Januar 1849) hatte das Parlament seine Sitzungen in die deutsch-reformierte Kirche am Großen Kornmarkt, nicht weit vom Paulsplatz entfernt, verlegen müssen, da in der Paulskirche eine Heizung eingebaut wurde. Mehrere prominente linksstehende Abgeordnete, wie der Breslauer Jurist Heinrich Simon, hatten die Berliner Geschehnisse hier zur Sprache gebracht. Mit Rücksicht auf die internen Gespräche Bassermanns bremsten die Liberalen anfangs die parlamentarische Diskussion. So meinte am 13. November der liberale Universitätsprofessor Georg Beseler aus Greifswald, man solle nichts überstürzen, außerdem müßten erst schriftliche Unterlagen vorbereitet werden. Schließlich erklärten sie sich aber doch mit einer Debatte einverstanden, denn das brutale Vorgehen der preußischen Regierung gegenüber der Berliner Nationalversammlung schreckte selbst die meisten Liberalen. Was heute den preußischen Volksvertretern widerfuhr, das, so sagten sich manche, konnte ihnen morgen selbst geschehen. Einen Ministerpräsidenten Brandenburg, der gegen das Parlament regierte, und einen General Wrangel, der vom Volke gewählte Abgeordnete mit Gewalt vertrieb, lehnten sie als unvereinbar mit dem bürgerlichen Konstitutionalismus ab.

Geleitet von der Furcht vor der Revolution setzten sie am 14. November folgenden Beschluß durch: Die Verlegung der preußischen Nationalversammlung sollte zurückgenommen werden, sobald die «Würde und Freiheit ihrer Beratungen» sichergestellt seien. Außerdem müßte ein preußisches Ministerium berufen werden, dem das Land Vertrauen schenkte. Hermann von Beckerath, der Krefelder Bankier und Reichsfinanzminister, formulierte noch einmal den Anspruch der Paulskirche, zwischen Krone und Volk in Preußen zu vermitteln. Aber einen Weg zwischen Krone und Volk gab es nicht mehr, diese Erfahrung mußte nicht nur das Frankfurter, sondern auch das Berliner Parlament machen.

Die preußische Nationalversammlung leistete der Konterrevolution lediglich passiven Widerstand. Sie beschloß, ihre Sitzungen fortzusetzen, lehnte es jedoch ab, sich unter den Schutz des Volkes zu begeben. Die Regierung traf indessen Vorkehrungen, um diesen passiven Widerstand mit Gewalt zu brechen.

Am 10. November marschierte Wrangel mit etwa 40 000 Soldaten in Berlin ein. Der General ließ das Schauspielhaus absperren und erklärte, bleiben zu wollen, bis die Abgeordneten den Sitzungssaal geräumt hätten. Danach besetzten Soldaten die Tagungsstätte, um die weitere Arbeit des Parlamentes in Berlin zu unterbinden. Die Mehrzahl der Abgeordneten führte die Beratungen jedoch im Schützenhaus und anderen Berliner Lokalitäten weiter. Am 12. November wurde der Belagerungszustand verkündet. Die Nationalversammlung ging auch jetzt nicht zum aktiven Widerstand über, dennoch traf sie eine wirkungsvolle Maßnahme. Vom Köllnischen Rathaus aus, wohin sie sich geflüchtet hatte, rief sie die preußische Bevölkerung am 14. November auf, keine Steuern mehr an die Regierung zu zahlen. Die Steuerverweigerung war der Versuch, die Bourgeoisie, die ganze Bevölkerung zum Widerstand gegen die Regierung Brandenburg zu ermuntern und diese auf gesetzlichem Wege zum Rücktritt, wenigstens aber zur Zurücknahme der Auflösungsorder zu bewegen. Sie zeigte, daß es möglich war, auch mit legalen Mitteln scharfen Druck auf eine reaktionäre Regierung auszuüben.

Da vielen Paulskirchenliberalen weiterhin an einer Vermittlerrolle in Berlin lag und ihnen die Steuerverweigerung eine offene Rebellion schien, verurteilten sie die Maßnahme. Der Beschluß der Steuerverweigerung, so formulierte die preußenfreundliche «Deutsche Zeitung», wolle «den Schlund der Revolution wieder öffnen».[11] Deshalb wünschten die Parteigänger Preußens in der Paulskirche eine deutliche parlamentarische Stellungnahme gegen die Steuerverweigerer. Der westfälische Landrat Georg von Vincke von der äußersten Rechten forderte, an die Nationalversammlung gewandt, am 20. November: «Wollen Sie die Steuerverweigerung der Berliner Versammlung nicht mißbilligen, so werden Sie den preußischen Staat umstürzen, und welche Folgen das haben wird, werden Sie selbst erwägen.»[12]

Noch am gleichen Tage kam ein entsprechender Beschluß zustande, die Nationalversammlung erklärte mit 275 gegen 150 Stimmen «den auf Suspension der Steuererhebung gerichteten, offenbar rechtswidrigen, die Staatsgesellschaft gefährdenden Beschluß der in Berlin zurückgebliebenen Versammlung ausdrücklich für null und nichtig».[13] Die «Neue Rheinische Zeitung» kommentierte zwei Tage später knapp und in aller Schärfe: «Der Beschluß von vorgestern hat das Frankfurter Parlament vernichtet.» Und, mit Bezug auf den Niedergang, den die Paulskirchenversammlung in den letzten Wochen und Monaten erlebt hatte: «Frankfurt ist nach Berlin, Berlin nach Frankfurt hinübergesiedelt.»[14]

Der Beschluß vom 20. November war in der Tat blamabel, zeigte er doch, wie wenig die Paulskirchenversammlung die Nutzung selbst nur legaler Mittel zum Schutze des Parlamentarismus vor der Konterrevolution tolerierte. Ludwig Simon hatte sich vehement für die Belange der Berliner Volksvertreter eingesetzt. «Wir wollen nun einmal sehen, ob die Könige von Gottes Gnaden kommen. Ich hoffe, das Volk wird sie eines besseren belehren. Wenn das Volk keine Steuern mehr zahlt, so mögen die Könige von Gottes Gnaden sich die Mittel für ihre Existenz und die des Hofes da nehmen, von wo sie herzukommen behaupten.»[15]

Gemeinsam mit Vertretern des linken Zentrums, meist aus nichtpreußischen Gebieten, war die Linke am 20. November wieder in der Minderheit geblieben. Auf den Zusammenkünften in ihren Frankfurter Parteilokalen im November stellte sich erneut die Frage nach ihrer parlamentarischen Zukunft. Die Niederlagen der vergangenen Monate hatten gezeigt, daß es für sie in der Paulskirche noch schwerer geworden war, ihre demokratischen Vorstellungen durchzusetzen. In Konflikten zwischen Volk und Regierung neigte die Parlamentsmehrheit häufiger als vordem dazu, sich auf die Seite der letzteren zu stellen. Auch war deutlich geworden, daß die entscheidenden Schlachten der zweiten Revolution in Deutschland nicht auf parlamentarischer Ebene, sondern in den Zentren der revolutionären Bewegung geschlagen wurden.

Deshalb mußte die Linke vor allem ihre außerparlamentarische Basis stärken, sie brauchte eine außerparlamentarische Organisation. Wäre es nicht besser, meldeten sich die gemäßigten Linken zu Wort, so der Düsseldorfer Rechtsanwalt Hugo Wesendonck, man gehe mit den Linksliberalen zusammen? Davon rieten konsequente Vertreter der Linken, wie der Schlesier Friedrich Wilhelm Schlöffel, mit Entschiedenheit ab, denn die Linksliberalen seien unzuverlässig, ihnen dürfe man keine Zugeständnisse machen. Die Basis der Linken liege bei den revolutionären Kräften des Volkes, mit ihnen müsse deshalb die Zusammenarbeit verbessert werden. Sie konnten sich jedoch nicht durchsetzen.

So wurde auf Initiative der Linken in der Paulskirche Ende November 1848 die Märzvereinsbewegung gegründet. In Frankfurt konstituierte sich am 23. November das Führungsorgan, der Zentralmärzverein. Von Frankfurt ausgehend, breiteten sich die Märzvereine über große Teile Deutschlands aus. Drei namhafte Paulskirchenparlamentarier bildeten den Vorstand: der konsequent eingestellte Führer der äußersten Linken Wilhelm Adolf von Trützschler, der gemäßigte kleinbürgerliche Demokrat Franz Raveaux und der Nürnberger Linksliberale Gottfried Eisenmann.

In Bayern erklärten die fränkischen Vereine für Volksfreiheit ihren Eintritt in die Märzvereinsbewegung. In Sachsen vollzogen die Vaterlandsvereine den gleichen Schritt. Auch die schleswig-holsteinischen Volksvereine traten der Bewegung bei. Ende März 1849 gehörten dem Zentralmärzverein 950 demokratische Vereine mit mehr als 500 000 Mitgliedern an.

Die Märzvereine waren eine Massenorganisation. Überwiegend gehörten ihnen gemäßigte kleinbürgerliche Demokraten an, die der Demokratie mit parlamentarischen Mitteln zum Siege verhelfen wollten. Die zahlreichen linksliberalen Mitglieder vertraten ebenfalls den Parlamentarismus, viele von ihnen konnten sich aber nicht klar zwischen Republik und Monarchie entscheiden.

Mit der Märzvereinsbewegung verfügten die Linkskräfte in der Paulskirchenversammlung jetzt über mehr Rückhalt in der Öffentlichkeit. Die Märzvereine sprachen sich für die Sicherung der Märzerrungenschaften aus. Sie wollten konterrevolutionären Bestrebungen entgegentreten, vertrauten allerdings ausschließlich auf legale Mittel. Dies war jedoch ein Fehler. Parlament und Presse waren zwar wichtige Mittel der politischen Arbeit, aber wenn die Konterrevolution erst marschierte, konnte sie nicht mehr mit gesetzlichen Mitteln allein zum Stehen gebracht werden.

Schließlich einigten sich die Märzvereine nicht darüber – typisch für eine Koalition von Linksliberalen und Demokraten –, welche Staatsform das künftige Deutschland besitzen sollte. Während die Linke einmütig für die Republik eintrat, neigten die meisten Linksliberalen stärker zur konstitutionellen Monarchie. So ließen die Märzvereine diese wichtige programmatische Frage erst einmal offen.

Das außerparlamentarische Geschehen bewegte Ende November 1848 auch die übrigen Fraktionen in der Paulskirche noch immer stärker als der eigentliche Parlamentsbetrieb mit den zeitraubenden Verfassungsdebatten. Vor allem die Liberalen verfolgten die Ereignisse in Berlin nach wie vor mit Besorgnis. Nach dem Mißerfolg Bassermanns sollten zwei neuernannte Reichskommissare, Parlamentsvizepräsident Eduard Simson und der hessen-nassauische Ministerpräsident August Hergenhahn (beide Casino) dessen Mission fortsetzen.

Im Thurn- und Taxisschen Palais, dem Sitz der Reichsregierung, löste dieser neuerliche Vorstoß nach Preußen jedoch Streit aus. Der Österreicher Schmerling, der das Kollegium der Reichsminister leitete, galt als scharfer Gegner Kleindeutschlands und Vertreter des Grundsatzes, Österreich müsse, wie vor 1848, wieder an die Spitze Deutschlands treten, allerdings dürfe der außerdeutsche Besitz Österreichs nicht dem künftigen Bundesstaate angehören. Im Ministerrat wurde Schmerling jedoch von den Anhängern Preußens überstimmt, ein sicheres Zeichen dafür, daß sein Stern im Sinken begriffen war.

Simson und Hergenhahn reisten am 18. November nach Berlin ab. Beide galten ebenso wie Bassermann als renommierte Politiker. Simson, ein bekannter Königsberger Jurist und Universitätsprofessor von 38 Jahren, besaß politische Befähigung und Verhandlungsgeschick. Der 44jährige Hergenhahn, ebenfalls Jurist, hatte bereits hohe politische Ämter bekleidet. Er war unter anderem Präsident des nassauischen Landtages gewesen und im April 1848 zum Ministerpräsidenten des Herzogtums Nassau ernannt worden.

Aber Berlin bereitete auch diesen Frankfurter Abgesandten einen ungastlichen Empfang. Der preußische Ministerpräsident Graf Brandenburg erklärte ihnen nämlich unverblümt, man beabsichtige, die preußische Nationalversammlung gänzlich aufzulösen. Eventuell werde man auch dem preußischen Volke eine Verfassung oktroyieren, das heißt ohne parlamentarische Diskussion aufzwingen. Daraufhin betrachteten Simson und Hergenhahn ihre Aufgabe als überflüssig und reisten einen Tag später bereits wieder ab. Simson berichtete am 23. November in Frankfurt, man habe nichts erreicht, solle aber dennoch nicht aufgeben. Die liberalen Anhänger Preußens in der Frankfurter Nationalversammlung beschlossen, einen letzten Versuch zu wagen. Ihr bester Mann, nämlich Heinrich von Gagern selbst, sollte nach Berlin fahren, um seinem Programm und seinen Vermittlungsvorschlägen Gehör zu verschaffen.

Am Morgen des 24. November reist er gemeinsam mit Simson über Köln und Hannover in die preußische Hauptstadt. Im Zug hat er eine wichtige Begegnung. Er trifft mit Georg von Vincke, dem Führer der äußersten Rechten der Paulskirche, zusammen. Dieser soll, so hat Gagern in letzter Minute erfahren, vom preußischen König ausersehen worden sein, an die Stelle Brandenburgs zu treten. Der ruhige, beherrschte Gagern und der impulsive Vincke wirkten nicht nur äußerlich verschieden. Vincke ging es in erster Linie um die Macht und das Ansehen Preußens, er war ein Großpreuße. Gagern, ein Kleindeutscher, wünschte, daß Preußen, ehe es an die Spitze Deutschlands trete, mit gutem Beispiel vorangehe und selbst ein fortschrittlicher bürgerlicher Staat werde.

Diese ursprüngliche Auffassung hat Heinrich von Gagern inzwischen etwas modifiziert; er ist bescheiden geworden. Er zeigt sich jetzt bereit, das kleinere Übel zu wählen und sich mit der Ersetzung des stockkonservativen Ministerpräsidenten Brandenburg durch den gemäßigten Konservativen Vincke einverstanden zu erklären. Er meint es sogar verantworten zu können, die preußische Nationalversammlung unter den nunmehr obwaltenden Umständen ihrem Schicksal zu überlassen. Die Mehrheit des Berliner Parlamentes, erläutert ihm Vincke im bestimmtesten Tone, sei vom Bazillus der Unbotmäßigkeit infiziert. Daran werde sich voraussichtlich auch dadurch nicht viel ändern, daß die Parlamentarier nach Brandenburg geschickt würden. Er werde dem Volke beweisen, daß es unmöglich sei, mit dieser Versammlung «zusammenzugehen».

Gagern hat erst schweigend zugehört und dann zögernd genickt. Das Schicksal der Berliner Versammlung ist ihm natürlich nicht gleichgültig. Aber er glaubt, dem künftigen Ministerpräsidenten entgegenkommen zu müssen, wenn er Gehör für seine eigenen Verfassungspläne finden will. Etwas weitschweifig und pathetisch, wie es seine Art ist, beginnt Gagern, Vincke seine Ziele zu erläutern: Die Paulskirche müsse und werde möglichst bald den künftigen deutschen Staat schaffen, erst einmal seine Verfassung ausarbeiten. In Österreich sei die Lage immer noch unklar, wahrscheinlich sei die dortige Regierung an einem Bundesstaat mit starker Zentralregierung gar nicht interessiert. Auch gelte deren Aufmerksamkeit viel zu sehr dem außerdeutschen Besitz.

Kurzum – Gagern macht eine bedeutungsvolle Pause –, Preußen gehöre an die Spitze Deutschlands, und dem preußischen König gebühre die Oberhauptswürde im künftigen Bundesstaat. Hiergegen hat wiederum Vincke nichts einzuwenden, zudem ist er, im Unterschied zu Brandenburg, dagegen, derzeit in Preußen eine Verfassung zu oktroyieren. So legt Gagern den Rest seiner Reise in dem Gefühl zurück, der Erfüllung seiner Mission einen Schritt nähergekommen zu sein.

Berlin bringt Heinrich von Gagern allerdings eine Enttäuschung. Zwar empfängt ihn der preußische König bereits am Tage nach seiner Ankunft, nämlich am 26. November, aber von einer Berufung Vinckes ist auf einmal keine Rede mehr. Zudem zeigt der Monarch überhaupt keine Neigung, sich von der Paulskirchenversammlung zum deutschen Kaiser wählen zu lassen. Freilich versteckt er seine Ablehnung, wie es seiner Art entspricht und er es auch später noch so häufig tut, hinter einigen blumigen Phrasen, er gibt jedoch dem Präsidenten der Paulskirchenversammlung keinerlei Zusage. Allerdings läßt er durchblicken, Preußen könne vielleicht auch ohne Handreichung durch die Paulskirche die Einheit Deutschlands schaffen.

Die preußischen Minister, denen Gagern seine Aufwartung macht, geben ihm ebenfalls keine andere Auskunft. So kehrt auch er unverrichteterdinge wieder zurück. Am 3. Dezember steigt der Parlamentspräsident müde und abgespannt auf dem Frankfurter Bahnhof aus dem Eisenbahnwagen, gezeichnet von den Strapazen der Reise und von den in Berlin erlebten Mißerfolgen.

Wenige Tage später trifft eine weitere schlechte Nachricht aus Berlin ein. Am 5. Dezember 1848 hat der preußische König die zuvor aus Berlin vertriebene Nationalversammlung endgültig aufgelöst und dem preußischen Volke eine Verfassung oktroyiert.

Die Paulskirche ist in doppelter Hinsicht brüskiert. Die preußische Regierung hat nicht nur das eigene Parlament übergangen, sie war dem Verfassungswerk des Frankfurter Parlamentes zuvorgekommen. Dennoch halten die Gagern-Liberalen an ihren auf Preußen gerichteten Hoffnungen fest. Die oktroyierte Verfassung, so meinten sie, enthalte immerhin verschiedene Zugeständnisse an die Bourgeoisie. So sollte die zweite Kammer, die preußische Volksvertretung, durch allgemeine Wahlen zustandekommen. Aber das neue Grundgesetz sah beispielsweise auch die Wiedereinführung der Todesstrafe vor. Ferner war dem preußischen König das Recht eingeräumt worden, jedes Gesetz, welches nicht seinen Auffassungen entsprach, zu verhindern. Die gemäßigten Liberalen in der Paulskirche verkündeten jedoch, man könne sich das Regierungssystem in Preußen nicht aussuchen, und da der Weg zur deutschen Einheit nur über Preußen führe, müsse man sich so oder so mit der preußischen Regierung einigen.

Ein weiterer Umstand kam hinzu: In Österreich stand es für die Revolution noch schlimmer als in Preußen. Hier war nach der Niederlage des Oktoberaufstandes der konservative Politiker Felix Fürst zu Schwarzenberg, einer der Hauptschuldigen am Tode Robert Blums, Ministerpräsident geworden. In Kremsier, einem abgelegenen kleinen mährischen Städtchen, weit weg von den Zentren der Revolution, wohin man den österreichischen Reichstag verlegt hatte, verkündete er das Programm der Konterrevolution: Österreich sollte ein mächtiger und von der Revolution gefürchteter Staat werden, der auch die nichtdeutschen Völker wieder unter das Joch der Habsburger zwang.

Dies war gleichzeitig die Absage an einen großdeutschen Bundesstaat mit relativ lockerer Bindung zwischen Gesamtstaat und einzelnen Ländern, wie er vor allem den österreichischen gemäßigten Liberalen um Schmerling vorschwebte. Die Gagern-Liberalen fühlten sich in ihrer Orientierung auf Preußen bestärkt. Und sie gingen nunmehr daran, sogar die Gegner in den eigenen Reihen zu bekämpfen.

Kleindeutsche contra Großdeutsche

Das unbestrittene Haupt der Großdeutschen in der Frankfurter Nationalversammlung war Anton Ritter von Schmerling (1805–1893). Schmerling entstammte einer österreichischen Adelsfamilie, die dem habsburgischen Staat stets treu gedient hatte. Er schlug die juristische Laufbahn ein und trat 1829 ebenfalls in den österreichischen Staatsdienst. Seine Begabung eröffnete ihm den raschen beruflichen Aufstieg. 1842 wurde er zum Rat, 1846 zum Appellationsrat befördert. Schmerling fühlte sich der Habsburgermonarchie eng verbunden, aber er lehnte die reaktionäre Politik des Wiener Staatskanzlers Metternich ab. Ähnlich wie sein kleindeutscher Gegenspieler Gagern war auch Schmerling ein vorsichtiger, liberalen Reformen zugetaner Adliger. Er gehörte zu den einflußreichsten Politikern der Paulskirche und der provisorischen Zentralgewalt.

Schmerling hatte sich während seiner Amtstätigkeit in der Paulskirche viele Feinde gemacht. Wegen seiner arroganten und zynischen Umgangsformen war er in der Nationalversammlung selbst bei seinen Freunden nicht sehr beliebt. Sein drakonisches Vorgehen gegen die revolutionäre Volksbewegung im Frankfurter Septemberaufstand, seine Ablehnung jeder Äußerung von Demokratie brachten ihn darüber hinaus ins Schußfeld der Linken. Auch die Vertreter des linken Zentrums, die Linksliberalen, welche das Paktieren mit der Adelsklasse ablehnten, sahen in ihm den «Schildträger der Reaktion». Aber seine gefährlichsten Gegner erwuchsen ihm in den Dezembertagen 1848 aus den eigenen Reihen, nämlich innerhalb des rechten Zentrums. Für die nimmermüden Fürsprecher Preußens, die Historiker Friedrich Dahlmann und Johann Gustav Droysen, den Professor der Rechte Georg Beseler und natürlich Heinrich von Gagern, war Schmerling, der wichtigste Wortführer der Großdeutschen, ein bedeutendes Hindernis bei der Verwirklichung ihrer Pläne. Sollte ein Kleindeutschland unter der Führung Preußens durch das Werk der Paulskirche erstehen, so mußte ihrer Auffassung nach Schmerling fallen. Anfang Dezember hielten sie die Zeit für gekommen, Schmerling kaltzustellen. Wieder einmal wurde hinter den Kulissen der Paulskirche Politik gemacht. Geschickt spannen die Gegner Schmerlings ihr Netz, auf Abendgesellschaften und bei anderen internen Zusammenkünften.

Am Abend des 7. Dezember versammeln sich etwa 40 in der Mehrzahl Abgeordnete der Zentrumsfraktionen beim Reichsfinanzminister Beckerath. Auch Schmerling ist anwesend. Seine Kontrahenten fühlen vorsichtig vor. Österreich, so erklären sie, habe sich gegen einen großdeutschen Bundesstaat entschieden. Es sei daher an der Zeit, mit Wien Gespräche über die Gestaltung der künftigen *Beziehungen* zwischen Deutschland und Österreich zu führen. Sie raten, Schmerling solle das Außenministerium abgeben und einem für derartige Gespräche geeigneten Politiker übertragen. Schmerling reagiert zunächst geschickt. Auch er sei, so erwidert er, für die Aufnahme von Verhandlungen über die *Verbindungen* zwischen Deutschland und Österreich. Deshalb sehe er vorläufig keine Veranlassung, auf das Außenministerium zu verzichten.

Georg Herwegh

Kein Preußen und kein Österreich

(1848)

Kein Preußen und kein Österreich!
Ein Deutschland! Wie vermessen!
Der Jungfer wurd das Herz so weich,
Sie freut sich wie besessen;
Ein Prinz hat ihr den Hof gemacht
Und beim Dessert an sie gedacht.
Steh auf, Germania.
Dein Bräutigam ist da!

Kein Preußen und kein Österreich!
Und Österreich soll thronen?
Er ist ein Mann – wir sind ihm gleich,
Und wir – sind Millionen.
Und Millionen schwören hoch
Und rufen laut: Kein neues Joch
Und keine Fürsten mehr!
Dem Volk allein die Ehr!

Kein Preußen und kein Österreich!
Was helfen uns die beiden?
Das eine ist schon totenbleich,
Das andre am Verscheiden.

Wir brauchen solche Sonnen nicht
Und folgen unserm eignen Licht,
In unsrer Brust dem Stern;
Wir wollen keinen Herrn.

Kein Preußen und kein Österreich!
Und tränk er ganze Bäche
Auf unser Wohl – o Schelmenstreich!
Das Volk bezahlt die Zeche.
Und Fürstenwein ist teurer Wein,
Drum schenkt uns einen andren ein:
Gut Wind und gut Geschick
Der deutschen Republik!

Kein Preußen und kein Österreich!
Dem Wort soll recht verbleiben.
Und geht's uns schief, so wolln wir gleich
Durch Thurn und Taxis schreiben.
Indes, Herr Johann ohne Land,
Verzeiht der Deutschen Unverstand
Und denkt beim nächsten Glas:
In vino veritas!

Zwischen den Kleindeutschen und den Großdeutschen beginnt ein Streit um Worte – Beziehungen oder Verbindungen zwischen Deutschland und Österreich –, bei dem es in Wirklichkeit jedoch um viel mehr geht. Die Kleindeutschen sprechen von *Beziehungen*; für sie sind künftig Deutschland und Österreich zwei selbständige, voneinander getrennte Staaten. Schmerling hat den Gedanken noch nicht aufgegeben, daß Österreich, ohne seine außerdeutschen Besitzungen, Teil eines deutschen Gesamtstaates werden könne. Deshalb vermeidet er meist den Begriff Beziehungen und spricht seinerseits am liebsten nur von *Verbindungen*.

Gleichzeitig verfällt Schmerling auf einen anderen Ausweg. Einer Forderung der Kleindeutschen entsprechend, erklärt er, Gagern selbst könne ja in das Reichsministerium eintreten. Vielleicht sei es sogar möglich, ihm die Verhandlungen mit der Wiener Regierung zu übertragen. Nur soll er sich dabei an seine – Schmerlings – Linie halten. Jedenfalls ist dies sein unverrückbares Ziel, auch wenn er es nicht immer in aller Offenheit ausspricht. Mit einem Minister Gagern im Kabinett könne er, so hofft Schmerling, seine angeschlagene Stellung wieder festigen.

«Dienen Sie mit Ihrem Namen nicht einem Manne, mit dessen Popularität er vorbei ist»,[16] schrieb einer der Teilnehmer an der Zusammenkunft bei Beckerath, der Abgeordnete des Württemberger Hofes Friedrich Grumbrecht, am darauffolgenden Tag an Gagern. Es hätte dieser Aufforderung nicht bedurft. Gagern ist zu klug, um sich vor Schmerlings Karren spannen zu lassen. Vorläufig will er es jedoch auch mit jenen Liberalen nicht verderben, die sich noch nicht für großdeutsch oder kleindeutsch entschieden haben. Er lehnt Schmerlings Anerbieten deshalb nicht rundweg ab. Aber, so erklärt er, er könne seine eigenen Grundsätze nicht verleugnen. Ein Eintritt in das Reichsministerium komme nur dann für ihn in Betracht, wenn er an seinem Programm festhalten könne.

Dieses hatte er bereits am 26. Oktober auf der Tribüne der Paulskirche umrissen. Es ging davon aus, daß (Klein-) Deutschland und Österreich hinfort eigene Wege beschritten. Ein engerer (kleindeutscher) Bundesstaat mit Preußen an der Spitze sollte entstehen. Österreich würde all seine außerdeutschen Besitzungen behalten, aber nicht mehr einen Teil des künftigen deutschen Staates bilden. Lediglich ein «weiterer», ein gelockerter Bund sollte beide künftig miteinander verbinden.

Schmerling gibt sein Vorhaben auf. Er bearbeitet jetzt seine Ministerkollegen, ihm die Treue zu halten. Seine Bemühungen sind nicht ohne Erfolg. Noch immer stellt er im Reichsministerium eine Autorität dar. Sein engster Vertrauter im Kabinett ist der 31jährige Wiener Gerichtsbeamte Joseph von Würth, Unterstaatssekretär in dem gleichfalls von Schmerling verwalteten Innenministerium. Auch Friedrich Bassermann, der zweite Unterstaatssekretär in diesem Ressort, und ebenfalls der Unterstaatssekretär Karl Mathy bringen dem Ministerpräsidenten ihre Sympathien entgegen. Andere, wie Finanzminister Hermann von Beckerath, Kriegsminister Eduard von Peucker und Unterstaatssekretär Gustav von Mevissen, ein rheinischer Liberaler, sind für die von Gagern verfolgte Linie. Die Stimmung schwankt zunächst im Ministerrat.

Anders verhält es sich auf den Zusammenkünften der einander nahestehenden Zentrumsfraktionen Casino, Landsberg und Augsburger Hof. Am 13. Dezember nähert sich die Krise ihrem Höhepunkt. Am Abend dieses Tages bringt Regierungsassessor Alexander Schneer aus Breslau in seiner Fraktion, dem Landsberg, ein Mißtrauensvotum ein, dem sich noch am selben Abend auch der gemäßigt-liberale Augsburger Hof anschließt, nachdem sich der Schleswig-Holsteiner Wilhelm Beseler, ein Bruder des Greifswalder Professors Georg Beseler, hier mit beredten Worten für den Antrag eingesetzt hatte.

Ebenfalls am Abend dieses Tages, um acht Uhr, fällt die Entscheidung im Kabinett: Die Mehrheit ist für die Trennung Deutschlands und Österreichs. Im Verlaufe des darauffolgenden Tages sagt sich ein Minister nach dem anderen von Schmerling los. Nur sein Paladin Joseph von Würth sowie der Unterstaatssekretär Bassermann bleiben bis zuletzt auf seiner Seite.

Am 14. Dezember kommt es zu der entscheidenden Abstimmung in der Casinofraktion: Hier prallen die Gegensätze am härtesten aufeinander, hier stehen sich Kleindeutsche und Großdeutsche direkt gegenüber. Die Fraktion ist nicht vollzählig versammelt, denn einige der Preußen-Anhänger sind auf einer anderen Abendgesellschaft. Der 37 Jahre alte namhafte Hallenser Professor Maximilian Duncker führt den Vorsitz im Casino, er kann sich kaum Gehör verschaffen. Die Diskussion wogt hin und her. Schmerling, so wird immer wieder von der preußischen Seite gesagt, störe die Bemühungen um die Schaffung eines starken und handlungsfähigen deutschen Bundesstaates. Er behindere eine endgültige Klärung des Verhältnisses zu Österreich und sei gegen Preußen eingestellt. Endlich wird zur Abstimmung geschritten. Sie ergibt ein knapperes Resultat als erwartet. Mit 36 zu 32 Stimmen spricht sich die Versammlung gegen Schmerling aus. Er wird aufgefordert, seinen Rücktritt als Ministerpräsident einzureichen, was am Tage darauf geschieht. Auch Joseph von Würth demissioniert. Bassermann vollzieht noch in letzter Minute den Absprung von Schmerling. Dessen Nachfolger ist bereits gefunden. Niemand anderes kommt hierfür in Frage als Heinrich von Gagern selbst, der Kopf der kleindeutsch-erbkaiserlichen Partei.

Am 15. Dezember erhält er vom Reichsverweser seine Bestallung zum neuen Präsidenten des Frankfurter Reichsministeriums. Skeptisch und mit säuerlichem Gesicht hört sich der österreichische Erzherzog an, wie Gagern seine wichtigsten politischen Ziele darlegt: «selbständige und abgesonderte» Konstituierung Österreichs und Deutschlands, «innigstes Bündnis zwischen beiden Körpern» und «Preußen an der Spitze des deutschen Bundesstaates».[17] Der Reichsverweser hätte es lieber gesehen, wenn Schmerling im Amte geblieben wäre, war ihm doch an einer Erneuerung der österreichischen Vormacht in Deutschland gelegen.

Die Paulskirchenversammlung erfährt vom Ministerwechsel offiziell am darauffolgenden Tage. Weitere zwei Tage später, am 18. Dezember, erlebt sie den ersten Auftritt Gagerns in seiner neuen Eigenschaft als Präsident des Reichsministeriums. Er macht das Parlament mit seinem Programm zur Regelung des Verhältnisses zwischen Deutschland und Österreich bekannt. Die Linke und die österreichischen Liberalen nehmen es mit Mißfallensäußerungen auf.

Programm Heinrich von Gagerns zur Regelung des Verhältnisses zwischen Deutschland und Österreich

1. *Bei der Natur der Verbindung Österreichs mit unseren deutschen Ländern beschränkt sich für jetzt und während des Provisoriums die Pflicht der Reichsgewalt darauf, das bestehende Bundesverhältnis Österreichs zu Deutschland im allgemeinen zu erhalten. Es ist aber das Sonderverhältnis Österreich anzuerkennen, wonach es anspricht, in den zu errichtenden deutschen Bundesstaat unter Bedingungen,*

die die staatliche Verbindung der deutschen mit den nichtdeutschen österreichischen Landesteilen alterieren, nicht einzutreten.

2. *Österreich wird also nach den bis jetzt durch die Nationalversammlung gefaßten Beschlüssen, wodurch die Natur des Bundesstaates bestimmt worden ist, als in den zu errichtenden Bundesstaat nicht eintretend zu betrachten sein.*
3. *Österreichs Unionsverhältnis zu Deutschland mittelst einer besonderen Unionsakte zu ordnen und darin alle die verwandtschaftlichen, geistigen, politischen und materiellen Bedürfnisse nach Möglichkeit zu befriedigen, welche Deutschland und Österreich von jeher verbunden haben und in gesteigertem Maße verbinden können, bleibt der nächsten Zukunft vorbehalten.*
4. *Da Österreich zu dem von der provisorischen Zentralgewalt repräsentierten Deutschland zwar in einem unauflöslichen Bunde steht, in den Bundesstaat aber nicht eintritt, so ist die Verständigung über alle gegenseitigen, sowohl bereits bestehenden, als künftigen Bundespflichten und Rechte auf gesandtschaftlichem Wege einzuleiten und zu unterhalten.*
5. *Die Verfassung des deutschen Bundesstaates, deren schleunige Beendigung zwar im beiderseitigen Interesse liegt, kann jedoch nicht Gegenstand der Unterhandlung mit Österreich sein.*

Gagerns Nachfolge als Parlamentspräsident tritt der bisherige Vizepräsident, der Königsberger Jurist Eduard Simson an. Wie sein Vorgänger galt auch er als geschickter Parlamentarier. Während der letzten Wochen hatte er sich mit der Mission in Berlin einen Namen gemacht, am Tage seiner Wahl weilte er noch immer dort. Simson benötigte allerdings drei Wahlgänge, um schließlich mit einem Plus von zwei Stimmen gewählt zu werden.

Zum ersten Male gab es bei einer Präsidentenwahl in der Paulskirche eine Kampfabstimmung. Noch bei der Novemberwahl waren auf Heinrich von Gagern 310 von 407 Stimmen entfallen. Der Grund für das nunmehr sehr knappe Resultat lag darin, daß sich die ehemals einig und geschlossen dastehenden Zentrumsfraktionen nach dem Rücktritt Schmerlings gespalten haben.

Kleindeutsche und Großdeutsche standen jetzt auf verschiedenen Seiten, bildeten sogar zwei Lager, die in den Verfassungsdebatten der folgenden Wochen und Monate immer schroffer einander gegenübertraten. Zeitweilig rückte sogar der Hauptkonflikt zwischen Liberalen und Linken an die zweite Stelle, wodurch sich für letztere die Möglichkeit eröffnete, aus dem Ringen der nunmehrigen Kontrahenten taktische Vorteile zu ziehen. Um den Gagern-Liberalen Paroli bieten zu können, stimmten rund 70 Anhänger des zurückgetretenen Ministerpräsidenten seit Ende 1848 häufig mit der Linken. Auch am 18. Dezember gaben beide einem gemeinsamen Kandidaten ihre Stimme, nämlich dem Würzburger Linksliberalen Karl Kirchgeßner.

Anton von Schmerling hatte die erlittene Niederlage stark getroffen. «Schmerling ist mehr affiziert (gereizt – G. H.) als ich glaubte. Ungeheure Bewegung in den Gemütern»,[18] notierte einer seiner schärfsten Gegner, der Preuße Johann Gustav Droysen, in seinem Tagebuch. Für Schmerling bedeutete die Ablehnung seines Konzeptes nicht nur einen persönlichen Rückschlag, sondern die schwerste politische Niederlage der Jahre 1848/49 überhaupt. Geschwächt worden war auch jene Minderheit des bürgerlichen Lagers, die wie Schmerling zwar auf einen großdeutschen Bundesstaat gesetzt hatte, aber die Einzelstaaten fast ungeschmälert erhalten wollte. Das waren vor allem österreichische beziehungsweise süddeutsche Unternehmer und Beamte, die die preußische Konkurrenz oder aber die Vormacht des preußischen Staates fürchteten.

Unter den Liberalen der Paulskirche hatte sich zunächst die Gagern-Richtung behauptet. Deren Linie entsprach den Interessen der überwiegenden Mehrheit der Bourgeoisie in Deutschland. Sie erhoffte sich von der Anlehnung an den wirtschaftlich stärksten und am besten funktionierenden deutschen Staat vor allem ökonomische Vorteile. Die Führungsmacht Preußen werde, so hoffte sie, die deutschen Interessen auf den internationalen Märkten schützen und den

Kapitalismus im Innern Deutschlands fördern. Der erste bedeutende parlamentarische Erfolg Gagerns über Schmerling war vor allem darin begründet, daß die Gagern-Politik für die deutsche Bourgeoisie letztlich vorteilhafter war als das Konzept seines Gegenspielers.

Eine Verfassung für Kleindeutschland

Heinrich Hoffmann von Fallersleben

Deutschlands 18. Oktober*, 18. März, 18. Mai

(12. Januar 1849)

«Wenn heut ein Geist herniederstiege!»
*Sang einst ein deutscher Ehrenmann** –*
Was ward uns auch nach solchem Siege?
Sag an, was unser Volk gewann?
Nur dreiunddreißigjähr'ge Frone,
Nur sichre Aussicht auf den Tod,
Und dann noch obendrein zum Lohne:
Nie auszusprechen unsre Not.
Du unser 18. Oktober,
Sag an, wo blieben deine Lober?

Auch wir, wir sind von Gottes Gnaden!
Fiel's endlich unserm Volke ein
Und rief von seinen Barrikaden:
Wir wollen freie Männer sein!
Da ward gejubelt und gesungen,
Und alle Fürsten stimmten ein:
«Wir halten euch, was wir errungen:
Ihr sollet freie Männer sein!»
So war's am 18. des Märzen –
Vergeßt es nie, ihr deutschen Herzen!

Das Volk vergaß der Fürstensünden
Und sandte seine Männer aus,
Die sollten Recht und Freiheit gründen
Für Leib und Leben, Hab' und Haus.
Die Männer aber bald vergaßen
Des Volkes Souveränität,

* 1813: Völkerschlacht bei Leipzig

** bezogen auf Uhlands Gedicht «Am 18. Oktober»

Und als sie ihre Pflicht ermaßen,
Da war's für sie und uns – zu spät.
Wir freien Männer, ja wir freien!
's war mal für uns ein Tag im Maien!

Die Lage der Frankfurter Nationalversammlung und die Situation im allergrößten Teile Deutschlands befanden sich in den ersten drei Monaten des Jahres 1849 in einem außerordentlich tiefen Widerspruch. Während die Revolution in den mächtigsten deutschen Staaten Preußen und Österreich eine Niederlage erlitten hatte, zeigte sich das Frankfurter Zentralparlament hiervon unberührt und beanspruchte weiterhin die Oberhoheit gegenüber den Einzelstaaten. Es schickte sich an, eine für ganz Deutschland verbindliche bürgerliche Verfassung auszuarbeiten, während die Habsburger und Hohenzollern ihren Untertanen andersgeartete Grundgesetze aufzwangen. Obwohl der Konflikt zwischen Fürstenmacht und Nationalparlament vom ersten Tage der Paulskirchenversammlung an bestand, trat er seit Ende 1848 immer deutlicher zutage, denn die Positionen der Adelsklasse waren vor allem nach dem 18. September immer mehr gestärkt worden. Dennoch brachten die meisten Fürsten ihre ablehnende Haltung gegenüber einer Frankfurter Reichsverfassung Anfang 1849 noch nicht in aller Offenheit zum Ausdruck. Allesamt erlegten sie sich überdies eine gewisse Zurückhaltung auf, solange die Frankfurter Verfassung noch keine politische Realität war. Deshalb spielte sich der Konflikt zwischen Fürstenmacht und Nationalparlament vorläufig nur hinter den Kulissen ab.

Der neue Reichsministerpräsident Heinrich von Gagern hatte den schwersten Start, den man sich denken konnte. Kaum waren Abgeordnete und Minister aus der kurzen Weihnachtspause zurückgekehrt, da erhielt das stolze Regierungsschiff bereits den ersten Schuß vor den Bug. Der eiskalte Machtpolitiker Fürst Schwarzenberg, Ministerpräsident Österreichs, gab Gagern nämlich in einer diplomatischen Note herablassend zu verstehen, daß dieser die Haltung seines Staates völlig falsch interpretiert habe. Die Wiener Regierung sei zwar an einem deutschen Bundesstaat nicht interessiert, aber sie werde deshalb auf keines ihrer Rechte in Deutschland verzichten. Mit anderen Worten, Österreich zeigte keinerlei Bereitschaft, künftig seinen Machtanspruch im Deutschen Bund fallenzulassen. Gestützt auf die Herrschaft über den Vielvölkerstaat, hoffte man in Wien, die Führung in einem deutschen Staatenbund wiederzuerlangen. Heinrich von Gagern erregt diese Note vom 28. Dezember nicht sonderlich, dennoch, der zuständige Parlamentsausschuß versagt ihm mit 10 gegen 5 Stimmen die Rückendeckung, als er dem Gremium Anfang Januar sein Programm zur Regelung des Verhältnisses zu Österreich vorlegt.

Als erfahrener Parlamentarier weiß Heinrich von Gagern natürlich, daß damit noch nichts verloren ist, wenngleich dieses Ausschußvotum ein schlechtes Vorzeichen für die eigentliche Programmdebatte bedeutet, die am 11. Januar beginnen soll. Wiederum erweist sich der neue Reichsministerpräsident als ein Meister im parlamentarischen Taktieren.

Entscheidung über ein Regierungsprogramm

Der 11. Januar 1849 war in doppelter Hinsicht ein bemerkenswerter Tag. Er brachte nicht nur die Eröffnung der Debatte über das Programm Heinrich von Gagerns, sondern er bescherte den Abgeordneten endlich auch eine geheizte Paulskirche. Der Einbau einer Heizung war abgeschlossen. Als die Abgeordneten am 11. Januar kurz vor neun Uhr die Paulskirche betreten, atmen sie erleichtert auf. Es ist angenehm warm. Manch einer, der vorsorglich den warmen Mantel anbehalten hat, kann diesen getrost beiseite legen.

Es ist allerdings weniger der allgemein gehobenen Stimmung unter den Abgeordneten als Gagerns taktischem Geschick zu danken, daß auch die Debatte selbst, trotz ungünstiger Vorzeichen, schließlich eine für ihn befriedigende Wendung nimmt.

Bereits sechs Tage vor Beginn der Debatte, am 5. Januar, erklärte er plötzlich, er sei durchaus nicht für eine sofortige Trennung von Österreich, Verhandlungen über das Verhältnis zwischen dem künftigen deutschen Staat und Österreich sollten «zur geeigneten Zeit und in geeigneter Weise» aufgenommen werden. Damit hatte Gagern seine ursprüngliche Forderung entschärft, was nicht ohne Folgen für die Stimmung unter den Abgeordneten blieb. Manche Parlamentarier, die am 18. Dezember über das neue Regierungsprogramm erzürnt waren, begannen nachdenklich zu werden. Sie sahen nun in Gagern weder einen Feind Österreichs noch einen bedingungslosen Anhänger Preußens, und hielten es für ratsam, seinem staatsmännischen Blick zu vertrauen. – Befriedigt registrierte der Reichsministerpräsident, daß sein Schachzug Erfolge zeitigte.

Zwei Tage nach seiner Erklärung vom 5. Januar erhielt er einen Brief des preußischen Ministerialbeamten Friedrich Wilhelm von Reden. Er zählte zur Westendhall und war einer derjenigen Abgeordneten, deren Einstellung mehr in die liberale als in die demokratische Richtung tendierte, so galt Reden allgemein als Fremdkörper auf seiten der Linken. Er wolle, schrieb er dem neuen Ministerpräsidenten, ihn und sein politisches Programm mit seinen politischen Freunden unterstützen. Diese Unterstützung kam Gagern sehr willkommen. Er spürte, daß er auf dem richtigen Weg war und hoffte, das Blatt noch zu wenden. Als die Abgeordneten am 11. Januar ihre Plätze eingenommen hatten und die Debatte über das Gagernsche Programm begann, nahmen sie mit Erstaunen wahr, daß nicht, wie sonst üblich, einer der Abgeordneten, sondern der Ministerpräsident selbst die Aussprache eröffnete.

In wohldurchdachten, ausgewogenen Sätzen suchte er die wankelmütigen Abgeordneten für sein Programm zu gewinnen. Er sei, betonte er, kein Anhänger einer preußischen Vormacht in Deutschland. Aber er wolle «eine wirkliche, kräftige, wohltätige Regierung über unser großes Reich».[1] Gagern verwahrte sich dagegen, ihn als Initiator für die Trennung Österreichs von Deutschland anzusehen. Er selbst habe bisher den Eindruck gewonnen, daß die österreichische Regierung ihrerseits dies wünsche. «Österreich muß also», erklärte Gagern, «gefragt werden über das Verhältnis, in welches es zu Deutschland treten will; ich kann nicht voraussetzen, daß es jemand in den Sinn kommen könnte, Österreich müsse gegen seinen Willen in ein bestimmtes Verhältnis zu Deutschland gezwungen werden ... Die Österreicher werden sich also noch erklären ...»[2]

Diese durchaus maßvollen Worte kamen bei den Abgeordneten an. Verhandlungen mit Österreich, wie sie Gagern forderte – so schlußfolgerte auch mancher auf seiten der Großdeutschen –, waren eigentlich nichts Unbilliges, sondern ein Gebot der Stunde. Daher blieb Gagerns Versicherung, ihm liege ausschließlich das Wohl seines Vaterlandes am Herzen, nicht ohne Wirkung auf viele Parlamentarier.

Der neue Ministerpräsident wollte mit seinem Programm als uneigennütziger Diener des Vaterlandes gesehen werden. Dies war der wichtigste Trumpf seiner Partei in der Debatte über die Regelung des künftigen Verhältnisses zu Österreich. Vor allem diesen Gedanken suchten er und auch seine politischen Freunde im Auf und Ab der bewegten Aussprache vom 11. bis zum 13. Januar festzuhalten. Aber verglichen mit den theoretischen und diplomatischen Künsten ihres Herrn und Meisters präsentierten sich die Beseler, Beckerath und Dahlmann nur als parlamentarische Schüler. In bester Absicht, die eigene Position zu festigen, fuhren sie viel zu schweres Geschütz auf. Der Krefelder Bankier und Reichsfinanzminister Beckerath brachte seine Parteinahme für das Gagernsche Programm auf die sehr vereinfachte Formel: «Das Warten auf Österreich ist das Sterben der deutschen Einheit.»[3]

Einen völlig verunglückten Auftritt hatte der Greifswalder Professor und Casinoabgeordnete Georg Beseler. Ständig von Lärm und Zwischenrufen unterbrochen, vermochte er kaum zusammenhängend zu sprechen und wiederholte ständig, die zwölfte Stunde sei angebrochen und zu langen Verhandlungen mit Österreich keine Zeit mehr. Solche Worte waren allerdings nicht dazu angetan, die Wogen zu glätten. Gagern allein vermochte es, die Wende herbeizuführen.

Zu Beginn der Nachmittagssitzung am letzten Tag der Aussprache hatte Heinrich von Gagern seinen zweiten großen Auftritt während der Programmdebatte. Er wiederholte mit sehr persönlichem Engagement all jene bereits am 11. Januar vorgetragenen Gedanken. Seine diesmalige Rede übertraf jene noch an Wirkung. Dagegen kam auch die folgende Ansprache des knapp 29jährigen Wiener Professors Karl Giskra – die wohl längste Rede während der ganzen Debatte –

nicht an. Giskra, dem linken Zentrum zugehörig, sprach sich für eine großdeutsche Republik aus. Er meinte sich aber auch mit der Monarchie, dann aber nur mit dem österreichischen Kaiser an der Spitze, abfinden zu können. Am Abend des 13. Januar, gegen acht Uhr, konnte Parlamentspräsident Simson verkünden, daß 261 Abgeordnete (gegen 224) Heinrich von Gagern das Vertrauen ausgesprochen hatten.

Aus der Rede Heinrich von Gagerns vom 13. Januar 1849

«Ich hoffe, meine Herren, daß es mir in dieser wichtigen Beratung den Standpunkt festzuhalten gelingen werde, der mir während meines ganzen Lebens der natürliche war, daß ich nicht irgendeinem deutschen Volksstamme zu Liebe oder zu Leide rede, daß kein Stammesinteresse mich leite, daß ich nur das ganze Volk, das Vaterland im Auge behalte . . .
Das österreichische Kaiserreich hat eine große Aufgabe zu erfüllen, im Innern wie auch außen. Die Schwierigkeiten, sie zu lösen, sind unermeßlich. Weder der Schein des zurückgekehrten inneren Friedens kann dann täuschen, noch die Wesenheit der kriegerischen Erfolge der letzten Wochen und Tage. Es bleibt noch viel zu tun, und Sie brauchen nur die heutigen Blätter zu lesen, um mit Trauer sich zu überzeugen, welche neuen inneren Schwierigkeiten in Österreich auftauchen. Bei dieser Stellung Österreichs wird sich die dortige Regierung die Frage selbst vorlegen, was für Österreich größeren Wert hat, was mehr in seinem eigenen Interesse liegt, das Fortbestehen des lockeren, unsteten Einflusses auf Deutschland, den er im früheren Bundesverhältnisse entwickelte oder die Gestaltung eines starken Deutschland neben ihm, eines Deutschlands, das umso sicherer Hand in Hand mit ihm geht, je stärker, je einiger, je selbständiger es sich gestalten wird.
Meine Herren! Wer die Schwierigkeiten ins Auge faßt, die den beiden großen Staatenkomplexen im Innern und nach außen entgegentreten; – ich sage: den beiden S t a a t e n k o m p l e x e n, denn das ist das Wort, das die österreichische Regierung selbst gebraucht hat, um dies gegenseitige

Verhältnis von Österreich und Deutschland zu bezeichnen: Wer diese Schwierigkeiten berücksichtigt, der wird nicht zweifeln an dem Willen Österreichs, seine künftige Stellung in und zu Deutschland in ernste und baldige Erwägung zu ziehen; der wird nicht zweifeln, daß es der Änderung der Verhältnisse in der Neuzeit Rechnung tragen werde ...»

Aus der Rede Karl Giskras vom 13. Januar 1849

«Ich verkenne aber nicht, meine Herren, daß ganz Österreich im Augenblicke nicht in den deutschen Bundesstaat eintreten werde, ich anerkenne das Sonderbare und Schwierige, wenn da und dort ein Rotmantel auf unseren Bänken säße oder ein kroatischer oder ein polnischer Bauer in seiner Sprache reden wollte ... ich anerkenne die Bedenken, die eigene innere Gestaltung an die Geschicke erst zu neuer Existenz erwachter Volksstämme eng zu knüpfen, ich anerkenne diese Bedenken völlig und sage darum, für jetzt ist der Eintritt von ganz Österreich in den Bundesstaat nicht zu erwarten – wenn auch die Zeit noch kommen wird, wann es gefahrlos und allen heilbringend geschehen kann! – Bis dahin aber, und somit für jetzt, bleibe Deutsch-Österreich im Bundesstaat, und die anderen Länder treten in einen Staatenbund zum ganzen Deutschland ... Ich für mein Teil will keinen Kaiser oder etwas Ähnliches, am wenigsten einen erblichen, ich will das Föderativprinzip auch hier und hiermit die republikanisch geordnete Spitze von Deutschland mit Aufrechterhaltung der Verfassungen in den Einzelstaaten, die diese sich geben wollen, sie seien monarchisch oder republikanisch. Aber wenn ein Kaiser beliebt wird oder notwendig ist, lasse ich mir ihn gefallen, dann aber muß es der österreichische sein ...»

Ausschlaggebend für das Abstimmungsergebnis wirkte die Entscheidung einer Gruppe von etwa 20 großdeutsch eingestellten Abgeordneten, die in letzter Minute auf die Seite

Gagerns übergegangen waren. Sie gaben anschließend eine Erklärung heraus, aus der hervorging, daß ihre Zustimmung allerdings weniger dem Programm als vielmehr dem Politiker Heinrich von Gagern gegolten hatte. Weitere harte Parlamentsschlachten standen den Gagern-Liberalen bevor.

Schon sechsunddreißig Stunden nach der Abstimmung über das Regierungsprogramm kamen die Abgeordneten zusammen, um über das künftige deutsche Staatsoberhaupt zu debattieren. Deutschland verfügte ja nur über ein provisorisches Staatsoberhaupt. Die Amtszeit des Reichsverwesers war beendet, sobald die in Vorbereitung befindliche Reichsverfassung in Kraft trat.

Um Reichs- und Staatsoberhäupter war 1848 in Deutschland stets heftig gestritten worden. Vornehmlich in den ländlichen Gebieten Ostelbiens, Österreichs, aber auch Bayerns und Norddeutschlands überwogen die Anhänger der Monarchie, während sich in den revolutionären Zentren im Südwesten, im Rheinland, in Mitteldeutschland, Berlin oder Wien die Republikaner in einer starken Position befanden. Was Wunder, denkt man an die Personen, die bis 1848 die führenden deutschen Staaten repräsentierten. In Preußen herrschte der Hohenzoller Friedrich Wilhelm IV. Er verachtete das Volk und hing dem feudalen Ständestaat an. Dennoch zeigte sich der ewig schwankende und eitle Monarch nicht unzugänglich gegenüber den Versuchen seiner Minister Bülow und Brandenburg, ihn für die Vergrößerung der Macht Preußens mittels eines von ihm geführten kleindeutschen Bundesstaates zu gewinnen. In Wien saß der schwachsinnige Kaiser Ferdinand auf dem Thron, hier schaltete und waltete viele Jahre lang der reaktionäre Staatskanzler Metternich in der Regierung. In Bayern regierte der Wittelsbacher Ludwig I., der die Steuergelder seiner Untertanen bedenkenlos für Repräsentationsbauten vergeudete und sich durch die Affäre mit der Abenteurerin Lola Montez kompromittierte. Ernst August von Hannover hatte bei seiner Amtsübernahme 1837 kurzerhand die hannoversche Verfassung außer Kraft gesetzt und den Landtag aufgelöst.

So groß die Zahl der Könige, Kurfürsten, Großherzöge und Herzöge in Deutschland war, so vielfältig war ihr Sündenregister. Die revolutionären Kräfte des Volkes, Arbeiter,

Bauern, Handwerker und die demokratische Intelligenz, setzten sich immer wieder dafür ein, daß ein dem Parlament verantwortlicher Präsident zum Staatsoberhaupt gewählt würde. In der Paulskirche waren jedoch nur etwa 20 Prozent der Abgeordneten für die Republik.

Die Front der Monarchisten reichte hingegen von der Fraktion Milani (äußerste Rechte) bis zum linken Zentrum. Die gemäßigten Konservativen und die Liberalen stimmten darin überein, daß Deutschland keine Republik werden sollte. Wer, wie die großdeutsche Seite, gegen einen straff organisierten Bundesstaat war, dem konnte allerdings nichts an einem starken Oberhaupt, an einem Erbkaiser, liegen. Daher sprachen sich die Anhänger Schmerlings dafür aus, daß Deutschland durch ein Fürstenkollegium, ein sogenanntes Direktorium, regiert werden sollte. Sie wünschten also eine schwache Zentralgewalt, die den Einzelstaaten möglichst nicht in ihre Angelegenheiten hineinreden sollte. Hier spielten die Interessen der österreichischen Bourgeoisie eine Rolle, vor allem deren Furcht vor der preußischen Konkurrenz.

Umgekehrt erschien denen, die den kleindeutschen Bundesstaat auf ihre Fahnen geschrieben hatten, ein Erbkaiser die erstrebenswerte Lösung. Die rheinische Bourgeoisie, die norddeutschen Kaufleute und die preußischen Beamten – sie alle versprachen sich von einem starken deutschen Bundesstaat, der von jetzt an und in aller Zukunft von den Hohenzollern geführt werden sollte, die Wahrung ihrer Interessen. So erbittert die einen gegen den Erbkaiser zu Felde zogen, so unnachgiebig zeigten sich die anderen. Der Streit begann bereits während der Vorberatungen im Verfassungsausschuß.

Seit dem 14. Dezember beschäftigt sich der Verfassungsausschuß mit der Oberhauptsfrage. Die Zusammenkünfte müssen meist zu ganz früher oder später Stunde stattfinden, denn die längste Zeit nehmen die Plenarsitzungen der Nationalversammlung in Anspruch. Der Verfassungsausschuß legt nur während der Weihnachtsfeiertage vom 23. bis 26. Dezember eine Tagungspause ein.

Die Sitzungen verlaufen ungeheuer zermürbend. Die Wortführer der Erbkaiserlichen und der Großdeutschen streiten erbittert um jeden Verfassungsparagraphen. Die Professoren Friedrich Dahlmann, Johann Gustav Droysen und Georg Beseler auf der einen, der Badenser Karl Theodor Welcker und der Schmerling treu ergebene 33jährige Wiener Landrat Franz von Somaruga auf der anderen Seite liefern sich scharfe Rededuelle. Die Auseinandersetzungen im Verfassungsausschuß werden auch noch durch die Krise um die Person Schmerlings überschattet.

So spannungsgeladen wie die Redeschlachten sind die Abstimmungen im Ausschuß. Mit der knappen Mehrheit von nur einer Stimme spricht er sich am 15. Dezember für ein allein regierendes Oberhaupt aus. Als zwischen Weihnachten und Neujahr einige Erbkaiser-Gegner nicht an den Ausschußberatungen teilnehmen, nutzt die Fraktion um Dahlmann und Droysen die Gunst der Stunde und versucht, die Erblichkeitsklausel durchzuboxen. Es kommt zum Eklat. Welcker verlangt zunächst die Aussetzung der Abstimmung, bis der Ausschuß wieder vollzählig beisammen ist, worauf der zur Gagern-Partei haltende Georg Waitz eine neue Verhandlung für überflüssig erklärt, da der Ausschuß beschlußfähig sei. Deshalb müsse unverzüglich abgestimmt werden. Georg Beseler pflichtet ihm bei. Er beschwört den Ausschuß geradezu, sich für den Erbkaiser zu entscheiden.

Moritz Hartmann

Kaiserlied

(1849)

Der Kaiser soll nicht erblich sein,
Der Kaiser soll nicht sterblich sein,
Und auch nicht lebensdauerlich,
Und gar sechsjährig – schauerlich!
Der Kaiser soll nicht wählbar sein,
Und nicht vom Volkshaus quälbar sein,
Der Kaiser soll nicht unendlich sein,
Und auch nicht präsidentlich sein –
Was soll er sein, was soll er sein?
O Gott vom Himmel sieh darein!

Der Kaiser soll kein Märker sein,
Und kein besoffener Berserker sein,
Er soll als andere nicht stärker sein,
Er soll kein halber Slave sein,
Der Kaiser soll auch kein Bayer sein,
Er soll kein geflickter Dreier sein.
Der Kaiser soll auch kein Sklave sein,
Der Kaiser soll kein Freier sein:
Was soll er sein, was soll er sein?
O Gott vom Himmel sieh darein!

Es soll ein Kaiser auf Miethe sein,
Er soll eine bloße Mythe sein,
Der wird von besonderer Güte sein –
Ein Kaiser der Verständigung,
Ein Kaiser beliebiger Endigung
Und ohne Prinzipsversündigung,
Ein vogtischer Kaiser auf Kündigung –
Das soll er sein, das soll er sein,
Ein Kaiser auf Kündigung soll er sein!

Welcker kann nur schwer an sich halten. Wenn jetzt weiter abgestimmt werde, so droht er, soll die Öffentlichkeit alles über die Verfahrensweise der Erbkaiserlichen erfahren. Da die Mehrheit jedoch die Angelegenheit sogleich zu entscheiden wünscht, muß sich Welcker geschlagen bekennen. Mit hochrotem Kopf und erhobener Stimme ruft er: «Und mögen denn die Herren ihren Erbkaiser machen!»[4] Woraufhin ein völliges Durcheinander die Sitzung beendet; erst am darauffolgenden Tage können die Beratungen fortgesetzt werden.

Als Präsident Simson am 15. Januar morgens um neun Uhr die Plenarsitzung eröffnet, liegt den Abgeordneten ein umfangreicher Bericht des Verfassungsausschusses vor. Er trägt die Überschrift «Das Reichsoberhaupt». Der Paragraph eins lautet: «Die Würde des Reichsoberhauptes wird einem der regierenden deutschen Fürsten übertragen.» Deutschland soll also einen König oder Kaiser erhalten. Die Oberhauptswürde soll einem Herrschergeschlecht jedoch nicht für alle Zeiten übertragen werden, sie soll nicht erblich sein. – Es ist der kleinste gemeinschaftliche Nenner, auf den sich die Mehrheit des Verfassungsausschusses verständigen konnte. Die Gagern-Partei hat einen Teilerfolg errungen, nicht weniger und nicht mehr.

Dem Mehrheitsgutachten des Verfassungsausschusses folgen die Anträge der Großdeutschen und der Linken, sogenannte Minoritäts-Erachten, die von einer Minderheit des Ausschusses vertreten werden. Während sich die Großdeutschen für ein Direktorium aus fünf Monarchen, eine sicherlich weitgehend handlungsunfähige Zentralgewalt aussprechen, wünscht die Linke einen Präsidenten; wählbar soll jeder Deutsche sein. Beide Anträge haben im Verlaufe der Oberhauptsdebatte keine großen Chancen. Auch den Anhängern Gagerns gelingt es nicht, ihren Teilerfolg auszubauen. Der Zustand gleicht einem Patt. Die Gagern-Liberalen, die Großdeutschen und die Linke – jeder von ihnen ist mit seinen Bundesgenossen stark genug, die Pläne des anderen zu durchkreuzen. Aber er ist – auf sich allein gestellt – zu schwach, um selbst zum Ziel zu gelangen.

Die Abstimmung vom 23. Januar war eine der bemerkenswertesten in der Geschichte der Paulskirchenversammlung. Sie ging nämlich aus wie das Hornberger Schießen. Das Parlament entschied sich zwar für ein monarchisches Oberhaupt, aber sooft auch Präsident Simson mit geübter Stimme einen der außerdem noch vorliegenden Anträge zur Abstimmung empfahl, sooft mußte er konstatieren, daß die notwendige Mehrheit verfehlt wurde.

Die Versammlung wollte weder einen Erbkaiser, noch konnte sie sich über eine drei-, sechs- oder zwölfjährige Amtsdauer des künftigen Monarchen einigen. Die Großdeutschen blockierten alle Anträge. Die Linke trat prinzipienfest für ein republikanisches Oberhaupt ein. Die Kleindeutschen gaben lediglich dem Erbkaiser eine Chance, getreu ihrer Losung: «Lieber gar nichts als etwas halbes!»[5] Damit blieb die Ausgangslage unverändert.

Mehrheitlich beschlossen war vorläufig nur, daß Deutschland ein monarchisches Oberhaupt erhalten sollte. In der Paulskirche konzentrierten sich die Debatten von nun an auf die Frage: für oder wider den Erbkaiser – für oder wider ein von Preußen geführtes Kleindeutschland. Auf beiden Seiten rückten die Fraktionen und einzelnen Gruppen noch enger zusammen. Innere Zwistigkeiten traten zurück gegenüber dem alles überschattenden Gegensatz zwischen diesen beiden Lagern.

Die politisch befreundeten Abgeordneten nutzen alle sich bietenden Gelegenheiten, vor allem Sitzungspausen und die Abendstunden, und verständigen sich über gemeinsame Schritte. Die Aktivsten auf beiden Seiten konstatieren, daß der Rahmen der bisherigen Fraktionen zu eng geworden ist, sie fordern eine neue Organisationsform. Besonders tatkräftig gehen die Erbkaiserlichen zu Werke.

Robert Prutz

Pereant die Liberalen

(1845)

Pereant die Liberalen,
Die nur reden, die nur prahlen,
Nur mit Worten stets bezahlen,
Aber arm an Taten sind:
Die bald hier-, bald dorthin sehen,
Bald nach rechts, nach links sich drehen,
Wie die Fahne vor dem Wind:
Pereant die Liberalen!

Pereant die Liberalen,
Jene blassen, jene fahlen,
Die in Zeitung und Journalen
Philosophisch sich ergehn:
Aber bei des Bettlers Schmerzen,
Weisheitsvoll, mit kaltem Herzen,
Ungerührt vorübergehn:
Pereant die Liberalen!

Pereant die Liberalen,
Die bei schwelgerischen Mahlen,
Bei gefüllten Festpokalen,
Turm der Freiheit sich genannt,
Und die doch um einen Titel
Zensor werden oder Büttel
Oder gar Denunziant:
Pereant die Liberalen!

Am 17. Februar – es ist ein Sonnabend, und die Parlamentssitzung endet deshalb schon mittags um halb zwei Uhr – verabreden sie sich für nachmittags um fünf zu einer Zusammenkunft im Weidenbusch, einer Frankfurter Gaststätte am Steinweg, nahe bei der Hauptwache. Nicht nur Gagerns Anhänger aus dem rechten Zentrum werden eingeladen, auch jene Abgeordneten aus den Fraktionen Augsburger Hof, Landsberg, Württemberger Hof, Milani und Westendhall, die ein Erbkaisertum befürworten. Im *Weidenbusch* bildet man eine *interfraktionelle Vereinigung*, die sich nach dem Ort ihrer Zusammenkunft benennt und von nun an regelmäßig hier ihre Sitzungen abhält. Schließlich haben sich 230 Abgeordnete in die Mitgliederlisten des Weidenbusch eingetragen. Dieser beachtliche Erfolg Heinrich von Gagerns und seiner politischen Freunde, die von Anfang an die Zügel fest in den Händen halten, bietet ihnen eine günstigere parlamentarische Basis.

Als erstes geloben sie, fest zusammenzustehen und gemeinsam alles für die endgültige Verabschiedung der Erbkaiser-Verfassung zu tun. Manche von ihnen frohlocken sogar, es müsse mit den Verfassungsdebatten eigentlich bloß so weitergehen wie bisher. Immerhin sei bereits entschieden, daß Österreich dem künftigen Bundesstaat nicht angehören und Deutschland ein monarchisches Oberhaupt erhalten werde. Nun dürfe von dem Erreichten nichts wieder rückgängig gemacht werden.

Auch die Großdeutschen unternehmen alle Anstrengungen, um ihre Reihen fester zu schließen. *Schmerlings Anhänger*, die ja seit ihrem Auszug aus dem Casino heimatlos geworden waren, nannten sich nach ihrem neuen Tagungslokal am Frankfurter Paradeplatz *Fraktion Pariser Hof*. Sie konnten ebenfalls mit Verbündeten in anderen Fraktionen rechnen, vor allem im Württemberger Hof und bei der äußersten Rechten. Sie alle hatten sich auf Initiative des ehemaligen Unterstaatssekretärs und Schmerling-Vertrauten von Würth bereits am 14. Februar in der Frankfurter Gaststätte Mainlust getroffen, wo eine Partei gleichen Namens aus der Taufe gehoben wurde. Aber die *Mainlust* war dem Weidenbusch nicht ebenbürtig, obwohl zu Schmerlings Anhängern aus den Zentren und der äußersten Rechten etwa 100 Abgeordnete zählten und rund 100 Abgeordnete der Linken und der «halb»linken Fraktion Westendhall ebenfalls zur Mainlust gehörten. Denn sie waren mit Schmerling nur im Negativen, nämlich in der Ablehnung des kleindeutschen Erbkaisers einig. Zwar vertraten beide Seiten großdeutsche Programme, aber über eine gemeinsame Plattform konnten sich Republikaner und Monarchisten, Interessenvertreter des Volkes und die Repräsentanten der Bourgeoisie und des Adels, nicht einigen. Jeder von beiden beharrte auf seinem Verfassungsprogramm. So vermochte die Koalition der Partei Schmerlings und der Linken zwar den Weidenbusch häufig zu stören, ohne ihm jedoch den Weg verlegen zu können.

Gagern wirbt bei den deutschen Regierungen

Heinrich von Gagern, von den innerparlamentarischen Auseinandersetzungen um das Erbkaisertum stark in Anspruch genommen, hoffte nach wie vor inständig auf ein positives Signal des preußischen Königs. Seit längerem liebäugelten prominente Politiker in Preußen ebenso wie die Gagern-Liberalen mit dem Gedanken an ein Kleindeutschland unter preußischer Führung. Sie erwogen, die Bestrebungen der Paulskirche für die eigenen Ziele auszunutzen und das Frankfurter Parlament gleichzeitig in Schranken zu halten. Diese Überlegungen fanden ihren Niederschlag in der von Preußen im Frühjahr 1849 eingeleiteten Unionspolitik, die auf die Begründung eines kleindeutschen Bundesstaates unter preußischer Führung, ohne Zutun der Paulskirchenversammlung, zielten. Hinter solchen Bestrebungen standen konservative Kräfte, vor allem Teile des Adels, die von einem wiedererstarkten Deutschland unter der Führung Preußens träumten, aber auch reiche Unternehmer und Großkaufleute, denen es in erster Linie um den Fortschritt des Kapitalismus ging. Preußen sollte den Weg dazu bahnen, indem es die Kleinstaaterei in Deutschland überwand.

Zu den bekanntesten Vertretern der großpreußisch-konservativen Richtung zählten der Unterstaatssekretär und amtierende preußische Außenminister Hans von Bülow, der preußische Gesandte in London Karl Josias von Bunsen und der Führer der äußersten Rechten in der Paulskirche Josef Maria von Radowitz. Selbst der ständisch-konservativ eingestellte und von ärgster Revolutionsfurcht erfüllte König zeigte sich – wenn auch mit größtem Widerstreben – bereit, großpreußische Aktivitäten gelegentlich ins Kalkül zu ziehen. Die Gagern-Liberalen aber setzten große Hoffnungen auf den preußischen Bevollmächtigten bei der Frankfurter Zentralgewalt Ludolf Camphausen, der in den ersten Monaten des Jahres 1849 zu einer Schlüsselfigur für das Verhältnis zwischen Frankfurt und Berlin wurde.

Camphausen (1803–1890) war ein bekannter Kölner Großkaufmann. Er hatte vor allem mit dem Getreidehandel und im rheinischen Eisenbahnbau Einfluß und Vermögen erworben. Gemeinsam mit dem Aachener Großunternehmer David Hansemann, dem Dülkener Industriellen Gustav von Mevissen und dem Krefelder Bankier Hermann von Beckerath gehörte er zu den bekanntesten Vertretern der rheinischen Großbourgeoisie. Ihre Interessen hatte er schon im rheinischen Provinziallandtag und im Vereinigten Landtag von 1847, dem ersten gesamtpreußischen Parlament, vertreten. Schließlich war Camphausen im März 1848 erster bürgerlicher Ministerpräsident Preußens geworden. Er wollte die Monarchie erhalten, aber die Macht des Königs und des Adels zugunsten der Großbourgeoisie einschränken. Die Volksrevolution fürchtete er. Nach ihrem Sieg in den Märztagen 1848 hoffte er, die Revolution mit liberalen Reformen in Staat und Wirtschaft zum Abschluß zu bringen.

Camphausen scheiterte, weil seine Politik der Vermittlung weder beim Volke noch beim Adel genügend Anklang fand.

Im Juni 1848 trat er als preußischer Ministerpräsident zurück. Bald aber berief ihn der preußische König zum Bevollmächtigten seines Landes bei der Zentralgewalt in Frankfurt.

Camphausen war für die Schaffung eines kleindeutschen Bundesstaates durch Preußen. Die preußische Regierung sollte die Bestrebungen der Liberalen in der Paulskirche für ihre Interessen ausnutzen, ohne sich allerdings durch eine Paulskirchenverfassung die Hände binden zu lassen. Aus taktischen Gründen empfahl er seiner Regierung jedoch ein vorsichtiges Vorgehen, ihm lag nicht daran, die Paulskirchenliberalen unnötig zu brüskieren.

Camphausen war schon Anfang Januar nach Berlin gereist. In seinem Reisegepäck befand sich der Entwurf für eine diplomatische Note, die seine Regierung an die preußischen Vertreter in den deutschen Einzelstaaten verschicken sollte. Ihr wichtigster Punkt bestand in der Erklärung, daß sich die Regierung in Berlin durch die gegenwärtige Lage genötigt sehe, endlich den kleindeutschen Bundesstaat voranzutreiben; die Verbindung Kleindeutschlands zu Österreich müsse künftig gelockert werden.

Diese Vorstellungen entsprachen der Konzeption Heinrich von Gagerns. Die Note fand in Berlin keine ungeteilte Zustimmung. Während Bülow wie auch Bunsen, der aus London in die preußische Hauptstadt beordert worden war, sich ohne weiteres geneigt zeigten, auf den Vorschlag Camphausens einzugehen, mißbilligte der preußische Ministerpräsident Brandenburg die Einschätzung, Preußen müsse übertriebene Rücksichten auf Österreich fallenlassen und auf den kleindeutschen Bundesstaat lossteuern. Aber er stimmte Camphausen schließlich zu, der erklärte, Preußen könne sich Österreich nicht weiterhin unterordnen, wenn dieses gar nicht daran denke, etwas für die deutsche Einheit zu tun. Preußen müsse seine eigenen machtpolitischen Interessen bedenken.

Friedrich Wilhelm IV. verhielt sich jedoch gegenüber Camphausens Plänen äußerst zugeknöpft. Natürlich lockte auch ihn die Machterweiterung Preußens, obwohl er meist als Bremsklotz für alle Bundespläne wirkte, erfüllt von Rücksichtnahme auf die kaiserlichen Interessen in Wien. Erst jüngst hatte er einen Beauftragten an die Wiener Hofburg entsandt, der über die Einsetzung eines Fürstenkollegiums als künftiges Reichsoberhaupt verhandelte.

Camphausen zeigte sich verärgert. Er verließ Berlin am 17. Januar unverrichteterdinge, es dem Ministerpräsidenten und vor allem Bunsen und Bülow überlassend, den Monarchen weiter zu drängen, daß die von ihm entworfene Zirkularnote doch noch verabschiedet würde. Die Entscheidung fiel am 20. Januar, auf einer Audienz Bunsens beim König im Schloß Charlottenburg. In respektvoller Haltung, aber mit dem Selbstbewußtsein eines welterfahrenen Diplomaten erläuterte jener in aller Ausführlichkeit Friedrich Wilhelm die Vorzüge des Camphausenschen Planes. Nach längerem Bedenken wandte sich der König schließlich verdrießlichen Gesichts an den gleichfalls anwesenden Brandenburg mit den Worten: «Nun, so lassen Sie sie (die Note – G. H.) abgehen; nur daß deshalb die Verhandlungen mit Österreich nicht abgebrochen werden.»[6] Damit war die Zirkulardepesche genehmigt. Als sie in Frankfurt bekannt wurde, zeigten sich die Gagern-Liberalen höchst befriedigt. Sie vermeinten nun, freie Bahn für ihre Verfassungspläne zu haben.

Aus der Zirkulardepesche an die preußischen Gesandten bei den deutschen Regierungen vom 23. Januar 1849

«Mit hoher Befriedigung sieht die königliche Regierung nunmehr festgestellt, daß Österreich, mit uns den deutschen Bund als fortbestehend betrachtend, in demselben Beharren und an dessen kräftiger Entwicklung teilnehmen will ... Wenn sie indessen glauben sollte, an der eben angedeuteten Entwicklung Deutschlands nicht im vollen Maße Anteil nehmen zu können, wenn sie die dazu erforderlichen Beschränkungen der Souveränitätsrechte zu Gunsten einer kräftigen Zentralgewalt des Bundes und die Anwendung der materiellen Verknüpfung der Interessen auf ihre deutschen Länder nicht eintreten lassen könnte, so würde daraus freilich folgern, daß Österreich einerseits nicht begehren würde, Rechte auszuüben, denen nicht die korrespondierenden Pflichten ge-

genüber ständen ... Vielmehr wird sowohl Aufrechterhaltung und Entwicklung des deutschen Bundes – Österreich sowie das deutsche Gebiet der Niederlande und Dänemarks eingeschlossen – als die Erhaltung der dem österreichischen Kaiserhause gebührenden Stellung in Deutschland vollkommen vereinbar sein mit dem Zusammentritte der übrigen deutschen Staaten zu einem engeren Vereine, zu einem Bundesstaate, innerhalb des Bundes ...
Preußen strebt nach keiner Machtvergrößerung oder Würde für sich selbst; es begehrt, wie auch die deutsche Verfassung sich gestalte, keinen andern Anteil an der obersten Leitung der Bundesgewalt als denjenigen, welchen seine Stellung in Deutschland und die Bedeutung der geistigen und materiellen Kräfte, die es dem gemeinsamen Vaterlande zur Verfügung stellen kann, der Natur der Dinge nach ihm anweist. Es wird keine ihm angebotene Stellung annehmen als mit freier Zustimmung der verbündeten Regierungen; es hält sich aber verpflichtet, sich bereitzuerklären, Deutschland diejenigen Dienste zu leisten, welche dieses im Interesse der Gesamtheit von ihm verlangen sollte ... Infolge dieser Gesinnung kann ich es schon jetzt ... aussprechen, daß Se. Majestät der König und Höchstdessen Regierung nicht der Ansicht sind, daß die Aufrichtung einer neuen deutschen Kaiserwürde zu der Erlangung einer wirklichen und umfassenden deutschen Einigung notwendig sei; daß wir vielmehr befürchten müssen, daß das ausschließliche Anstreben gerade dieser Form des an und für sich notwendigen Einheitspunktes der wirklichen Erreichung jenes Zieles der Einigung wesentliche und schwer zu überwindende Hindernisse in den Weg legen würde ...»

Bülow

Die Paulskirchenliberalen konnten es nach den andauernden Zurückweisungen als Erfolg verbuchen, daß sich die preußische Regierung jetzt erstmals öffentlich für den kleindeutschen Bundesstaat, also für den engeren Bund, aussprach.

Aber zu übertriebenen Hoffnungen bestand dennoch kein Anlaß. Die preußische Regierung hatte sich bereit erklärt, die Frankfurter Reichsverfassung gnädigst zu prüfen, die letzte

Entscheidung wollte sie sich und den anderen deutschen Regierungen ausbedingen. Daran gab es keinen Zweifel. In der Note wurde die Notwendigkeit der «Aufrichtung einer neuen deutschen Kaiserwürde» bestritten, faktisch auch die Kompetenz der Paulskirchenversammlung, hierüber zu befinden. Die Regierung behielt diese Entscheidungsgewalt statt dessen nur den Fürsten und ihren Kabinetten vor.

Trotzdem erfüllte die Zirkularnote Gagern und seine politischen Freunde mit Zuversicht. Sie hofften, daß sich das Verhältnis der preußischen Regierung zur Paulskirche mit der Zeit bessere. Jedenfalls gingen sie nunmehr mit doppeltem Eifer daran, das Verfassungswerk voranzutreiben.

Am 29. Januar bereits, drei Tage nach Bekanntwerden der preußischen Note, führt das Reichsministerium eine Sitzung unter der Leitung Heinrich von Gagerns durch, zu der auch die Bevollmächtigten aller achtunddreißig deutschen Einzelstaaten eingeladen sind. Nachdem der Ministerpräsident die preußische Note verlesen hat, fordert er die Bevollmächtigten auf, die gerade in erster Lesung verabschiedete Reichsverfassung unverzüglich ihren Regierungen zur Stellungnahme zu übermitteln.

Die hochoffizielle Form seines Ersuchens soll den Abschluß der Verfassung beschleunigen. Dennoch vergehen mehrere Wochen, bis die Stellungnahmen eintreffen. Auch entsprechen sie insgesamt nicht den Erwartungen der Frankfurter Liberalen. Der schärfste Widerspruch kommt aus der Wiener Hofburg. «Die Gestaltung eines unitarischen (einheitlichen – G. H.) Staates», schreibt Fürst Schwarzenberg an den nunmehrigen österreichischen Bevollmächtigten bei der Zentralgewalt Schmerling, «erscheint dem kaiserlichen Kabinett nicht ausführbar für Österreich, nicht wünschenswert für Deutschland.»[7] Diese Reaktion überrascht die Weidenbusch-Partei in Frankfurt nicht sonderlich. Aber der kaiserlichen Regierung folgen die Könige von Sachsen, Bayern, Württemberg und Hannover. Sie wollen keine starke Zentralgewalt, die ihre Territorialmacht einschränken könnte. Die Bestimmungen über das Reichsoberhaupt, schreibt zum Beispiel die bayrische Regierung überaus selbstherrlich nach Frankfurt, bedürfen «gänzlicher Umarbeitung».[8] Auf eine einfache Formel gebracht, hieß das: Wenn schon ein Bundesstaat sein mußte, so sollte dieser wenigstens ein handlungsunfähiges Oberhaupt erhalten. Auf die Gebiete von Württemberg, Bayern, Sachsen und Hannover konnte ein künftiger deutscher Bundesstaat jedoch keinesfalls verzichten, wenn am Ende nicht nur ein vergrößertes Preußen übrigbleiben sollte.

Preußen selbst verhielt sich nach wie vor sehr zögernd und erhob eine Reihe von Einwänden. Camphausen erklärte im Namen seiner Regierung, daß der «Selbständigkeit der Einzelstaaten» in der künftigen Verfassung Rechnung getragen werden müsse. Damit hatte er die meisten Klein- und Mittelstaaten auf seiner Seite. Die «militärische Unterordnung unter eine Zentralgewalt» gestand er zum Beispiel nur mit Widerstreben zu. Die Erhebung von Reichssteuern, auf die natürlich keine Zentralregierung verzichten konnte, wurde ebenfalls in Frage gestellt. Die Ausstellungen bezweckten allesamt, den Einzelstaaten so viel Rechte wie irgend möglich zu belassen und der Zentralgewalt untergeordnete Kompetenzen zuzugestehen, was natürlich den Vorstellungen der Frankfurter Liberalen wie auch den allgemeinen Erfordernissen widersprach. Der einzige Erfolg bestand darin, daß sich Preußen nicht länger gegen ein monarchisches Oberhaupt sträubte und den Direktoriumsplan fallengelassen hatte.

Die Erwartungen der Gagern-Liberalen, Preußen werde nicht nur einzelne Bestimmungen, sondern den Grundgedanken ihrer Verfassung akzeptieren, blieben unerfüllt. Preußen signalisierte jetzt zwar Sympathie für einen kleindeutschen Bundesstaat, begegnete den Frankfurter Verfassungsideen ansonsten aber mit kühler Zurückhaltung. Gagern und seine Freunde gaben sich vorläufig damit zufrieden. Vielleicht, so hofften sie, gelinge der Durchbruch, wenn man Preußen die fertige Verfassung vorlegen könnte und seinem König bei dieser Gelegenheit die höchste Würde in Deutschland anböte.

Streit um ein Wahlgesetz

Der Monat März brachte den Abgeordneten in der Paulskirchenversammlung eine Zeit angestrengter Tätigkeit und großer politischer Überraschungen. Es wetterleuchtete in verschiedenen Gegenden Europas am politischen Horizont. Auch in Deutschland gab es deutliche Anzeichen dafür, daß sich die Lage wieder zuspitzen würde.

Im Süden Europas war der Freiheitskampf erneut entflammt. In Italien hatten die revolutionären Volksmassen den habsburgischen Großherzog Leopold II. von Toskana abgesetzt. In Florenz und Rom riefen sie die Republik aus, auch in Piemont-Sardinien tobte die Empörung gegen die österreichische Fremdherrschaft. In Ungarn verteidigte eine Revolutionsarmee die nationale Selbständigkeit gegen die Armeen Österreichs. Der ungarische Reichstag hatte erneut seine Unabhängigkeit von Habsburg proklamiert und den revolutionären Demokraten Lajos Kossuth zum Reichsverweser gewählt. Auch in Deutschland waren die revolutionären Kräfte von der Reaktion bei weitem noch nicht überall ausgeschaltet.

Schon Ende Januar hatten sich Vertreter südwestdeutscher Arbeitervereine, unter ihnen Kommunisten, in Heidelberg zu einem Kongreß versammelt. Der Paulskirchenabgeordnete Julius Fröbel von der äußersten Linken war dort ebenfalls aufgetreten. Weitere Tagungen in Süddeutschland sowie in Hamburg und Altenburg folgten. In Süd- und Mitteldeutschland organisierten sich die Volksvereine. Revolutionäre Kleinbürger und Arbeiter bekundeten ihre Bereitschaft, Pressefreiheit, allgemeines Wahlrecht und die Parlamente vor der Konterrevolution zu schützen.

Sollte sich die Situation weiter verschärfen, würde die Paulskirche, wie im Herbst 1848, zwischen die Fronten geraten. Vor diesem Hintergrund beeilten sich die Parlamentarier, die Verfassung zum Abschluß zu bringen. Sie legten in der zweiten Runde der Verfassungsberatungen erstaunlich viel Selbstbewußtsein gegenüber den Fürsten an den Tag. Die Gagern-Liberalen machten sogar der Linken Konzessionen, weil sie auf deren Stimmen angewiesen waren. In den Verfassungsberatungen der zweiten Lesung konnte die Linke nicht zuletzt aus diesem Grunde beachtliche taktische Erfolge erzielen.

Schon im Februar hatte sie durch geschickte Ausnutzung der parlamentarischen Mehrheitsverhältnisse für ein demokratisches Wahlrecht gesorgt. Das Wahlgesetz war zwischen den Parteien der Paulskirche heftig umstritten. Bedingt durch die politischen Verhältnisse im Vormärz, besaßen die werktätigen Klassen nur ein stark eingeschränktes Wahlrecht und waren deshalb in den Landtagen eindeutig unterrepräsentiert, oftmals sogar überhaupt nicht vertreten gewesen. Jetzt, 1848, beanspruchten Arbeiter, Bauern, Knechte und Gesinde das gleiche Stimmrecht wie die Bourgeoisie und der Adel, um ihre Vertreter in die Parlamente entsenden zu können. Das Wahlrecht wurde zu einer höchst bedeutsamen Angelegenheit, denn die Zusammensetzung des künftigen Parlamentes, welches Gesetze verabschieden und die Regierung kontrollieren sollte, war natürlich äußerst wichtig.

Im Frankfurter Parlament sprachen sich die Vertreter der liberalen Bourgeoisie, obwohl sie die vormärzlichen Wahlgesetze für reformbedürftig hielten, gegen das allgemeine Wahlrecht aus. Ihnen erschien es äußerst bedenklich beziehungsweise – wie der Reichsjustizminister Robert von Mohl in seinen Memoiren schrieb – «falsch im Grundgedanken sowie gefährlich in seinen Folgen»,[9] wenn jedem Bürger, unabhängig von seiner sozialen Stellung, das gleiche Stimmrecht zuerkannt würde. Weil sie eine Schmälerung ihres politischen Einflusses und eine Stärkung der revolutionär-demokratischen Kräfte befürchteten, waren sie dafür, daß den ärmsten, den sogenannten «nicht selbständigen» Bevölkerungsschichten, das Wahlrecht versagt würde. Einem nicht unbeträchtlichen Teil der Bevölkerung – Tagelöhnern, Handwerksgehilfen, Fabrikarbeitern, Dienstboten sowie Empfängern von Armenunterstützung – wäre damit ein wichtiges politisches Grundrecht vorenthalten worden. Die Vertreter der Linken wie auch Linksliberale, so der ehemalige Präsident des Vorparlamentes, der Heidelberger Professor Karl Mittermaier, forderten demgegenüber das Wahlrecht für jeden Deutschen.

Ebenfalls heftige Auseinandersetzungen gab es darüber, ob die Wahlen künftig öffentlich oder geheim erfolgen sollten und ob direkt oder indirekt gewählt würde. Sowohl die indirekte als auch die öffentliche Abstimmung bedeuteten Wahlbeschränkungen zu Lasten des Volkes. Die Liberalen in der Paulskirche befürworteten in ihrer Mehrheit beides, es gab aber liberale Abgeordnete, die in diesen Punkten Kompromißbereitschaft zeigten. Konnten sie das allgemeine Wahlrecht verhindern, so würden sie über beides mit sich reden lassen.

Natürlich lehnte die Linke das öffentliche und das indirekte Verfahren ab.

Zunächst schien es, als kämen die Liberalen auf geradem Wege zum Erfolg. Im Verfassungsausschuß waren sich am 30. Januar Großdeutsche und Erbkaiserliche noch einig gewesen: Nicht nur den Armen sollte das Stimmrecht künftig verwehrt werden. Verlangt wurde ferner, daß auch Dienstboten, Fabrikarbeiter, Tagelöhner und andere «nicht Selbständige» ausgeschlossen blieben. Die Wahlen sollten öffentlich sein und direkt erfolgen.

Kurz vor Beginn der Debatte über das Wahlgesetz veränderten jedoch neue Ereignisse die Situation völlig. Die Linke hatte sich mit den Großdeutschen zu einer parlamentarischen Vernunftsehe auf Zeit verbunden. In der Mainlust war Karl Vogt am 14. Februar mit einer geschliffenen und pointierten Rede aufgetreten, die in dem Angebot gipfelte: «Für jeden Paragraphen Volksfreiheit ein Zoll Oberhaupt».[10] Die Linke, so erläuterte er, sei bereit, für ein Direktorium zu stimmen, wenn die Großdeutschen für das allgemeine Wahlrecht einträten. Diese gingen auf das Angebot ein, da es die einzige Chance bot, das Direktorium durchzubekommen. Einige von ihnen hegten sogar noch einen anderen Hintergedanken. Vielleicht könne man den Erbkaiserlichen die Freude an ihrem ganzen Verfassungswerk durch ein demokratisches Wahlgesetz verderben, dieses ihnen nämlich als eine Art Kuckucksei ins Nest legen.

Damit waren die Weichen für eine Niederlage der Gagern-Liberalen gestellt. Von Anfang an hielten ihre Kontrahenten das Heft fest in der Hand. Sie drängten auf eine beschleunigte Behandlung des Wahlgesetzes, wollten sie doch die Oberhauptsfrage vorläufig noch offenhalten. Den Gagern-Liberalen dagegen ging es zuallererst um den Erbkaiser, in der Annahme, nach Abschluß der Verfassung wäre den Großdeutschen das allgemeine Wahlrecht dann gleichgültig. Aber es erfüllten sich die Hoffnungen der Mainlust: Das Wahlgesetz wurde vorgezogen. Die Bahn für ein weitgefaßtes, fortschrittliches Wahlrecht war nunmehr frei.

Am 2. März 1849 verabschiedete die Frankfurter Nationalversammlung den letzten Paragraphen des «Reichsgesetzes über die Wahlen der Abgeordneten zum Volkshause». Künftig durfte demnach jeder «unbescholtene Deutsche, welcher das fünfundzwanzigste Lebensjahr zurückgelegt hat», wählen. Die Besitzenden sollten gegenüber den werktätigen Klassen nicht mehr bevorzugt werden. Das Mehrklassenwahlrecht war verworfen worden. Auch Arbeitern und Dienstboten gewährte man das Wahlrecht. Vorgesehen waren die geheime Stimmabgabe und die direkte Wahl. Lediglich Empfängern von Armenunterstützung blieb das Wahlrecht auch weiterhin entzogen. Die Sicherung des Stimmrechtes für Frauen lag noch in weiter Ferne.

Dieses Wahlgesetz, so, wie es in erster Lesung angenommen worden war, bedeutete für die damalige Zeit eine große Errungenschaft. Zur endgültigen Verabschiedung bedurfte es nach parlamentarischem Brauch allerdings einer weiteren parlamentarischen Verhandlung, der sogenannten zweiten Lesung. Bevor diese Ende März vonstatten ging, schlug ein aufsehenerregendes Ereignis die Versammlung bis zum letzten Abgeordneten vorübergehend in ihren Bann. Es sollte auch die endgültige Entscheidung über das Wahlgesetz beeinflussen.

Welcker sorgt für Verwirrung

Es war am 12. März, kurz nach neun Uhr morgens. In der Paulskirche herrschte parlamentarischer Routinebetrieb. Nichts deutete darauf hin, daß sich die Versammlung in wenigen Minuten wie ein Ameisenhaufen gebärden würde. Einige Abgeordnete brachten Interpellationen ein, die die zuständigen Reichsminister zu beantworten hatten. Der kleinbürgerlich-demokratische Oberappellationsgerichtsrat Schüler aus Jena verlangte Aufklärung darüber, ob es wahr sei, daß die zaristische Regierung gegen das Frankfurter Verfassungswerk protestiert habe. Der gemäßigt-liberale Bremer Kaufmann Gevekoht wollte wissen, welche deutschen Staaten bisher noch keinen Beitrag zum Aufbau einer deutschen Reichsflotte geleistet hätten. Die Minister beschwichtigten die Fragesteller, dämpften aufkommende Zweifel am Gelingen des Verfassungswerkes oder verwiesen unbequeme Interpellationen an die Ausschüsse. Alles ging seinen gewohnten Gang.

Da trat Karl Welcker, bis dahin einer der beredtesten Wortführer der Großdeutschen und einer der leidenschaftlichsten Gegner der Erbkaiserlichen, mit energischen Schritten an das Rednerpult. Was nun geschah, überraschte alle: Buchstäblich über Nacht hatte Welcker seine Meinung geändert. Die Verfassung müsse, erklärte er, so, wie sie in erster Lesung akzeptiert worden sei, sofort und ohne weitere Diskussion angenommen werden. Das entsprach nun ganz den Vorstellungen der Gagern-Liberalen. Um das Maß voll zu machen, verlangte Welcker auch noch, den König von Preußen zum deutschen Erbkaiser zu wählen. Sein Antrag schlug wie eine Bombe ein. Kopfschüttelnd vergewisserte sich ein früherer Gesinnungsgenosse Welckers, der seinen Augen und Ohren nicht hatte trauen wollen, daß keine Verwechslung vorliege. Auch die propreußisch eingestellten Mitglieder des Verfassungsausschusses, die die Attacken Welckers gegen den Erbkaiser Ende Dezember 1848 noch in lebhafter Erinnerung hatten, wollten es erst kaum glauben, ergingen sich aber bald in Freudenbezeugungen über das weitere Schicksal ihres Verfassungswerkes. An eine sofortige Abstimmung über den Welckerschen Antrag war allerdings nicht zu denken. Die Aufregung war viel zu groß. Vergebens versuchte Präsident Simson, wieder zur Tagesordnung überzugehen. Schon um drei Viertel elf Uhr mußte er die Sitzung schließen. Der Auftritt Welckers ließ an diesem Tage kein anderes Thema mehr zu. Wer war Welcker, und wie kam es zu seinem plötzlichen Sinneswandel?

Karl Theodor Welcker (1790–1869), ein Heidelberger Professor der Rechtswissenschaft, war einer der bekanntesten deutschen gemäßigt-liberalen Theoretiker und Publizisten der Vormärzzeit. Er hatte in Gießen und Heidelberg, späteren Hochburgen der fortschrittlichen deutschen Burschenschaftsbewegung, studiert und war bereits mit 24 Jahren Professor an der Universität Kiel geworden. Danach lehrte er an den Universitäten Heidelberg und Bonn. Welcker galt als Gegner des Absolutismus, aber nicht als Feind der Monarchie. Er wollte keine Volksrevolution, sondern allmähliche Reformen, eine bürgerliche Verfassung und Pressefreiheit; wie andere Liberale hatte auch er sich politischer Verleumdungen und Verfolgungen durch die Reaktion zu erwehren. Inzwischen an die Universität Freiburg berufen, wurde ihm hier 1832 und – nach seiner Wiedereinstellung erneut 1841 – sein Lehramt aufgekündigt. Welcker war ein überaus fleißiger Publizist. Gemeinsam mit dem badischen linksliberalen Historiker Karl von Rotteck gab er von 1834 bis 1848 ein nach ihnen benanntes neunzehnbändiges Staatslexikon heraus. Es vermittelte eine Übersicht über das politische Ideengut ihrer Zeit aus liberaler Sicht.

1848 entfaltete Welcker eine große politische Aktivität. Er wurde badischer Gesandter in Frankfurt am Main und Abgeordneter der Paulskirchenversammlung. Hier gehörte er von Anfang an zum Führungskreis der gemäßigten Liberalen im rechten Zentrum. Aber er war großdeutsch eingestellt, und die Auseinandersetzungen zwischen den Anhängern Schmerlings und Gagerns hatten ihn vorübergehend der Casino-Mehrheit entfremdet. Jetzt führte ihn sein Sinneswandel zu seinen früheren Fraktionskollegen zurück.

Welckers Schritt entsprang vor allem der Enttäuschung über die sture, unnachgiebige Haltung der Regierung in Wien gegenüber allen wie immer gearteten Reformvorschlägen aus Frankfurt. Schmerling, Welcker und die anderen großdeutsch eingestellten Liberalen hatten monatelang die Regierung Schwarzenberg geradezu angefleht: Laßt wenigstens ein Minimum an gutem Willen gegenüber der Paulskirchenversammlung erkennen! Tretet mit den zum Deutschen Bund gehörigen Gebieten einem künftigen Bundesstaat bei; wir setzen uns dafür ein, daß ihr die Herrschaft über Oberitalien, über Ungarn und eure übrigen südosteuropäischen Gebiete nicht aufzugeben braucht! Aber es war alles umsonst gewesen.

Am 11. März erfuhr die Paulskirchenversammlung: In der Wiener Hofburg war eine Verfassung für den habsburgischen Gesamtstaat, das ganze österreichische Kaiserreich erlassen worden. Alle Teile des Reiches, auch Ungarn, Oberitalien, die tschechischen Länder blieben fest mit der Krone verbunden. Es konnte also keinen Bundesstaat mit Deutsch-Österreich geben, höchstens einen neuen alten deutschen Bund unter dem Zepter eines mächtigen Habsburg. Zu allem Überfluß hatte die Regierung Schwarzenberg das eigene Parlament nach Hause geschickt. Welcker und viele seiner politischen Freunde, sogar Schmerling selbst, fühlten sich von der Wiener

Regierung verlassen, und sie waren es auch. Schmerling ersuchte um seine Entlassung als Bevollmächtigter bei der Reichsregierung. Und Karl Welcker entschied sich buchstäblich über Nacht für die Erbkaiserpartei.

Die Tage nach dem 12. März waren in der Paulskirche Tage voll hektischer Betriebsamkeit. Auf ihren abendlichen Versammlungen im Weidenbusch frohlockten die Kleindeutschen: Welcker hat uns fast ans Ziel gebracht. Nur noch das allerletzte Stück des Weges liegt vor uns. – Aber für eine sichere Mehrheit fehlten noch immer 20 bis 30 Stimmen. Wider alle Erwartungen blieb Welckers Beispiel bei den Großdeutschen eine Ausnahme. Weitere Überläufe waren nicht gefolgt. Vergeblich hatten die Gagern-Liberalen auch gehofft, daß die österreichischen Abgeordneten nunmehr der Paulskirche den Rücken kehren würden. Nur der Wiener Hofbeamte Alfred von Arneth und der alte Gefolgsmann Schmerlings, Joseph von Würth, verließen Frankfurt. Die Großdeutschen warfen die Flinte nicht ins Korn.

So sahen sich die Gagern-Liberalen nach anderen Bundesgenossen um. Sie verhandelten mit der «Linken im Frack», der Fraktion Westendhall, die schon des öfteren zwischen Linksliberalen und Demokraten hin- und hergependelt war und sich selten auf einen genauen Kurs hatte festlegen lassen. Um so häufiger war sie dafür das Zünglein an der Waage gewesen.

Gagerns Gesprächspartner, der stets verhandlungsbereite Breslauer Jurist Heinrich Simon, ein gewiefter parlamentarischer Taktiker, verlangte Gegenleistungen: Wir stimmen mit euch für die Verfassung, wenn ihr uns garantiert, daß am Wahlgesetz nichts mehr geändert wird; und: Ihr sollt euren Erbkaiser haben, wenn dessen Befugnisse beschränkt werden. Die Weidenbusch-Vertreter lehnten dieses Geschäft ab. Zur gleichen Zeit verhandelten auch Abgeordnete der Linken mit den Großdeutschen. «Die Linke ist wie eine schöne junge Braut, um deren Besitz zwei Freier sich bewerben, deren Existenz von der Eroberung abhängt»,[11] erklärte ironisch ein unbeteiligter Zuschauer. Die Großdeutschen akzeptierten die von der Linken gewünschten Konzessionen, vor allem die Festschreibung des in erster Lesung verabschiedeten Wahlgesetzes, war dies für sie doch die allerletzte Chance, dem

Erbkaiser den Weg zu verlegen. Die Linke, einschließlich der «Linken im Frack», reihte sich nunmehr in die Front der Weidenbusch-Gegner ein.

Mit einer Mehrheit von 31 Stimmen (283 zu 252) lehnte das Parlament am 21. März die Verabschiedung der Verfassung ab. Die Linke hielt ihr Wort. Ludwig Simon, Heinrich Simon, Karl Vogt und all die anderen kleinbürgerlich-demokratischen Abgeordneten stimmten mit den Großdeutschen. Der Weidenbusch erlitt eine klare Niederlage.

Die Gagern-Liberalen hatten eine politische Chance verspielt. Ihre Stimmung in jenen Tagen schwankte zwischen Siegesgewißheit und Resignation. Dem Hoch des 12. März war der Katzenjammer des 21. März gefolgt. «In tiefer Aufregung über das Ergebnis der Abstimmung hat sich die Versammlung bis morgen vertagt»,[12] notierte einer der Gefolgsleute Heinrich von Gagerns am Nachmittag des 21. März.

«Die Beschleunigung des Verfassungswerkes ist der Gedanke, der mich ins Ministerium geführt hat»,[13] hatte der Ministerpräsident am 20. März vor der Frankfurter Nationalversammlung erklärt. Nach der Abstimmungsniederlage vom 21. März reichte Gagern seinen Rücktritt ein, doch führte das Kabinett zunächst die Geschäfte weiter. Obwohl die Niederlage vom 21. März den Ministerpräsidenten getroffen hatte, ließ er sich davon nicht umwerfen. In jenen kritischen Tagen erwies er sich als wirklicher Führer seiner Partei und als ein Politiker, der es verstand, aus Niederlagen zu lernen. Der 21. März vermittelte ihm die Gewißheit, daß seine Partei weitere Abgeordnete für ihre Politik gewinnen mußte, dies konnte nicht ohne Zugeständnisse geschehen. Unmittelbar nachdem er seinen Rücktritt eingereicht hatte, saß er schon wieder am Verhandlungstisch. Erneut unterhandelte er mit Heinrich Simon, dem Führer einer der kleinsten, aber in den damaligen Wochen am heftigsten umworbenen parlamentarischen Gruppierungen, der rund zwei Dutzend Abgeordnete zählenden Westendhall. Man wußte damals in Frankfurt, daß Simon bereit wäre, mit den Liberalen der erbkaiserlichen Richtung ein politisches Geschäft zu machen, wenn diese der Westendhall in einigen Forderungen nachgeben würden.

Heinrich Simon (1805–1860) stammte aus Breslau, das 1848 zu den Zentren der revolutionären Bewegung in Deutschland gehörte. Er hatte in seiner Heimatstadt und in Berlin Jura studiert, war als Assessor in Deutschland weit herumgekommen und galt bald nach seiner Niederlassung in Breslau als begabter und sehr ehrgeiziger Jurist. Wie viele seiner jungen Berufskollegen trat auch Simon engagiert gegen den Absolutismus auf. Seinen demokratischen Anschauungen widerstrebte die Staatsdienerei, und er nahm 1845 den Abschied als Breslauer Stadtgerichtsrat. In Wort und Schrift bekundete Simon seine aufrechte und antiabsolutistische Gesinnung. So wurde er weit über die Grenzen Preußens hinaus bekannt.

Aber er war ein Mann der «maßvollen» Opposition, ein gemäßigter kleinbürgerlicher Demokrat. Das zeigte sich 1848. Im Vorparlament gehörte er zur Linken, wirkte dort jedoch mäßigend. Auch in der Nationalversammlung bewegte sich seine Westendhall zwischen Linksliberalismus und Demokratie.

Gagern und Simon, beide erfahrene Parlamentarier, traten sich dennoch als ungleiche Verhandlungspartner gegenüber. Der eine führte die starke Erbkaiserpartei an, der andere eine Splittergruppe von gerade zwei Dutzend Abgeordneten. Dennoch befand sich Heinrich von Gagern unter weit größerem Druck als sein Gegenüber. Gagern brauchte die Stimmen seines Kontrahenten, Simon konnte also Bedingungen stellen. Viele seiner politischen Freunde rieten Gagern von Verhandlungen sogar ab, aber es gab für ihn keine andere Wahl.

Simon und Gagern versuchten sich gegenseitig nach allen Regeln zu übervorteilen. Heinrich Simon wollte den Erbkaiser nur unter der Bedingung akzeptieren, daß die Rechte des Volkes nicht zu kurz kämen. Man stritt um das Wahlrecht und das sogenannte Suspensivveto. Das Suspensivveto war eine für die damalige Zeit sehr fortschrittliche Verfassungsbestimmung. Es besagte, daß es einem Monarchen nicht mehr gestattet sein sollte, Gesetze willkürlich zu vereiteln. Hatte das Parlament erst einmal ein Gesetz verabschiedet, so konnte auch ein König oder Kaiser, dem dieses nicht paßte, das Inkrafttreten höchstens noch eine Weile hinausschieben.

In der ersten Lesung der Verfassung hatte sich sogar überraschenderweise eine Mehrheit für diese Bestimmung gefunden. Die Gagern-Liberalen, die keinen Konflikt mit den Landesherren wollten, setzten alles daran, dies rückgängig zu machen. Genau hier hakte Heinrich Simon in seinen Verhandlungen mit Heinrich von Gagern ein. Gebt uns eine Sicherheit, daß das Wahlgesetz und das Suspensivveto erhalten bleiben und niemand die Verfassung antastet, wenn sie fertiggestellt sein wird, dann sind wir auf des Erbkaisers Seite, erklärte Simon. Unser Wort möge genügen, war Gagerns Antwort. Simon verlangte jedoch mehr. Die Gagern-Liberalen sollten schriftlich versprechen, daß sie erst einmal am Wahlgesetz und am Suspensivveto festhalten und auch die Verfassung späterhin gegen alle Anfechtungen durch die Reaktion schützen würden. Wohl oder übel fügte sich Gagern. Aber Heinrich Simon gab sich nicht mit der Unterschrift des Parteiführers zufrieden. Auch die Mehrheit seiner Gefolgsleute mußten Mann für Mann die gewünschte Erklärung unterzeichnen. Dafür hielt Gagern wenig später ein Dokument in der Hand, welches ihn noch wertvoller dünkte als der Preis, den er gezahlt hatte: Mit Simon verpflichteten sich etwa 15 weitere Abgeordnete der Westendhall, nunmehr für den Erbkaiser zu stimmen. Einer von ihnen schrieb in sein Tagebuch: «Ich opfere mit so vielen fast meine ganze Überzeugung, aber das muß geschehen, wenn etwas zustandekommen soll.»[14]

Am 25. März 1849 war das Abkommen unter Dach und Fach. Die Vereinbarung kam so keinen Augenblick zu früh, denn um die Gagern-Partei stand es inzwischen erneut ernst im Parlament. Am Mittag des 23. März, zwei Tage nachdem sich die Nationalversammlung gegen die sofortige Verabschiedung der Verfassung ausgesprochen hatte, mußte sie eine weitere schwere Niederlage einstecken.

Letzte Verfassungsdebatten

Gleich zu Beginn der zweiten Lesung der Verfassung machte die Mehrheit einen früheren Parlamentsbeschluß rückgängig, welcher besagte, daß kein Teil des deutschen Reiches mit nichtdeutschen Ländern zu einem Staate vereinigt werden dürfe. Natürlich hatte sich dieser Artikel in erster Linie gegen Österreich gerichtet, denn die Regierung in Wien wollte die volle Herrschaft über jeden Fußbreit Bodens ihrer außerdeutschen Besitzungen behalten. – Jetzt triumphierten Schmerling und seine Anhänger. Mit nur einer einzigen Stimme (266 gegen 265) waren die Gagern-Liberalen unterlegen. Diese Niederlage konnte schon das Ende des Verfassungswerkes bedeuten, hatte doch der erwähnte Paragraph stets als ein Paradestück der kleindeutschen Partei gegolten.

Der Pakt Simon-Gagern kam also wie die Rettung in höchster Not. Dennoch zeigten die internen Parteibesprechungen, daß Gagerns Anhänger die Übereinkunft nicht ohne weiteres billigten. Einige sprachen sich sogar dafür aus, die Nationalversammlung gänzlich zu verlassen. Andere entrüsteten sich über die Zugeständnisse, die Gagern der Linken gemacht hatte. Der Führer der Erbkaiserlichen stand voll auf der Höhe seiner Aufgabe. Er ermunterte die einen, und er beruhigte die anderen. Zu seinen Kritikern bemerkte Gagern, er sei weder über das Wahlgesetz noch über die Beschränkungen glücklich, die einem künftigen Monarchen auferlegt würden. Aber ich ziehe, erklärte er, jede Monarchie, also auch eine demokratische, der Revolution vor, die uns mit Sicherheit die Demokratie ohne einen Kaiser oder König bringen würde.

Dieses Argument überzeugte die meisten Widersacher in den eigenen Reihen. Nach dem Auf und Ab der beiden Wochen zwischen dem 12. und dem 25. März, der Einbringung des Welckerschen Antrages und dem Abschluß der Vereinbarung zwischen Simon und Gagern, standen die letzten drei Tage eindeutig im Zeichen der kleindeutsch-erbkaiserlichen Partei. Die Probe aufs Exempel begann am Nachmittag des 26. März, als die Abgeordneten über das Suspensivveto abstimmten: («Ist von dem Reichstag in drei unmittelbar folgenden ordentlichen Sitzungsperioden derselbe Beschluß unverändert gefaßt worden, so wird derselbe, wenn auch die Zustimmung der Reichsregierung nicht erfolgt, mit dem Schlusse des dritten Reichstages zum Gesetz.»)[15] Das Suspensivveto fand eine klare Mehrheit (385 gegen 127 Stimmen). Die Liste der Ja-Stimmen war bunt gemischt. Erwartungsgemäß hatte sich nicht nur die Linke für das Suspensivveto ausgesprochen, auch Weidenbusch-Liberale, wie der Bremer Johann Albert Dröge, der Halberstädter Otto Plathner oder Friedrich Zachariä aus Bernburg; zu guter Letzt eine große Anzahl der Österreicher und Süddeutschen. Bereits in ihren einstigen

Verhandlungen mit der Linken hatten sie zugesagt, für das suspensive Einspruchsrecht zu stimmen. Jetzt verbanden sie damit eine weitere Absicht. Sie gedachten nämlich den Erbkaiserlichen die Suppe gehörig zu versalzen. Einer Verfassung mit Suspensivveto, so hofften sie, würde kein deutscher Fürst jemals die Genehmigung erteilen. Diese Bestimmung war eine wirklich bedeutende Errungenschaft des bürgerlichen Parlamentarismus. Gestützt auf diesen Verfassungsartikel konnte jedes Parlament getrost einer Kraftprobe mit einem König oder Kaiser entgegensehen.

Zur eigentlichen großen Entscheidung zwischen den beiden Lagern der Paulskirche in den Verfassungsberatungen wurde die Abstimmung über das Kernstück der ganzen Verfassung, nämlich über das Reichsoberhaupt. Am Dienstag, dem 27. März, stimmten die Abgeordneten seit neun Uhr morgens im Eiltempo über die letzten Artikel der Reichsverfassung ab. Das Verfahren verlief wie üblich: Präsident Simson verlas mit geübter Stimme den jeweiligen Verfassungsartikel, danach erhoben sich die mit «Ja» Stimmenden von ihren Plätzen, während die Kontrahenten sitzen blieben. In einigen Fällen wünschten einzelne Parlamentsfraktionen namentliche Abstimmung. Dann dauerte die Prozedur länger. Oft verging mehr als eine Stunde, bis die Parlamentssekretäre alle Ja- und alle Nein-Stimmen ausgezählt hatten.

Gegen fünf Uhr nachmittags endlich stand der Oberhauptsartikel zur Abstimmung in der Paulskirche. Sowohl auf den Abgeordnetenbänken als auf der Besuchergalerie herrschte gespannte Stille. Mit gemischten Gefühlen erinnerten sich die Weidenbusch-Liberalen an die erste Lesung der Reichsverfassung im Januar 1849. Damals hatte sich die Mehrheit zwar dafür ausgesprochen, daß Deutschland künftig von einem König oder Kaiser regiert werden sollte. Strittig blieb seinerzeit die Amtsdauer. Die Großdeutschen waren gegen eine starke Zentralgewalt, und die Linke war gegen die Monarchie überhaupt. Gemeinsam hatten sie seinerzeit dem Erbkaiser eine Niederlage bereitet.

Am 27. März wird wiederum in der gleichen Reihenfolge wie im Januar abgestimmt. Mit einer klaren Mehrheit von 24 Stimmen (279 zu 255) spricht sich die Parlamentsmehrheit erneut grundsätzlich dafür aus, «die Würde des Reichsoberhauptes» einem «regierenden deutschen Fürsten» zu übertragen.[16] Dann die Abstimmung über die Erblichkeit, die namentlich erfolgt. Ja- und Nein-Stimmen wechseln sich in rascher Folge ab. Schon frohlocken die Weidenbusch-Liberalen, als Heinrich Simon und sein getreues Dutzend, unter ihnen sein Cousin Max Simon und die beiden Professoren Karl Freese und Bruno Hildebrandt aus Marburg, für den Erbkaiser stimmen. Aber Donnersberg und Deutscher Hof lehnen nahezu geschlossen ab, auch die Großdeutschen verschenken kaum eine Stimme. Selbst Schmerling, der seine Abgeordnetenpflichten in den vergangenen Wochen manchmal vernachlässigt hat, gibt sein «Nein» zu Protokoll. Bis zuletzt hat es den Anschein, als hielten sich Ja- und Nein-Stimmen die Waage. Als ausgezählt wird, ergibt sich eine Mehrheit von ganzen 4 Stimmen (267 zu 263) für den Erbkaiser. Der Stimme enthalten haben sich 8 Abgeordnete, unter ihnen 5 Mitglieder der Westendhall und 1 Abgeordneter des Deutschen Hofes, der Schweriner Postrevisor Helmuth Wöhler.

Die Entscheidung hing an einem seidenen Faden. Aber sie fiel zugunsten der kleindeutsch-erbkaiserlichen Partei um Heinrich von Gagern aus. Die Verfassung für Kleindeutschland war fertig. – Lediglich die als Krönung des Ganzen gedachte Wahl des künftigen Erbkaisers durch die Paulskirche stand noch aus. Die meisten Gagern-Liberalen sahen sich bereits am Abend des 27. März am Ziel ihrer Wünsche. «Dieser 27. März», schrieb damals der Stralsunder Casinoabgeordnete Nizze in Hochstimmung, «wird unvergeßlich bleiben in der vaterländischen Geschichte.»[17]

Aus der Reichsverfassung vom 28. März 1849

(§ 1) *Das deutsche Reich besteht aus dem Gebiete des bisherigen deutschen Bundes.*
Die Festsetzung der Verhältnisse des Herzogtums Schleswig bleibt vorbehalten.

(§ 2) *Hat ein deutsches Land mit einem nichtdeutschen Lande dasselbe Staatsoberhaupt, so soll das deutsche*

Land eine von dem nichtdeutschen Lande getrennte eigene Verfassung, Regierung und Verwaltung haben.

(§ 3) *Hat ein deutsches Land mit einem nichtdeutschen Lande dasselbe Staatsoberhaupt, so muß dieses entweder in seinem deutschen Lande residieren, oder es muß auf verfassungsmäßigem Wege in demselben eine Regentschaft niedergesetzt werden, zu welcher nur Deutsche berufen werden dürfen.*

(§ 5) *Die einzelnen deutschen Staaten behalten ihre Selbständigkeit, soweit dieselbe nicht durch die Reichsverfassung beschränkt ist: sie haben alle staatlichen Hoheiten und Rechte, soweit diese nicht der Reichsgewalt ausdrücklich übertragen sind.*

(§ 8) *Die einzelnen deutschen Regierungen sind befugt, Verträge mit anderen deutschen Regierungen abzuschließen.*

(§ 14) *In den Fahneneid ist die Verpflichtung zur Treue gegen das Reichsoberhaupt und die Reichsverfassung an erster Stelle aufzunehmen.*

(§ 19) *Die Seemacht ist ausschließlich Sache des Reiches. Es ist keinem Einzelstaate gestattet, Kriegsschiffe für sich zu halten oder Kaperbriefe auszugeben.*

Der Reichsgewalt liegt die Sorge für die Ausrüstung, Ausbildung und Unterhaltung der Kriegsflotte und die Anlegung, Ausrüstung und Unterhaltung von Kriegshäfen und Seearsenalen ob.

(§ 33) *Das deutsche Reich soll ein Zoll- und Handelsgebiet bilden, umgeben von gemeinschaftlicher Zollgrenze, mit Wegfall aller Binnenzölle.*

(§ 35) *Die Erhebung und Verwaltung der Zölle sowie der gemeinschaftlichen Produktions- und Verbrauchssteuern geschieht nach Anordnung und unter Oberaufsicht der Reichsgewalt.*

(§ 37) *Die einzelnen deutschen Staaten sind nicht befugt, auf Güter, welche über die Reichsgrenze ein- oder ausgehen, Zölle zu legen.*

(§ 38) *Die Reichsgewalt hat das Recht der Gesetzgebung über den Handel und die Schiffahrt und überwacht die Ausführung der darüber erlassenen Reichsgesetze.*

(§ 41) *Die Reichsgewalt hat das Recht der Gesetzgebung*

und die Oberaufsicht über das Postwesen, namentlich über Organisation, Tarife, Transit, Portoerteilung und die Verhältnisse zwischen den einzelnen Postverwaltungen.

(§ 45) Die Reichsgewalt ausschließlich hat die Gesetzgebung und Oberaufsicht über das Münzwesen. Es liegt ihr ob, für ganz Deutschland dasselbe Münzsystem einzuführen.

(§ 50) Die Reichsgewalt hat das Recht, insoweit die sonstigen Einkünfte nicht ausreichen, Matrikularbeiträge aufzunehmen.

(§ 51) Die Reichsgewalt ist befugt, in außerordentlichen Fällen Reichssteuern aufzulegen und zu erheben oder erheben zu lassen.

(§ 54) Der Reichsgewalt liegt die Wahrung des Reichsfriedens ob.

(§ 64) Der Reichsgewalt liegt es ob, durch die Erlassung allgemeiner Gesetzbücher über bürgerliches Recht, Handels- und Wechselrecht, Strafrecht und gerichtliches Verfahren die Rechtseinheit im deutschen Volke zu begründen.

(§ 66) Reichsgesetze gehen den Gesetzen der Einzelstaaten vor, insofern ihnen nicht ausdrücklich eine nur subsidiäre Geltung beigelegt ist.

(§ 68) Die Würde des Reichsoberhauptes wird einem regierenden deutschen Fürsten übertragen.

(§ 69) Diese Würde ist erblich im Hause des Fürsten, dem sie übertragen worden. Sie vererbt im Mannesstamme nach dem Rechte der Erstgeburt.

(§ 70) Das Reichsoberhaupt führt den Titel: Kaiser der Deutschen.

(§ 72) Der Kaiser bezieht eine Zivilliste, welche der Reichstag festsetzt.

(§ 73) Die Person des Kaisers ist unverletzlich.

Der Kaiser übt die ihm übertragene Gewalt durch verantwortliche, von ihm ernannte Minister aus.

(§ 74) Alle Regierungshandlungen des Kaisers bedürfen zu ihrer Gültigkeit der Gegenzeichnung von wenigstens einem der Reichsminister, welcher dadurch die Verantwortung übernimmt.

(§ 75) *Der Kaiser übt die völkerrechtliche Vertretung des deutschen Reiches und der einzelnen deutschen Staaten aus.*

(§ 76) *Der Kaiser erklärt Krieg und schließt Frieden.*

(§ 77) *Der Kaiser schließt Bündnisse und Verträge mit den auswärtigen Mächten ab, und zwar unter Mitwirkung des Reichstages, insoweit diese in der Verfassung vorbehalten ist.*

(§ 79) *Der Kaiser beruft und schließt den Reichstag; er hat das Recht, das Volkshaus aufzulösen.*

(§ 80) *Der Kaiser hat das Recht des Gesetzesvorschlags.*

(§ 81) *In Strafsachen, welche zur Zuständigkeit des Reichsgerichts gehören, hat der Kaiser das Recht der Begnadigung und Strafmilderung.*

(§ 83) *Der Kaiser hat die Verfügung über die bewaffnete Macht.*

(§ 85) *Der Reichstag besteht aus zwei Häusern, dem Staatenhaus und dem Volkshaus.*

(§ 91) *Mitglied des Staatenhauses kann nur sein, wer*
1. Staatsbürger des Staates ist, welcher ihn sendet;
2. das 30ste Lebensjahr zurückgelegt hat;
3. sich im vollen Genuß der bürgerlichen und staatsbürgerlichen Rechte befindet.

(§ 92) *Die Mitglieder des Staatenhauses werden auf sechs Jahre gewählt. Sie werden alle drei Jahre zur Hälfte erneuert.*

(§ 94) *Die Mitglieder des Volkshauses werden für das erste Mal auf vier Jahre, demnächst immer auf drei Jahre gewählt.*

(§ 98) *Zu einem Beschluß eines jeden Hauses des Reichstages ist die Teilnahme von wenigstens der Hälfte der gesetzlichen Anzahl seiner Mitglieder und die einfache Stimmenmehrheit erforderlich.*

(§ 100) *Ein Reichstagsbeschluß kann nur durch Übereinstimmung beider Häuser gültig zustandekommen.*

(§ 101) *Ein Reichstagsbeschluß, welcher die Zustimmung der Reichsregierung nicht erlangt hat, darf in derselben Sitzungsperiode nicht wiederholt werden.*
Ist von dem Reichstage in drei sich unmittelbar folgenden ordentlichen Sitzungsperioden derselbe Beschluß

unverändert gefaßt worden, so wird derselbe, auch wenn die Zustimmung der Reichsregierung nicht erfolgt, mit dem Schlusse des dritten Reichstages zum Gesetz. Eine ordentliche Sitzungsperiode, welche nicht wenigstens vier Wochen dauert, wird in dieser Reihenfolge nicht mitgezählt.

(§ 104) Der Reichstag versammelt sich jedes Jahr am Sitze der Reichsregierung.

(§ 106) Das Volkshaus kann durch das Reichsoberhaupt aufgelöst werden.

(§ 122) Die Reichsminister haben die Verpflichtung, auf Verlangen jedes der Häuser des Reichstages in demselben zu erscheinen und Auskunft zu erteilen oder den Grund anzugeben, weshalb dieselbe nicht erteilt werden könne.

(§ 132) Jeder Deutsche hat das deutsche Reichsbürgerrecht.

(§ 133) Jeder Deutsche hat das Recht, an jedem Orte des Reichsgebietes seinen Aufenthalt und seinen Wohnsitz zu nehmen, Eigenschaften jeder Art zu erwerben und darüber zu verfügen, jeden Nahrungszweig zu betreiben, das Gemeindebürgerrecht zu gewinnen.

(§ 135) Die Strafe des bürgerlichen Todes soll nicht stattfinden.

(§ 137) Vor dem Gesetz gilt kein Unterschied der Stände. Der Adel als Stand ist aufgehoben.

(§ 138) Die Freiheit der Person ist unverletzlich.

(§ 140) Die Wohnung ist unverletzlich.

(§ 141) Die Beschlagnahme von Briefen und Papieren darf, außer bei einer Verhaftung oder Haussuchung, nur in Kraft eines richterlichen, mit Gründen versehenen Befehls vorgenommen werden.

(§ 142) Das Briefgeheimnis ist gewährleistet.

(§ 143) Jeder Deutsche hat das Recht, durch Wort, Schrift, Druck und bildliche Darstellung seine Meinung frei zu äußern.

(§ 144) Jeder Deutsche hat volle Glaubens- und Gewissensfreiheit.

(§ 146) Durch das religiöse Bekenntnis wird der Genuß der bürgerlichen und staatsbürgerlichen Rechte weder be-

dingt noch beschränkt. Den staatsbürgerlichen Pflichten darf dasselbe keinen Abbruch tun.

(§ 150) *Die bürgerliche Gültigkeit der Ehe ist nur nach Vollziehung des Zivilaktes abhängig; die kirchliche Trauung kann nur nach Vollziehung des Zivilaktes stattfinden.*

(§ 152) *Die Wissenschaft und ihre Lehre ist frei.*

(§ 153) *Das Unterrichts- und Erziehungswesen steht unter der Oberaufsicht des Staates und ist, abgesehen vom Religionsunterricht, der Beaufsichtigung der Geistlichkeit als solcher enthoben.*

(§ 157) *Für den Unterricht in Volksschulen und niedern Gewerbeschulen wird kein Schulgeld bezahlt.*

(§ 158) *Es steht einem jeden frei, seinen Beruf zu wählen und sich für denselben auszubilden, wie und wo er will.*

(§ 161) *Die Deutschen haben das Recht, sich friedlich und ohne Waffen zu versammeln; einer besonderen Erlaubnis dazu bedarf es nicht.*

(§ 162) *Die Deutschen haben das Recht, Vereine zu bilden. Dieses Recht soll durch keine vorbeugende Maßregel beschränkt werden.*

(§ 164) *Das Eigentum ist unverletzlich.*

(§ 166) *Jeder Untertänigkeits- und Hörigkeitsverband hört für immer auf.*

(§ 167) *Ohne Entschädigung sind aufgehoben:*

1. *Die Patrimonialgerichtsbarkeit und die gutsherrliche Polizei samt den aus diesen Rechten fließenden Befugnissen, Exemtionen und Abgaben.*
2. *Die aus dem guts- und schutzherrlichen Verband fließenden persönlichen Abgaben und Leistungen.*

(§ 168) *Alle auf Grund und Boden haftenden Abgaben und Leistungen, insbesondere die Zehnten, sind ablösbar.*

(§ 173) *Die Besteuerung soll so geordnet werden, daß die Bevorzugung einzelner Stände und Güter in Staat und Gemeinde aufhört.*

(§ 174) *Alle Gerichtsbarkeit geht vom Staate aus. Es sollen keine Patrimonialgerichte bestehen.*

(§ 178) *Das Gerichtsverfahren soll öffentlich und mündlich sein.*

(§ 186) *Jeder deutsche Staat soll eine Verfassung mit Volksvertretung haben. Die Minister sind der Volksvertretung verantwortlich.*

(§ 188) *Den nicht deutsch redenden Volksstämmen Deutschlands ist ihre volkstümliche Entwicklung gewährleistet, namentlich die Gleichberechtigung ihrer Sprachen, soweit deren Gebiete reichen, in dem Kirchenwesen, dem Unterrichte, der inneren Verwaltung und Rechtspflege.*

(§ 196) *Abänderungen in der Reichsverfassung können nur durch einen Beschluß beider Häuser und mit Zustimmung des Reichsoberhauptes erfolgen.*

Zu einem solchen Beschluß bedarf es in jedem der beiden Häuser:

1. *der Anwesenheit von wenigstens zwei Dritteln der Mitglieder;*
2. *Zweier Abstimmungen, zwischen welchen ein Zeitraum von wenigstens acht Tagen liegen muß;*
3. *einer Stimmenmehrheit von wenigstens zwei Dritteln der anwesenden Mitglieder bei jeder der beiden Abstimmungen.*

Der Zustimmung des Reichsoberhaupts bedarf es nicht, wenn in drei sich unmittelbar folgenden ordentlichen Sitzungsperioden derselbe Reichstagsbeschluß unverändert gefaßt worden.

Die Reichsverfassung war kein demokratisches, sondern ein gemäßigt-bürgerliches Grundgesetz. Dennoch zählt sie zu den bleibenden Ergebnissen der Paulskirchenversammlung. Sie blieb hinter den Wünschen des Volkes zurück, denn sie brachte nicht die Republik, sondern den Erbkaiser. Aber sie war bedeutend fortschrittlicher als alle deutschen Verfassungen der Vormärzzeit. Vor allem in der Bestimmung, daß der künftige Kaiser nicht mehr unumschränkt herrschen oder sich über die Beschlüsse eines Parlamentes einfach hinwegsetzen konnte, kam deren bürgerlich-parlamentarischer, ja antifeudaler Charakter zum Ausdruck. Eine Errungenschaft war auch, daß mehr Menschen als je zuvor in Deutschland das Wahlrecht erhielten.

Dennoch überwogen die Kompromißbestimmungen. Die Verfassung steckte voller Widersprüche. Die Macht der fürstlichen Landesherren wurde zwar eingeschränkt, aber nicht gebrochen. Auch der Kaiser verfügte noch immer über eine starke Position gegenüber dem Zentralparlament. Er vertrat das Reich nach außen und schloß Verträge mit anderen Mächten ab. Er fällte die Entscheidung über Krieg und Frieden, und er war Oberbefehlshaber der Streitkräfte. Er konnte das Parlament berufen und auflösen. Und er hatte bei der Verabschiedung von Gesetzen ein gewichtiges Wort mitzusprechen.

Die Verfassung war ein sinnfälliger Ausdruck für die Reformpolitik der liberalen Bourgeoisie. Sie basierte auf der Furcht vor einer Volksrevolution und der Hoffnung, Adel und Fürsten für einen Kompromiß gewinnen zu können. Durch allmähliche Umgestaltung der Verhältnisse, dies war das eigentliche Anliegen der Verfassung, sollte ein bürgerlich-parlamentarischer Staat geschaffen werden, in dem die Bourgeoisie die tonangebende Klasse sein würde.

Das weitere Schicksal der Verfassung und damit der Frankfurter Nationalversammlung hing vor allem von der Haltung Preußens ab. Die Gagern-Liberalen, die dem preußischen König die deutsche Kaiserkrone zugedacht hatten, wollten keine Zeit verlieren. Bereits einen Tag nach der Verabschiedung der Verfassung sollte die Wahl des künftigen Kaisers erfolgen. Würde Friedrich Wilhelm IV. zum deutschen Kaiser gewählt worden sein, so – hoffte man – könne Preußen nicht mehr zurück. Und wäre Preußen gewonnen, sei auch der kleindeutsche Bundesstaat Wirklichkeit.

Am Mittwoch, dem 28. März, zu ungewohnter Stunde, mittags um zwölf Uhr, versammeln sich 538 Abgeordnete in der Paulskirche. Die Liberalen aus dem Weidenbusch, die meisten in festlicher Kleidung, befinden sich in Hochstimmung, in der Gewißheit, ihr Werk zu krönen. Hingegen betrachten die Linke und die Großdeutschen ihre Teilnahme nur als eine Pflichtübung. Niemand zweifelt daran, daß Friedrich Wilhelm IV. von Preußen die meisten Stimmen erhalten wird. Wieder erfolgt die Abstimmung per Namensaufruf.

Zunächst blicken die Anhänger Gagerns enttäuscht, denn die ersten drei zur Abstimmung aufgerufenen Abgeordneten – Georg Achleitner aus Ried in Österreich, Heinrich Ahrens aus Salzgitter und August von Aichelburg aus Laibach – lehnen die Wahl ab. Schließlich aber häufen sich die Stimmen für den Preußenkönig. Die Zahl der Enthaltungen von seiten der Linken und der Großdeutschen ist zwar erheblich, reicht jedoch nicht. Spannung kommt bei den Gegnern des Erbkaisers nicht auf, eher Langeweile. Einmal muß die Abstimmung unterbrochen werden: Als nämlich der fraktionslose Fürst Konstantin von Waldburg-Zeil-Trauchburg aufgerufen wird, antwortet er mit den Worten «Ich bin kein Kurfürst» und lehnt die Wahl ab, was die Linke mit Bravos quittiert. Bald darauf geht die Wahl zu Ende.

Brief des Abgeordneten Wilhelm Zimmermann (äußerste Linke) an seine Frau

Frankfurt a. M., 28. März,
Mittwoch abend 1/4 5 Uhr

Herzliebes Weib!
Da liegt der Kaiser! Den König von Preußen haben sie dazu gemacht. Es stimmten 290 für ihn; 248 erklärten, sie wählen nicht, darunter ich. Vom Donnersberg stimmten Meyer von Liegnitz, Köhler, Reichenbach, Zimmermann von Spandau für ihn. Vogt ist zu uns zurückgekehrt; die Vorwürfe, die Vorstellungen der Freunde haben auf ihn tief gewirkt: es tut ihm sehr leid, er hat nicht für die Preußen gestimmt, sondern wie wir. Aber sein Vorgang wirkte übel auf andere, sie nahmen seine Gründe auf und stimmten für den König von Preußen. Darunter Schoder. Die Handlung war ohne alle Weihe; es fielen Späße und unendliches Gelächter und Klatschen dazwischen. Damen wurden ohnmächtig, so voll war's, obgleich alles geöffnet war, auch die sonst verschlossenen Galerieteile oben. Die Glocken läuten noch, die Kanonen donnern, Morgen wird 1 Deputation von 24 Gliedern nach Berlin gehen. Heute hat sich das Parlament permanent erklärt, bis zum

Zusammentritt des neuen Reichstags, der am 1. Mai statthaben soll.
Als der Präsident die Wahl verkündete, e r h o b e n sich die, die ihn wählten mit «Hoch! der Kaiser!» Die Linke saß lautlos, unbewegt auf ihren Bänken. Da sie s e h r l a n g e standen und schrien, so machte der Kontrast der Sitzenden und Schreienden wirklich einen tiefen Eindruck auf die ganz stillen Galerien nicht bloß, sondern selbst auf die Erbkaiserlichen. Es zeigte sich hier – wie in einem verhängnisvollen Vorbilde in dieser Versammlung – der Riß, der in der Nation gemacht war. Von den alten Reichslanden blieben fast alle sitzen.
Als ich auf den Staffeln des Paulskirchenturmes nach dem Schluß der Versammlung stand und die Erbkaiserlichen vor Freuden und Rührung weinten und sich umarmten und jubelten, trat Radowitz heraus, sie wollten ihn in ihrem Jubel umkreisen. Unser Kaiser! unser Kaiser, wir haben ihn! riefen die Lettes, Dahlmanns, Arndts. Aber Radowitz sah sehr ernst, angegriffen, wie traurig aus, hob den Finger warnend und sagte schwerer Betonung: «Führt ihn durch!»
Ja, liebes Weib, gemacht ist er, gegessen, und getrunken und betoastet und bedeputiert wird er, aber durchführbar ist er nicht. Adieu, Liebe. Oh, liebes Weib! Ich schließe, denn ich habe noch nicht gegessen. Ich küsse, ich grüße die lieben Kinder, alle, vorab die lieben Eltern.

Dein Wilhelm

Nachmittags gegen halb drei Uhr tritt Präsident Simson an das Rednerpult, um das Ergebnis der Kaiserwahl mitzuteilen. 290 Abgeordnete haben Friedrich Wilhelm IV. ihre Stimme gegeben, die restlichen 248 enthielten sich der Wahl. «Die verfassunggebende deutsche Reichsversammlung», so verkündet Simson mit sorgsam akzentuierter, erhobener Stimme, «hat sich also in ihrer 196. öffentlichen Sitzung, Mittwoch den 28. März des Jahres 1849, auf den Grund der von ihr beschlossenen, angenommenen und verkündigten Reichsverfassung die in derselben begründete erbliche Kaiserwürde auf den König von Preußen, Friedrich Wilhelm IV., übertragen.» Nach einer kurzen Pause fährt er fort: «Möge der deutsche Fürst, der wiederholt und öffentlich in unvergessenen Worten den warmen Herzschlag für die deutsche Sache sein kostbares mütterliches Erbe genannt hat, sich nun als Schutz und Schirm der Einheit, der Freiheit und der Größe unseres Vaterlandes bewähren, nachdem eine Versammlung, aus dem Gesamtwillen der Nation hervorgegangen wie keine, die je auf deutschem Boden tagte, ihn an die Spitze gerufen hat.»[18]

Da die Liberalen in der Frankfurter Paulskirche wußten, daß die Verfassung für Kleindeutschland ohne den kleindeutschen Erbkaiser bloß ein Stück Papier blieb, richten sich ihre Blicke jetzt nach Berlin.

Die letzten Monate: Verspielte Chancen und gewonnene Einsichten

Ernst Moritz Arndt

Aus Frankfurt weg!

(Mai 1849)

Hinweg! Die besten Streiter matt,
Die stärksten Arme todeswund.
Hinweg! Satt ist und übersatt
Gelebt – es kommt die Sterbesstund!

Weg! Keinen Augenblick gesäumt!
Sonst stirbst du wie ein feiger Hund.
Du hast von Kaiserstolz geträumt –
Vergrab einstweilen deinen Fund.

Die besten wissen, wo er liegt,
Einst heben sie ihn ans Sonnenlicht,
Wir sind geschlagen, nicht besiegt,
In solcher Schlacht erliegt man nicht.

Es ist eine auffallende Reisegesellschaft, die am 1. April 1849 in Köln den Zug in Richtung Berlin besteigt. Sie besteht aus etwa dreißig Herren mittleren bis vorgerückten Alters. Als sie im Wagen ihre Mäntel abgelegt und Platz genommen haben, kann man sehen, daß die meisten von ihnen festliche Kleidung tragen. Die Mitreisenden sind neugierig geworden, tuscheln miteinander und machen sich gegenseitig aufmerksam, wenn sie einen aus der Gruppe erkennen. Der Weißhaarige dort, das ist Arndt. Oder: Da drüben sitzt Dahlmann. Schnell haben sie herausbekommen, daß Parlamentspräsident Simson dabei ist. Auch der kahlköpfige Soiron wird erkannt. Jetzt spricht es sich wie ein Lauffeuer unter den Mitreisenden herum: Im Zug befindet sich die Kaiserdeputation der Frankfurter Nationalversammlung, eine Abordnung, die dem preußischen König in aller Form die Kaiserwürde überbringen und ihn zur Annahme derselben auffordern soll.

Vergebliches Angebot

Mit Hingabe hatte die Paulskirchenversammlung mehr als drei Monate lang über das Grundgesetz debattiert. Jetzt mußte sie sich der Öffentlichkeit stellen. Die vom Frankfurter Parlament verabschiedete Reichsverfassung stand vor ihrer Bewährungsprobe. Was aus ihr wurde – ob sie ein Stück Papier blieb oder aber Geltung erlangte –, dies hing vor allem davon ab, welche Haltung die beiden großen Lager – die Fürsten mit ihren Regierungen und der Adel auf der einen Seite und das Volk auf der anderen Seite – einnahmen.

Anstatt sich mit den demokratischen Kräften zu verbünden, um die widerstrebenden Fürsten zur Anerkennung des Grundgesetzes zu zwingen, setzte die Bourgeoisie alles daran, den Adel zum Kompromiß zu bewegen. Ohne dem Volke Rechenschaft über die eben verabschiedete Verfassung abzulegen, klopften die Paulskirchenliberalen an die Tür des preußischen Königs.

Bei der Regierung und am Hofe in Berlin aber ging der Disput darüber, welche Vorteile ein kleindeutscher Bundesstaat und das Erbkaisertum für Preußen bringen konnten, immer noch hin und her. Die Regierung Brandenburg liebäugelte seit längerem mit einem solchen Staat, fürchtete jedoch den Widerstand anderer Staaten, vor allem Rußlands und Österreichs. Obwohl Friedrich Wilhelm IV. das Amt des Reichsoberhauptes lockte, wünschte er keinesfalls seinen kaiserlichen «Bruder» in Wien zu brüskieren. Über eines waren sich Regierung und König jedoch einig: Sie wollten die Paulskirche nicht als Geburtshelfer Kleindeutschlands dulden. Friedrich Wilhelm gedachte sich die Krone höchstens von seinesgleichen und nicht von einem Parlament aufsetzen zu lassen.

«Ich ersuche Euer Exzellenz unter der Hand, wie verabredet war, dahin zu wirken, daß die Deputation, welche Seiner Majestät dem Könige die Kaiserwürde antragen soll, nicht herkommt», hatte deshalb der preußische Außenminister sofort, nachdem die Kaiserdeputation gewählt worden war, an Ludolf Camphausen in Frankfurt telegraphiert. Als Antwort kam ein knapper Satz: «Die Zurückhaltung der Deputation der Nationalversammlung war in keiner Weise meinerseits mehr zu bewerkstelligen . . .»[1]

Die Kaiserdeputation, welche am 2. April in Berlin anlangt, löst bei der Regierung und am Hofe größte Mißstimmung aus. Solange man selbst den kleindeutschen Bundesstaat noch nicht abgeschrieben hat, kann man die Überbringer der Kaiserwürde natürlich nicht einfach hinauswerfen. Der König und sein stockkonservativer Ministerpräsident beschließen daraufhin, mit den Frankfurter Parlamentariern ein wenig zu spielen.

Am 2. April hat Brandenburg vieldeutig erklärt, seine Regierung wolle alles aufbieten, daß das nunmehr nahegerückte Ziel erreicht werde. Mancher Deputierte schöpfte neue Hoffnung. Aber als Simson nach der Ankunft in Berlin den Wunsch äußerte, den König vor der großen Audienz persönlich zu sprechen, erhielt er eine Absage. Für den Empfang im königlichen Schloß am 3. April haben Hof und Regierung ein genaues Protokoll ausgearbeitet. Jedes Detail ist darauf berechnet, den Abstand zwischen der Nationalversammlung und der Krone Preußens hervorzukehren sowie die Macht und die Unabhängigkeit der letzteren zu betonen.

Die Frankfurter Abgeordneten werden nicht durch das große und prächtige Eosander-Hauptportal an der Schloßfreiheit hereingelassen, sie erhielten vielmehr die Anweisung, einen nach dem Lustgarten zu gelegenen unauffälligen Nebeneingang, die sogenannte Wendeltreppe, zu benutzen. Die Wendeltreppe war eine Treppe ohne Stufen, vornehmlich zum bequemen Hinauftragen von Tragesesseln bestimmt, in denen allerhöchste Herrschaften Platz genommen hatten. Weiter haben sich die Deputierten auf einem der Obergeschosse bereit zu halten. Gegen zwölf Uhr werden sie, ähnlich wie Bittsteller, in den Thronsaal, das Prunkstück des Schlosses, geführt. Hier erwartet der König mit seinen Ministern und Adjutanten die Kaiserdeputation, um in herablassender Leutseligkeit ihre Botschaft entgegenzunehmen. Wie vereinbart, ergreift Simson das Wort.

Der Parlamentspräsident ist ein geübter Redner und an große Auftritte gewöhnt. Er bemüht sich, überlegen zu wirken, was ihm in dieser Umgebung allerdings schwerfällt. Wir haben, so erklärt er, Euer Majestät zum Kaiser gewählt und gleichzeitig eine Verfassung für Deutschland verabschiedet. Die Annahme der Kaiserkrone sei nur dann möglich, wenn auch die Verfassung akzeptiert werde. Wir sind, so schließt er, in der ehrfurchtsvollen Hoffnung vor Euer Majestät erschienen, damit diese geruhen werde, «die begeisterten Erwartungen des Vaterlandes durch einen gesegneten Entschluß zu glücklicher Erfüllung zu führen».[2]

Simson tritt einen Schritt zurück. Nun ergeht sich Friedrich Wilhelm IV. in Phrasen darüber, wie wichtig ihm und seiner Regierung die Belange Deutschlands seien. Er wisse das Angebot der Frankfurter Deputation schon zu schätzen, erklärt der Monarch. Mit Recht habe sie auf seine Hingebung und Vaterlandsliebe gebaut. Aber auch «Deutschlands gekrönte Häupter» und die von ihnen «regierten Stämme» müßten jetzt gehört werden. Zum Schluß kommt dann noch der vielsagende Satz: «Dessen aber möge Deutschland gewiß sein, und das, meine Herren, verkündigen Sie in allen seinen Gauen: bedarf es des preußischen Schildes und Schwertes gegen äußere und innere Feinde, so werde ich auch ohne Ruf nicht fehlen; ich werde dann getrost den Weg meines Hauses und meines Volkes gehen, den Weg der deutschen Ehre und Treue.»[3] Der König macht eine kurze befehlende Handbewegung, und die Audienz ist beendet.

Noch am selben Abend versammeln sich die Abgeordneten zur Beratung. Einige wenige, wie Friedrich Dahlmann, der Leipziger Professor Karl Biedermann und der Hamburger Rechtsanwalt Gabriel Riesser, wollen die Antwort des Königs positiv auslegen. Immerhin habe er nicht abgelehnt und sogar von seiner Vaterlandsliebe gesprochen, meinen sie. Es wäre gut gewesen, wenn sie jenen Brief Friedrich Wilhelms an den Diplomaten Karl Josias von Bunsen hätten lesen können, in dem dieser schilderte, wie er die Kaiserdeputation abgefertigt hatte: «Ich kann Euch weder Ja noch Nein antworten. Man nimmt nur an und schlägt nur aus eine Sache, die geboten werden kann – und Ihr habt da gar nichts zu bieten: das mach ich mit meinesgleichen ab; jedoch zum Abschied die Wahrheit: gegen Demokraten helfen nur Soldaten, Adieu!»[4]

Die Mehrheit der Deputation um den Parlamentspräsidenten Simson hat den Sinn der königlichen Worte gut verstanden, sie ist enttäuscht, dieses Mal aber unnachgiebig. Die Abgeordneten hatten deutlich gespürt, daß die Oberhauptswürde den Monarchen zwar lockte, er aber von der Verfassung nichts wissen wollte. Sind wir ihm mit der Verfassung nicht schon genug entgegengekommen, wurde immer wieder gefragt. Wir können uns schließlich nicht selbst aufgeben. Die Abgeordneten waren sich in ihrer überwiegenden Mehrheit einig, daß es das beste sei, unverzüglich nach Hause zu fahren.

Ministerpräsident Brandenburg fürchtete jedoch, Preußen könne allzu deutlich als Quertreiber der deutschen Einigung dastehen. In aller Eile verabschiedete die preußische Regierung eine Note, die in gewundenen Formulierungen erklärte, daß der König bereit sei, «auf den Antrag der deutschen Regierungen und unter Zustimmung der deutschen Nationalversammlung die provisorische Leitung der deutschen Angelegenheiten zu übernehmen». Die Verfassung aber könne «nur im Wege der Vereinbarung», das heißt im Einverständnis mit den Fürsten, festgestellt werden. «Binnen längstens acht Tagen» werde Preußen einen Bevollmächtigten nach Frankfurt entsenden; «binnen längstens vierzehn Tagen» sei die endgültige Entscheidung zu erwarten.[5] Das war, alles in allem betrachtet, nicht viel mehr, als die Frankfurter Deputation bereits aus dem Munde des Königs erfahren hatte. Sie ist jetzt des Spiels überdrüssig. Am 5. April tritt sie die Rückreise an; zwei Tage später, an einem Sonnabend, trifft sie wieder in Frankfurt ein.

Neue Hoffnungen und endgültige Absage

Im Nordosten Deutschlands war die Verfassungspartei der Paulskirche auf wenig Entgegenkommen gestoßen. Umso besser standen die Chancen für die Verfassungsbewegung im Südwesten. Hier in Baden, in der Pfalz, in Hessen kündigte sich im Frühjahr 1849 eine neue Welle revolutionärer Erhebungen an. Aber der Funke schwelte noch im verborgenen, doch der Kampf um die Reichsverfassung und der Widerstand, den die mächtigsten deutschen Fürsten dieser entgegensetzten, halfen mit, ihn zu entfachen. Revolutionäre Arbeiter, Bauern und Kleinbürger trafen sich auf Volksversammlungen, so in Frankfurt und Hanau (12. April), in Offenbach (13. April) und in zahlreichen anderen Orten. Immer wieder war hier zu hören: Diese Reichsverfassung ist wahrlich kein Prunkstück. Wir wollen mehr und geben uns damit nicht zufrieden. Dennoch, mit diesem Grundgesetz wäre wenigstens ein Anfang gemacht. Allein für das Wahlrecht lohne es sich schon einzustehen. «Das Volk sieht in jedem, wenn auch noch so lumpigen Schritt näher zur Einigung Deutschlands einen Schritt näher zur Beseitigung der kleinen Fürsten und zur Befreiung von der drückenden Steuerlast», schrieb die «Neue Rheinische Zeitung» und traf damit den Nagel auf den Kopf.[6]

Als bekannt wurde, was sich am 3. April in Berlin zugetragen hatte und alle von den Drohungen des preußischen Königs erfuhren, äußerten viele Redner entschlossen: Wir wollen mit Gut und Blut für die Verfassung einstehen, aber nicht für den Erbkaiser, denn wir sind Republikaner. Die Paulskirche hätte sich also an das Volk halten müssen. Dies war die einzige wirkliche Chance, um die Verfassung durchzusetzen. Frankfurt lag im Zentrum der sich ausbreitenden Verfassungsbewegung. In der Paulskirche gingen laufend Nachrichten von revolutionären Versammlungen ein. Das Parlament beobachtete die Lage außerhalb jetzt aufmerksamer als in den Wochen und Monaten zuvor. Die Mehrheit der äußersten Linken zog richtige Schlußfolgerungen aus den Geschehnissen und stellte sich hinter jene revolutionären Arbeiter, Bauern und Kleinbürger, die zwar zur Verfassung «Ja», aber zum Erbkaiser «Nein» sagten.

Schon seit längerem gab es bei den Donnersbergern zwei Flügel. Auf der einen Seite standen revolutionäre Demokraten, wie der Sachse Wilhelm Adolf von Trützschler und die beiden Schlesier Friedrich Schlöffel und Franz Schmidt. Sie waren prinzipienfeste, energische Oppositionspolitiker und hielten nicht allzuviel vom parlamentarischen Taktieren. Maßstab für unser Handeln muß sein, was dem Wohle des Volkes dient, erklärten sie deshalb immer wieder.

Märzvereinsversammlung in Frankfurt am 6. Mai 1849
Nach der «Illustrierten Zeitung», 1848

Empfang der Kaiserdeputation
auf dem anhaltischen Bahnhof in Berlin am 2. April 1849
Nach der «Illustrierten Zeitung», 1849

Die Deputation der Nationalversammlung überbringt Friedrich Wilhelm IV. die Nachricht von seiner Kaiserwahl am 3. April 1849
Nach der «Illustrierten Zeitung», 1849

*Blutige Auseinandersetzungen
auf dem Berliner Dönhoffplatz am 27. April 1849
Nach der «Illustrierten Zeitung», 1849*

Biwak der Aufständischen
auf dem Dresdener Altmarkt am 6. Mai 1849
Nach der «Illustrierten Zeitung», 1849

Volksversammlung
auf dem Nürnberger Judenbühl am 13. Mai 1849
Nach der «Illustrierten Zeitung», 1849

Gefecht bei Hemsbach
zwischen badischen Revolutionstruppen
und hessen-darmstädtischem Militär Ende Mai 1849
Nach der «Illustrierten Chronik 1849»

Sprengung des Rumpfparlaments in Stuttgart durch württembergische Truppen am 18. Juni 1849 Nach einer Buchillustration, 1893

Auf dem anderen Flügel standen die parlamentarischen Demokraten um den Trierer Ludwig Simon und den Gießener Karl Vogt. Sie hatten in den vergangenen Wochen schon einmal die Fronten gewechselt und dabei teilweise die eigenen politischen Prinzipien hintangestellt. Die Auseinandersetzungen im Donnersberg erreichten am 11. April ihren Höhepunkt.

Morgens hatte Simson in der Parlamentssitzung über die Reise der Kaiserdeputation nach Berlin berichtet. Die Abgeordneten reagierten unterschiedlich. Während sich die Großdeutschen schadenfroh die Hände rieben, gaben die Anhänger Gagerns ihrem Ärger über die erlittene Demütigung Ausdruck. Auch die Linke zeigte sich entrüstet. Am meisten empörten sich Trützschler und seine Freunde über das in Berlin Geschehene. Friedrich Schlöffel stellte sogleich einen energisch formulierten parlamentarischen Antrag. Angesichts der Drohungen, die der preußische König gegenüber den Parlamentariern ausgestoßen hatte, verlangte er, die Frankfurter Nationalversammlung solle das deutsche Volk zum Schutz «auch g e g e n sogenannte gesetzliche Streitkräfte» aufrufen. Außerdem forderte er, den Erbkaiserparagraphen aus der Verfassung zu streichen. Statt dessen sollte ein demokratischer Vollziehungsausschuß, der die Beschlüsse des Parlamentes ausführte, regieren.[7] Damit gab Schlöffel den Auftakt für eine heftige Auseinandersetzung innerhalb der äußersten Linken.

Am Abend des 11. April fand eine turbulente Sitzung im Fraktionslokal des Donnersberg statt. An der Verfassung wollten zwar vorerst alle festhalten, heftiger Streit entbrannte jedoch erneut um den Erbkaiser. Trützschler, Schlöffel und ihre Freunde erklärten, es grenze an Selbsterniedrigung, wenn jetzt noch der Kaiserparagraph beibehalten würde, nachdem der preußische König selbst die Kaiserkrone abgelehnt habe. Die demokratischen Kräfte des Volkes seien ohnehin gegen die Monarchie. Deren Meinung und nicht der Standpunkt der Parlamentsmehrheit müsse für die Linke ausschlaggebend sein.

Der redegewandte Ludwig Simon versuchte seine Gegner zu beschwichtigen. Man dürfe jetzt nichts überstürzen, er und seine Anhänger seien und blieben Republikaner. Aber noch sei auch die Mehrheit außerhalb des Parlamentes für die

Monarchie. Deshalb riet er dazu, vorläufig am Erbkaiser festzuhalten. Zur Überraschung der meisten Anwesenden schlug er ein vorübergehendes Bündnis mit den Gagern-Liberalen vor. Gegenwärtig sei es das beste, wenn die Nationalversammlung möglichst fest zusammenstehe. Nur so hätte die Verfassung eine Chance.

Die Anhänger Trützschlers widersprachen mit Entschiedenheit, doch Simon und seine Freunde gaben nicht nach. Schließlich erklärten Trützschler und mit ihm die knappe Mehrheit des Donnersberg ihren Austritt aus der Fraktion der äußersten Linken. Zu den Entschiedensten zählten neben Friedrich Schlöffel und Franz Schmidt vor allem der Mainzer revolutionäre Demokrat und Publizist Friedrich Schütz und der Stadtrichter Friedrich Martiny aus Friedland in Westpreußen. Bei Ludwig Simon verblieben unter anderen der demokratische Publizist Julius Fröbel, der Leipziger Schriftsteller Georg Günther sowie der Düsseldorfer Rechtsanwalt Hugo Wesendonck.

Natürlich hatte sich Simon bereits mit dem Deutschen Hof verständigt. Die gemäßigten Republikaner unter der Führung Karl Vogts behielten vorerst ebenfalls den erbkaiserlichen Kurs bei. Aber der Oberhauptsparagraph war nicht irgendeine untergeordnete, sondern die entscheidende Bestimmung der ganzen Verfassung.

Obgleich nun offen zutage getreten war, daß die Paulskirche nichts ohne die Verfassungsbewegung auszurichten vermochte, gab die gemäßigte Linke dem Zusammengehen mit den gemäßigten Liberalen innerhalb des Parlamentes den Vorzug. Damit beging sie einen politischen Fehler. Während die revolutionäre Bewegung außerhalb des Parlamentes vorwärtsschritt, hatte die Mehrheit der parlamentarischen Linken einen Schritt zurück getan.

«Herr Simon hat nicht wohlgetan, im letzten Augenblick die Politik der Prinzipien aufzugeben und sich auf den Boden der Tatsachen zu stellen», schrieb eine revolutionär-demokratische Zeitung ironisch. «Es wäre allerdings noch immer möglich, selbst für diese Versammlung, die Fürsten zur sofortigen Anerkennung der Verfassung zu zwingen, wenn sie das Volk aufriefe und ihm durch Tatsachen, indem sie etwa die sofortige, unentgeltliche Aufhebung aller Feudallasten dekretierte, bewiese, daß es ihr ernst sei um sein Wohl. Aber dazu müßte sie revolutionär auftreten, müßte im Fall des Mißlingens Hochverratsprozesse, vielleicht den Hals riskieren – und glaubt Herr Simon auch nur einen Augenblick, daß die Menschen, mit denen er sich gestern um die Verfassung und das preußische Erbkaisertum geschart hat, dessen fähig sind?»[8] – fragte das Blatt skeptisch.

Die Liberalen in der Paulskirche betrachteten die Verfassungsbewegung, die sich vor allem im Südwesten und in Mitteldeutschland entwickelte, mit gemischten Gefühlen. Nach der Abweisung der Kaiserdeputation hatten auch sie trotziges Selbstbewußtsein gezeigt. Aber jetzt meldeten sich wieder ihre Sorgen und Bedenken. Die Liberalen mißtrauten der Verfassungsbewegung des Volkes. Sobald die Revolution neu erwache, sei es mit der Verfassung vorbei, meinten Heinrich von Gagern und seine politischen Freunde. Deshalb beschlossen sie, wie bisher so auch weiterhin nicht an das Volk, sondern an die Fürsten zu appellieren. Wenn Arbeiter, Bauern und Kleinbürger versuchen sollten, die Verfassung gewaltsam durchzusetzen, wollte man sie sogar zurückhalten. Allerdings gelobten die Liberalen in jenen Tagen auch, daß sie keine Abstriche an der Verfassung zulassen würden, selbst wenn die Fürsten oder ihre Regierungen dies verlangten. Die Losung von der Unteilbarkeit des Grundgesetzes war damals noch in aller Munde.

Um ihrem Willen, die Verfassung auf legalem Wege durchzusetzen, Ausdruck zu verleihen, beschlossen die Liberalen gemeinsam mit der gemäßigten Linken die Wahl des sogenannten Dreißigerausschusses. Er sollte der Nationalversammlung laufend über den Stand der Verfassungsfrage berichten und «maßvolle» Vorschläge unterbreiten, wie das Grundgesetz durchgesetzt werden konnte. Die liberale Verfassungspartei konnte sogleich einen Erfolg verbuchen. Achtundzwanzig deutsche Regierungen erklärten der Paulskirchenversammlung am 14. April ihr Einverständnis mit der Reichsverfassung und mit der Kaiserwahl.

Für die Verfassungspartei war dies der schönste Tag seit der Verabschiedung des Grundgesetzes am 28. März. Seht, mit der Politik des Maßhaltens läßt sich doch etwas erreichen, hieß es jetzt im Weidenbusch. Aber um welche achtundzwanzig Regierungen handelte es sich? Baden, Hessen-Darmstadt, Hessen-Kassel, Mecklenburg-Schwerin und Schleswig-Holstein waren die bedeutendsten. Die meisten anderen Kleinstaaten, wie die thüringischen Herzogtümer oder die freien Städte, hatten wenig Gewicht, von Zwergstaaten wie den beiden Hohenzollern oder den anhaltinischen Gebilden ganz zu schweigen. Also lediglich in den Randgebieten des künftigen Kleindeutschland fanden sich die Regierungen bereit, die Verfassung zu akzeptieren. Preußen hielt sich nach wie vor zurück. «Herr Camphausen ... raucht mit stoischer Gleichgültigkeit eine Zigarre um die andere und wundert sich nur zuweilen über die Bereitwilligkeit der Regierungen, die Verfassung und das Wahlgesetz anzunehmen»,[9] schrieb das Publikationsorgan der Linken voller Ironie am 19. April.

Wenige Tage später erhielt die Paulskirchenversammlung eine Nachricht aus Berlin, die die Erbkaiserlichen jäh aus ihren Hoffnungen herausriß: Ministerpräsident Brandenburg hatte am 21. April vor der zweiten Kammer in Berlin, die sich für die Annahme der Frankfurter Verfassung einsetzte, öffentlich erklärt, diese sei in der vorliegenden Form für Preußen nicht annehmbar. Die anderen deutschen Könige dachten ähnlich. Mit Preußen, Bayern, Hannover, Sachsen und Württemberg aber stand oder fiel die Verfassung für Kleindeutschland.

Daraufhin beschlossen Gagern und seine Vertrauten, einen letzten Versuch zu wagen. Reichskommissare sollten nach Preußen und zu den anderen Königen entsandt werden, um diese noch einmal eindringlich zur Annahme des Grundgesetzes zu drängen, nun sogar mit dem Auftrag, wenn nicht anders möglich, Verfassungsänderungen in Aussicht zu stellen. Nur Unterzeichnen, Unterzeichnen – hieß es. Noch während die Vorbereitungen liefen, erfuhr das Parlament, der König von Württemberg habe die Verfassung unterschrieben. Er hatte es nicht wagen können, sich dem Parlament und der Verfassungsbewegung, die sich im ganzen Südwesten ausbreitete, länger zu widersetzen. Rasch beauftragte man nun die Reichskommissare für die übrigen Königreiche. Bassermann sollte nach Berlin reisen; für München wurde Karl Mathy vorgeschlagen. Hannover erhielt der wenig bekannte Karl Julius Moritz Seebeck zugewiesen, Bevollmächtigter der thüringischen Staaten bei der Reichsregierung; und für Dresden war der Linksliberale Otto Friedrich von Watzdorf vorgesehen, der seine Mission nicht antrat. Der Reichsverweser, der die ganze Aktion genehmigen mußte, machte im letzten Augenblick noch Einwände geltend. Er behauptete, die Fürsten würden sich durch «Reichskommissare» in ihrem Selbstbewußtsein getroffen fühlen. So wurden aus den «Reichskommissaren» schließlich lediglich «Beauftragte» der Reichsregierung.

Die Mission schlug jedoch fehl. Überall kamen die Abgesandten der liberalen Partei mit ihren Vermittlungsvorschlägen zu spät. Entweder hatten die revolutionären Kräfte das Übergewicht erlangt, oder aber die Konterrevolution beherrschte die Szene.

In Dresden erhoben sich in den ersten Maitagen revolutionäre Arbeiter, Kleinbürger und Studenten. Der König verließ die Stadt und floh auf die damals uneinnehmbare Festung Königstein.

In München und Hannover lagen die Verhältnisse umgekehrt. Der bayrische Ministerpräsident Ludwig Freiherr von der Pfordten setzte Mathy in dürren Worten auseinander, daß Bayern von der Reichsverfassung nichts wissen wolle. Er sei in München unerwünscht und möge am besten schnell nach Frankfurt zurückkehren. Ähnlich erging es Seebeck an der Leine.

In Berlin war die Lage ein wenig anders. Nach langem Hin und Her hatten König und Regierung einen Entschluß gefaßt. Sie wollten nunmehr selbst auf die Gründung eines kleindeutschen Bundesstaates hinarbeiten, ihn aber nicht als Geschenk aus den Händen der Paulskirchenversammlung entgegennehmen. Während Bassermann in Frankfurt noch seine Reisevorbereitungen traf, veröffentlichte die Regierung Brandenburg am 28. April eine Erklärung. Sie lud diejenigen, die einem Bundesstaat unter der Führung Preußens zustimmten, zu Verhandlungen ein. Damit kam sie auch der preußischen Großbourgeoisie entgegen, die schon lange einen einheitlichen Staat unter preußischer Führung verlangt hatte. Sie behielt das Gesetz des Handelns in der Hand.

Als Bassermann davon erfuhr, meinte er, eigentlich sei sein Auftrag schon erledigt, bevor er ihn ausgeführt habe. In

Berlin angekommen, wurde er dennoch bei der Regierung vorgelassen, aber von Brandenburg sehr kühl, noch unfreundlicher als im November des vorangegangenen Jahres, empfangen. Herablassend setzte ihm der preußische Ministerpräsident auseinander, daß seine Regierung bereits selbst Schritte in Richtung auf einen kleindeutschen Staat eingeleitet habe. Den Weg, den die Paulskirchenversammlung wünsche, wolle sie jedoch nicht gehen. Das Frankfurter Parlament könne Preußen trotzdem behilflich sein. Vielleicht ließe sich sogar an die Verfassung der Paulskirche anknüpfen. Selbstverständlich müßte sie in vielen Punkten verändert werden. Brandenburg zählte eine umfangreiche Liste auf: Natürlich könnten das Suspensivveto und auch das allgemeine Wahlrecht nicht bestehen bleiben, die Todesstrafe sollte wieder eingeführt werden, für eine Verbesserung der Einkünfte der Kirchen müßte gesorgt werden, die Einzelstaaten sollten ein eigenes Verfassungsorgan, den sogenannten Reichsrat, erhalten und anderes mehr. Die Paulskirche, meinte Brandenburg, fahre mit diesen Zugeständnissen gut. Wenn sie auf seinen Vorschlag nicht eingehe, komme wahrscheinlich für sie noch weniger heraus.

Natürlich wollte Brandenburg bloß die Popularität der Paulskirchenverfassung für die machtpolitischen Interessen Preußens ausnutzen und das Parlament ansonsten übergehen. Genau diesen Punkt aber akzeptierten die Liberalen in der Frankfurter Nationalversammlung nicht. Die Bourgeoisie wollte sich die Initiative nicht aus der Hand nehmen lassen, sie wünschte als Schöpfer des künftigen Staates anerkannt zu werden. Auch sollte ihre Verfassung möglichst unangetastet bleiben.

Bassermann, der eine Einigung mit Preußen um jeden Preis wollte und daher weniger Bedenken als die meisten seiner Fraktionskollegen hegte, empfahl, auf das Angebot einzugehen. So komme, meinte er wenigstens, etwas in der Verfassungsangelegenheit heraus. Er wurde jedoch zurückbeordert, denn Heinrich von Gagern, die Mehrzahl seiner Minister und die meisten Abgeordneten der Erbkaiserpartei hatten sich das Bündnis mit Preußen anders vorgestellt. Sie wollten von der Regierung in Berlin als gleichberechtigte Partner respektiert und nicht zu bloßen Hilfskräften degradiert werden.

Die Gagern-Liberalen kapitulieren

Die gemäßigten Liberalen saßen schon seit geraumer Zeit zwischen zwei Stühlen, denn von der revolutionären Verfassungsbewegung wollten sie nach wie vor nichts wissen. Wie in Sachsen, so hatte sich inzwischen auch in der Rheinpfalz, die damals zu Bayern gehörte, das Volk erhoben, um die Anerkennung der Reichsverfassung gewaltsam zu erzwingen. Als die Regierung in München unnachgiebig blieb, wählten die Pfälzer einen eigenen «Landesausschuß für Verteidigung und Durchführung der deutschen Reichsverfassung». Im benachbarten Baden bahnte sich eine ähnliche Entwicklung an. In der weiter nördlich gelegenen preußischen Rheinprovinz rebellierten die Landwehrmänner. Auch hier kam es zu Volksversammlungen für die Durchsetzung der Reichsverfassung. Aber die Liberalen in der Paulskirche lehnten bekanntlich revolutionäre Schritte zur Verwirklichung der Verfassung ab. Sie sperrten sich sogar gegen Vorschläge der parlamentarischen Linken, die vorerst lediglich darauf zielten, mit gesetzlichen Mitteln stärkeren Druck auf die Regierungen der Könige auszuüben.

Die gemäßigte Linke war ungeduldig geworden. Sie mißbilligte die Geheimdiplomatie der Liberalen und deren zaghaftes Auftreten gegenüber den feudalen Kabinetten. Das Bündnis auf Zeit mit der Erbkaiserpartei bekam Risse. Am 4. Mai stellte Karl Vogt im Namen der Linken in der Paulskirche mehrere wichtige Anträge: Er appellierte an das Parlament, es möge das deutsche Volk «zum Festhalten an der Reichsverfassung und zur tatkräftigen Bekämpfung jeglichen Widerstandes gegen die Durchführung derselben» auffordern. Das gesamte Militär einschließlich der Bürgerwehr sollte auf die Verfassung vereidigt werden. Wo, wie in Preußen und in Hannover und Sachsen, Parlamente wegen ihres Eintretens für die Verfassung aufgelöst worden waren, sollten sich diese «aus eigener Machtvollkommenheit an jedem passenden Orte versammeln und die geeigneten Maßregeln treffen, um den Widerstand ihrer Regierungen gegen die Reichsverfassung zu beseitigen».[10]

Die Linke stellte sich jetzt auf die Seite der Verfassungsbewegung. Sie war dafür, daß das Grundgesetz auch gegen den Willen der Fürsten durchgesetzt wurde. «Ich verlange keineswegs unerwägten aktiven Angriff», erklärte der Führer der Linken, Ludwig Simon, im Parlament, «aber ich verwahre mich auch gegen den bloß passiven Widerstand, was wir leisten müssen, ist der aktive Widerstand.»[11] Die Linke hatte im Verlaufe der Revolution gelernt, daß allein mit passivem Widerstand gegen die Konterrevolution nichts auszurichten war. Dennoch konnte sie sich nicht zu einem offensiven Vorgehen gegenüber der Konterrevolution entschließen. Aber sie trat dafür ein, den Fürsten dort Widerstand zu leisten, wo diese gegen das Grundgesetz vorgingen. Somit sollte sich die Verfassungsbewegung zwar nicht auf eine passive Rolle beschränken, jedoch im gesetzlichen Rahmen operieren.

Die Liberalen und mit ihnen die Mehrheit des Parlamentes erneuerten dagegen lediglich ihren Appell an «die Regierungen, die gesetzgebenden Körper, die Gemeinden der Einzelstaaten, das gesamte deutsche Volk», die Verfassung «zur Anerkennung und Geltung» zu bringen.[12] Sie schwankten in diesen Tagen wie ihr Parteiführer und Ministerpräsident Heinrich von Gagern zwischen anhaltender Mutlosigkeit und vereinzelt aufflackernder Hoffnung.

Mit der Geschlossenheit der einst so stolzen Weidenbusch-Front ist es vorbei. Einer der engsten Vertrauten Gagerns, der Krefelder Bankier und Reichsfinanzminister Hermann von Beckerath, gibt am 4. Mai seinen Parlamentssitz und sein Ministeramt auf. Als Reichsminister will er einem Konflikt mit Preußen aus dem Wege gehen. Friedrich Bassermann vertritt nach wie vor die Auffassung, daß Preußen alle Zugeständnisse gemacht werden müßten, die es verlange. Heinrich von Gagern dagegen will das Parlament weiterhin zwischen Revolution und Konterrevolution hindurchmanövrieren. Er mißtraut denen, die die Verfassung mit Gewalt durchsetzen wollen, aber er hat auch keine Lust, zum bloßen Gefolgsmann Preußens zu werden. Insgeheim glaubt er wie viele seiner politischen Freunde noch immer an ein Wunder, also an eine Verständigung mit Preußen. So vermeiden sie auch weiterhin alles, was die Berliner Regierung verärgern könnte.

In diesen Tagen treffen in der Paulskirche zahlreiche Eingaben und Petitionen aus verschiedenen Teilen Deutschlands ein. Die Bevölkerung verlangt Beistand und Schutz gegen ihre Regierungen, die unter der Führung Preußens einen militärischen Feldzug gegen die Verfassungsbewegung vorbereiten. Die Vereidigung der Truppen auf das Grundgesetz könnte wenigstens einen minimalen Schutz für die Verfassungsbewegung geben. Aber Gagern ist nach wie vor dagegen. «Unsere Aufgabe ist es, die Reichsverfassung zur Geltung zu bringen, indem wir die Anerkennung von seiten der Regierungen erwirken. Haben wir die Regierungen, dann haben wir auch das Heer», erklärt er am 7. Mai vor dem Parlament.[13] In Wirklichkeit verhält es sich umgekehrt. Wer das Heer und somit die militärische Gewalt hinter sich hat, der kann auch die Regierungen zur Anerkennung der Verfassung zwingen.

Trotzdem übt sich Gagern weiterhin in Nachgiebigkeit und Rücksichtnahme. Dies zeigten beispielsweise seine Auseinandersetzungen mit dem bayrischen Bevollmächtigten bei der Zentralgewalt Joseph von Xylander, einem besonders sturen Vertreter partikularistischer Sonderinteressen. Auf Bitten der Pfälzer Bevölkerung hatte Gagern nämlich einen Beauftragten der Reichsregierung, den Reichskommissar Bernhard Eisenstuck (Deutscher Hof), einen sächsischen Unternehmer, zum Schutze der Verfassungsbewegung in die Rheinpfalz entsandt. Obwohl Eisenstuck seinen ganzen Einfluß einsetzte, um die revolutionäre Bewegung von radikalen Schritten zurückzuhalten, erregte sein Wirken natürlich das Mißfallen der Münchener Regierung. Xylander verlangte von Gagern in anmaßendem Tone, Eisenstuck müsse sofort zurückberufen werden, wozu der amtierende Ministerpräsident sich auch herbeiließ.

Aber sein wiederholtes Entgegenkommen gegenüber den Fürsten und ihren Regierungen hat ihm keine neuen Bundesgenossen verschafft, vielmehr führte es dazu, daß sich frühere Verbündete in der Paulskirche von den Gagern-Liberalen zurückziehen. Auch die eigenen Reihen beginnen sich zu lichten. Innerhalb einer Woche, vom 4. bis 10. Mai, verlassen zehn Casinoabgeordnete das Parlament. Gleichfalls am 10. Mai erleidet Gagern eine wichtige parlamentarische Niederlage. Gegen die Stimmen des allergrößten Teiles seiner Anhänger verurteilt die Mehrheit der Paulskirchenversammlung Preußen, welches Truppen zur Niederschlagung des Maiaufstandes nach Sachsen geschickt hat. Sie verlangt ferner, daß die Verfassungsbewegung gegen «jeden Zwang und Unterdrückung» geschützt werden müsse.[14] Die Stimmen der Linken und des linken Zentrums gaben den Ausschlag. Die liberale Verfassungspartei hat keine Mehrheit mehr in der Versammlung.

Noch am selben Tage läßt der Reichsverweser Heinrich von Gagern fallen. Hinter dem Reichsverweser steht der österreichische Gesandte Johann Bernhard von Rechberg, ein vollendeter Intrigant, dem Gagern schon lange im Wege ist. Das Ministerium Gagern nimmt seinen Abschied.

Die Gagern-Liberalen sind politisch am Ende. Gagern selbst, der in diesen Tagen der Paulskirche häufig fernbleibt, scheint um Jahre gealtert. Von dem ehemaligen Parlamentsvizepräsidenten Soiron ist alle Würde abgefallen. Er sitzt betrunken in einem Frankfurter Weinlokal, lamentierend über das Ende seiner Partei.

Aus der Erklärung der Gagern-Liberalen vom 20. Mai 1849 anläßlich ihres Austritts aus der Frankfurter Nationalversammlung

«Im Angesicht der höchsten Gefahren des Vaterlandes haben auf der einen Seite vier deutsche Kronen, worunter die preußische selbst, den durch die Reichsverfassung gebotenen Ausdruck der Vermittlung zwischen den widerstreitenden, das Jahrhundert bewegenden Prinzipien abgelehnt; auf der anderen Seite erhebt sich außerhalb der Reichsverfassung und gegen einen ihrer wesentlichsten Teile, die Oberhauptsfrage, eine gewalttätige Bewegung, selbst in solchen Ländern, welche die Verfassung bereits anerkannt haben. Von beiden Seiten wird die Gewalt der Waffen angerufen – während die provisorische Zentralgewalt eine Wirksamkeit behufs Durchführung der Reichsverfassung für außerhalb ihrer Befugnisse und Pflichten liegend erklärt. Endlich ist seit dem 10. Mai von einer neuen Mehrheit in der Versammlung eine Reihe von

Beschlüssen gefaßt worden, welche teils unausführbar sind, teils derjenigen Richtung gänzlich widerstreben, welche von der früheren Mehrheit, zu welcher die Unterzeichneten gehören, verfolgt worden ist. In dieser Lage der Dinge hat die Reichsversammlung nur die Wahl, entweder unter Beseitigung der bisherigen Zentralgewalt das letzte gemeinsame und gesetzliche Band zwischen allen deutschen Regierungen und Völkern zu zerreißen und einen Bürgerkrieg zu verbreiten, dessen Beginn schon die Grundlagen aller gesellschaftlichen Ordnung erschüttert hat, oder auf die weitere Durchführung der Reichsverfassung durch gesetzgebende Tätigkeit von ihrer Seite und unter Mitwirkung der provisorischen Zentralgewalt Verzicht zu leisten. – Die Unterzeichneten haben unter diesen beiden Übeln das letztere für das Vaterland als das geringere erachtet ...»

Die Regierungen der größeren deutschen Staaten nutzen die Kopflosigkeit der liberalen Verfassungspartei. Sie fordern laufend die Abgeordneten auf, das Parlament endlich zu verlassen. Die Austritte, vor allem in den mit dem Casino eng verbündeten Fraktionen Landsberg und Augsburger Hof, gehen weiter. Noch bleibt der Stamm der Casino-Fraktion zusammen. Er versammelt sich am 20. Mai zu seiner letzten Sitzung. Rund siebzig Abgeordnete haben sich noch einmal getroffen. Die meisten von ihnen, auch Heinrich von Gagern, die Professoren Friedrich Dahlmann und Johann Gustav Droysen sowie der Unterstaatssekretär Karl Mathy, meinen, nun sei es auch für sie an der Zeit auszuscheiden. Ihre letzte Handlung ist die Verabschiedung einer Austrittserklärung. Sie wird am darauffolgenden Tage im Parlament verlesen. Als der Präsident, seit dem 12. Mai hat der linksliberale Theodor Reh dieses Amt inne, als Unterzeichner die Namen «Heinrich von Gagern» und «Friedrich Dahlmann» nennt, geht ein Raunen durch die Reihen der Abgeordneten und Besucher. Sie verhalten sich nicht wie wirkliche Volksvertreter, meinen viele der anwesenden Abgeordneten. Solange dieses Parlament noch etwas zu sagen hatte, standen sie an der Spitze und hielten die wichtigsten Posten besetzt. Jetzt, wo es wirklich schwer wird und die Fürsten uns mit Drohungen kommen, lassen sie die Nationalversammlung im Stich.

Neuer Anfang und bitteres Ende

Mit dem Austritt der Gagern-Liberalen war die Paulskirche als Parlament der liberalen Reformpolitik gescheitert. Für einen eigentlichen Neubeginn ließen die Ereignisse keine Zeit. Wohl aber waren die Voraussetzungen gegeben, daß die Versammlung, ihrer ursprünglichen Bestimmung folgend, nun endlich die Bewegung des Volkes unterstützte.

Das Kräfteverhältnis in der Paulskirche hat sich völlig verändert. Da auch die österreichischen Liberalen und Konservativen größtenteils schon nach Hause gefahren sind, besitzen jetzt die Linke und das linke Zentrum die Oberhand. Allein die Fraktionen Donnersberg, Deutscher Hof und Westendhall stellen etwa die Hälfte der Abgeordneten. Aber das Parlament ist eigentlich gar nicht mehr beschlußfähig.

Nach den ständigen Austritten versammeln sich am Morgen des 24. Mai noch rund ein Viertel der einstmals etwa 600 Volksvertreter. Damit ist die Grenze der Beschlußfähigkeit erreicht, die bereits am 30. April von 200 auf 150 herabgesetzt worden war. Rasch einigen sich die anwesenden 155 Abgeordneten, die erforderliche Zahl nunmehr auf 100 festzulegen.

Nicht nur innerhalb der Paulskirche sind neue Bedingungen entstanden; auch außerhalb des Parlamentes ändert sich die Lage von Tag zu Tag. In Dresden hat inzwischen die Konterrevolution gesiegt. Aber der Kampf war – wie fast überall, wo Verfassungsaufstände ausgebrochen sind – ungleich. Gut ausgerüsteten preußischen und sächsischen Truppen standen schlecht bewaffnete und auch zahlenmäßig unterlegene revolutionäre Arbeiter, Kleinbürger und Studenten gegenüber. In Dresden mußten die revolutionären Kämpfer ihre Kanonen teilweise mit Eisenzylindern laden, weil die Artilleriemunition ausgegangen war. Nach dem Sieg der konterrevolutionären Truppen wagt sich der sächsische König wieder aus der Festung Königstein hervor. Viele Revolutionskämpfer werden gefangengesetzt. Andere, wie das Mitglied der provisorischen Regierung Samuel Erdmann Tzschirner, schlagen sich nach Südwestdeutschland durch, um dort den Kampf fortzusetzen.

Hier steht es für die Revolution noch wesentlich besser. Die Pfalz hat einen Verbündeten bekommen. Mittlerweile ist der Aufstand für die Reichsverfassung auch auf das benachbarte Baden übergegangen. Am 12. Mai nehmen revolutionäre Soldaten die Festung Rastatt in ihren Besitz. Der badische Großherzog und seine Minister fliehen aus der Hauptstadt Karlsruhe. Die Revolution verfügt über ein ganzes Land mit seiner Armee, seinem Staatsschatz und seinem Verwaltungsapparat.

Auf dem Lande, in den kleinen Gemeinden und in den Städten von Kaiserslautern bis Lörrach wollen viele revolutionäre Arbeiter, Bauern und Kleinbürger die Revolution mit Gut und Blut verteidigen. Das Volk von Baden erhält revolutionären Zuzug. Eine deutsch-polnische und eine deutsch-ungarische Legion, Hanauer Turner und die Volkswehrkompanie «Robert Blum» aus Sachsen sind bereit, zusammen mit den Badensern gegen die Reaktion zu kämpfen. Aber auch hier holt Preußen bereits zum großen Schlag aus. Im Süden der Rheinprovinz zieht es seine Armeen zusammen. Was der Aufstandsbewegung im Südwesten fehlt, ist eine straffe, einheitliche Organisation im Innern und vor allem Hilfe von außen.

Das Volk erwartet Unterstützung von der Frankfurter Nationalversammlung, wenigstens in moralischer Hinsicht. Das ist verständlich. Frankfurt liegt ja der Rheinpfalz so nahe, daß man das Aufstandsgebiet fast schon zu Fuß erreichen kann. Und in der Paulskirchenversammlung geben die demokratisch eingestellten Abgeordneten den Ton an. Der Geist, der hier herrscht, hat sich spürbar verändert. Die gemäßigte Linke erkennt jetzt, daß es ein Fehler war, mit Gagern zu gehen, als er unbeirrt auf die Einsicht der Könige und Herzöge gesetzt hatte. Die Liberalen haben kapituliert, und die Fürsten sind immer stärker geworden. Bei der Linken bricht sich allmählich die Erkenntnis Bahn, daß es notwendig ist, die Volksbewegung zu unterstützen.

Schließlich bedroht die Konterrevolution auch die Paulskirchenversammlung selbst. Niemals sind Parlament und Volk so aufeinander angewiesen wie in Zeiten der revolutionären Krise. Dies war im Herbst 1848 so gewesen; es bestätigt sich erneut in der Reichsverfassungskampagne im Frühjahr 1849. Immer mehr Abgeordnete auf seiten der Linken verstehen das. Noch während Heinrich von Gagern und seine Freunde ihren Abschied vom Parlament vorbereiteten, waren Wilhelm Adolf von Trützschler, Alfred Erbe und Franz Raveaux nach Baden gereist, um Verbindung zur dortigen Aufstandsbewegung aufzunehmen. Die ersten beiden zählten zu den Revolutionären in der Paulskirche. Trützschler stand seit dem 18. Mai stets auf dem äußersten linken Flügel. Erbe, ein Altenburger Rechtsanwalt, der erst am 13. April in das Parlament eingetreten war, hatte sich sogleich Trützschler angeschlossen. Franz Raveaux, Zigarrenhändler aus Köln, gehörte nie zur äußersten Linken, er zählte zur «Linken im Frack». Seiner demokratischen Gesinnung folgend, stellte er sich jetzt auf die Seite der Aufständischen.

Der erste Eindruck, den die drei Abgeordneten in Baden empfingen, stimmte sie optimistisch. In der Landeshauptstadt Karlsruhe hatte mit dem Frühling noch einmal die Revolution Einzug gehalten. Die Soldaten der ehemals großherzoglichen Armee trugen an ihren blauen Uniformen schwarz-rot-goldene Kokarden, immer wieder erklang die Marseillaise. An vielen Orten konnte man Bürger beim Exerzieren und bei militärischen Übungen beobachten. Trützschler, Erbe und Raveaux trafen unverzüglich mit den Führern der badischen Volksvereine, die an der Spitze der Bewegung standen, zusammen. Was sie hier erfuhren, weckte jedoch Besorgnis bei den Parlamentariern. In ihren Gesprächspartnern erkannten sie zwar ehrliche Demokraten, aber zugleich bedächtige badische Lokalpatrioten, die viel zu harmlos dachten, um es mit der preußischen Militärmacht aufnehmen zu können. Sie organisierten die Bewegung in aller Ruhe. Man sei endlich den Großherzog los und habe die Republik, meinten sie, alles andere werde sich schon finden.

Trützschler und Erbe wußten, daß eine Ausweitung des badischen Aufstandes notwendig war, aber die badischen Führer bezweifelten, ob dies ihrer Sache dienlich sei. Die Verfassungsbewegung sollte eine badische Angelegenheit bleiben, deshalb waren sie auch dagegen, daß viele Fremde ins Land kämen. Nur wenige Tage später beriet der Landesausschuß der badischen Volksvereine mit Karl Marx und Friedrich Engels, die sich im Aufstandsgebiet aufhielten, seitdem die «Neue Rheinische Zeitung» ihr Erscheinen hatte einstellen müssen. Marx und Engels legten ohne Umschweife ihre Vorstellungen zur Sicherung der revolutionären Errungenschaften des badischen Volkes dar: Anhand einer Landkarte erklärten sie, wie wichtig es sei, daß die Badenser zunächst nach Frankfurt marschierten. So würde der Aufstand auch auf Hessen übergreifen, und die Paulskirche könnte sich des Schutzes der Revolution versichern.

Aus den Aufrufen von Vertretern der badischen Verfassungsbewegung und der Linken in der Frankfurter Nationalversammlung vom 19. Mai 1849

An das deutsche Volk!
Deutsche Brüder! Der Augenblick der Entscheidung ist gekommen. Wir dürfen nicht länger zögern, soll nicht auch den bisher unverwüstet gebliebenen Teilen Deutschlands das Los von Wien und Dresden zuteil werden.
Wir dürfen die letzten Vorkämpfer der Freiheit im Schoße der Nationalversammlung dem Grimme unserer gemeinsamen Feinde nicht preisgeben. Wir müssen Ihnen Hilfe senden, soweit unsere Kräfte reichen. Das Volk Badens hat sich erhoben, die Soldaten sind aufgestanden, um Deutschlands Frieden, Einheit und Größe zu erkämpfen. In wenigen Tagen schon kann der Kampf beginnen. – Unser gemeinsamer Schlachtruf wird sein: Tod den verbündeten Tyrannen! Es lebe ein großes, ein einiges, ein freies Deutschland!

Soldaten, deutsche Brüder!
Ein verräterischer Bund, an dessen Spitze der König von Preußen steht, geht mit dem Plan um, die Nationalversammlung mit Gewalt zu sprengen. Bereits haben zu diesem Zwecke

verschiedene Truppenmärsche stattgefunden. Bei dieser Bedrängnis sind die Abgeordneten der Nationalversammlung: Raveaux aus Preußen, Trützschler aus Sachsen, Erbe aus Altenburg in unserer Mitte erschienen mit der Bitte um Schutz für die gefährdete deutsche Nationalversammlung.
Wir haben ihnen im Bewußtsein des von dem Volke erhaltenen Auftrages unsern kräftigsten Beistand zugesichert.
An Euch, Soldaten und deutsche Brüder, ist es, unseren Worten Nachdruck zu geben. Der Kampf, den wir kämpfen, ist ein guter Kampf. Eure Väter, Eure Brüder, Eure Schwestern nehmen teil an demselben. Ihre Gedanken folgen Euch in die Schlacht, und ihr heißes Gebet zu Gott steht Euch zur Seite. Voran denn auf der Bahn der Freiheit! Vorwärts zum Schutze des deutschen Vaterlandes! Der Sieg ist unser, denn unsere Sache ist gerecht!

Der Landesausschuß von Baden
Die Vollziehungsbehörde
von Baden
Die Reichstagsabgeordneten
(Raveaux, Trützschler, Erbe)

Aber die badischen Führer reagierten ablehnend und verbaten sich jede Einmischung. Im übrigen hätten sie bereits unter Beweis gestellt, daß sie auf seiten der Paulskirchenversammlung stünden. Tatsächlich erschienen noch während des Aufenthaltes von Marx und Engels in Karlsruhe in verschiedenen demokratischen Zeitungen Aufrufe «An das deutsche Volk» und «An die deutschen Soldaten». Beide waren sowohl von den Vertretern Badens als auch den drei Abgesandten des Frankfurter Parlamentes unterzeichnet, und beide sprachen sich für den Schutz der Paulskirchenversammlung aus. Die badische revolutionäre Regierung hätte der Nationalversammlung allerdings mehr gedient, wenn ihre Truppen nach Frankfurt marschiert wären. Verständlicherweise enttäuschte dieses magere Ergebnis die drei Abgeordneten.

Trützschler hatte das Debattieren im Parlament und das Verhandeln endgültig satt, er trat in die Aufstandsbewegung ein. Erbe kehrte noch einmal für wenige Tage nach Frankfurt zurück, um danach denselben Weg zu gehen. Lediglich Raveaux nahm seinen Parlamentssitz wieder ein.

Hier in der Paulskirche wehte endlich der Geist der Opposition, aber noch immer nicht der Geist der wirklichen Volksrevolution, sondern der parlamentarischen Demokratie. Wie die meisten Führer des badischen Aufstandes, so war auch die Mehrzahl der verbliebenen Abgeordneten jedoch echte und überzeugte Republikaner und fühlte sich mit dem Volke verbunden. Es gab nicht mehr viele, die jetzt noch dafür waren, den Fürsten politische Zugeständnisse anzubieten. Als Maxime galt den meisten die Respektierung der Reichsverfassung und die Legalität der Verfassungsbewegung.

Überwiegend entstammten diese Abgeordneten ebenso wie die Führer der badischen Bewegung kleinbürgerlichen beziehungsweise bürgerlichen Kreisen, welche eine Revolution aus Furcht um den eigenen Besitz ablehnten. Die Paulskirchenversammlung, besser gesagt, der verbliebene Rest, überschätzte in dieser Situation des zugespitzten Klassenkampfes die Bedeutung von Reden, von Aufrufen an das deutsche Volk, mochten sie aus einer noch so bekannten Feder stammen.

Am 25. Mai teilte der Abgeordnete Carl Nauwerck den Parlamentariern mit, daß Ludwig Uhland der Versammlung einen solchen Aufruf zur Annahme vorschlage. Der 62jährige Tübinger Ludwig Uhland war eine für die Paulskirche in jenen Tagen typische Erscheinung. Er gehörte der schwäbischen Dichterschule an. Seine stimmungsvollen romantischen Gedichte hatten ihn in allen Teilen Deutschlands berühmt gemacht. Das Volk achtete ihn aber auch wegen seiner patriotischen und ehrlichen demokratischen Haltung. Er hatte den Befreiungskampf des Volkes gegen Napoleon besungen. Bereits in den schweren Jahren des Vormärz stand er auf der Seite des Fortschritts. Vor revolutionärer Gewalt, vor einer radikalen Aktion des Volkes aber schreckte er zurück. Er war für den maßvollen Fortschritt, für den Sieg der «Vernunft». In der Paulskirche zählte er, zwischen linkem Zentrum und gemäßigter Linker schwankend, zur großen Gruppe der fraktionslosen Abgeordneten.

Uhlands Aufruf «Die deutsche Nationalversammlung an

das deutsche Volk» bezeugte die ehrliche Absicht seines Verfassers, aber er verkannte die Situation. Der Sache des Volkes nutzte Friedfertigkeit jetzt, wo die Fürsten die Waffen gegen die Revolution erhoben, nicht mehr. Eine andere Sprache war vonnöten. Die Rebellion der Könige und Herzöge gegen Gesetz und Ordnung, gegen die Reichsverfassung konnte nur mit der Rebellion des Volkes beantwortet werden.

Am 26. Mai, mittags gegen zwölf Uhr, eilte ein untersetzter Mann mit energischen kurzen Schritten zum Rednerpult der Paulskirche; Wilhelm Wolff aus Breslau hatte sich vorgenommen, den Abgeordneten dies in aller Deutlichkeit zu sagen. Wolff, damals knapp 40jährig, der einzige Kommunist in der Paulskirchenversammlung, war von Jugend an revolutionär tätig. Als Student der Altphilologie trat er der fortschrittlichen Burschenschaftsbewegung bei und geriet daraufhin mehrere Jahre in Haft. Später folgte die Emigration. In Brüssel lernte er Marx und Engels kennen. «Lupus», wie sie ihn nannten, wurde ihr Kampfgefährte und einer ihrer besten Freunde. Gemeinsam arbeiteten sie im Kommunistischen Korrespondenzkomitee. 1848 kehrte Wolff nach Deutschland zurück und war in Köln elf Monate als Redakteur der «Neuen Rheinischen Zeitung» tätig. Am selben Tage, an dem diese ihr Erscheinen einstellte, nämlich am 21. Mai, trat Wolff als Nachfolgekandidat für den schlesischen Wahlkreis Neumark in die Frankfurter Nationalversammlung ein.

Aus dem Aufruf «Die deutsche Nationalversammlung an das deutsche Volk» von Ludwig Uhland

«Die Schwierigkeiten, die sich vor uns auftürmen, kommen teils von außen her, durch den Widerstand der fünf mächtigsten Einzelregierungen und nun auch der von uns selbst ins Leben gerufenen Zentralgewalt gegen die Durchführung der endgültig beschlossenen und verkündigten Reichsverfassung, teils aber auch, und zumeist noch aus unserer Mitte, durch den massenhaften Austritt derjenigen Mitglieder, die entweder

dem Aufruf ihrer Regierungen folgen zu müssen vermeinten oder am Gelingen des Werkes und allem fruchtbaren Fortwirken der Versammlung verzweifelten. Diesen Hindernissen zum Trotz glauben wir noch immer unseren Bestand und die uns anvertraute Sache aufrechterhalten zu können; wir setzen der Ungunst der Verhältnisse diejenige Zähigkeit entgegen, die schon manchmal zum endlichen Siege geführt hat ... wir lehnen uns an diejenigen, wenn auch minder mächtigen Staaten und ihre Bevölkerungen, welche die Beschlüsse unserer Versammlung für bindend und die verkündigte Verfassung für rechtsbeständig anerkannt haben ... Wir fordern zu keinem Friedensbruch auf, wir wollen nicht den Bürgerkrieg schüren; aber wir finden in dieser eisernen Zeit nötig, daß das Volk wehrhaft und waffengeübt dastehe, um, wenn sein Anrecht auf die Verfassung und die mit ihr verbundenen Volksfreiheiten gewaltsam bedroht ist, oder wenn ihm ein nicht von seiner Vertretung stammender Verfassungszustand mit Gewalt aufgedrungen werden wollte, den ungerechten Angriff abweisen zu können ...»

Er hatte sich in den wenigen Tagen seiner Parlamentstätigkeit und besonders jetzt nach der Uhlandschen Proklamation gefragt, wie es denn möglich war, daß in dieser Versammlung immer noch Bedächtigkeit obwalte, während draußen bereits der Kampf tobte. Er wußte auch, daß seine sachlichen Einwände gegen einen solchen zahmen Aufruf die Situation kaum verändern konnten. Mit provozierender Schärfe mußte er seine Kritik formulieren. Nur dann vielleicht gelang es, die Versammlung oder wenigstens einen Teil von ihr noch umzustimmen. Wolff nahm kein Blatt vor den Mund.

«Wenn Sie» – erklärte er den Abgeordneten – «irgend und überhaupt noch einigen Einfluß auf das Volk haben wollen, müssen Sie nicht in der Weise, wie es in der Proklamation geschieht, zu dem Volke sprechen, Sie dürfen da nicht von Gesetzlichkeit, von gesetzlichem Boden und dergleichen sprechen, sondern von Ungesetzlichkeit in derselben Weise, wie die Regierungen, ... die Preußen, die Österreicher ... Bayern,

Hannoveraner ... Sie müssen Ihnen sagen: ‹So wie Ihr Euch auf den gesetzlichen Standpunkt stellt, so stellen wir uns auch darauf.›»[15] Wenn unbedingt eine Proklamation verabschiedet werden solle, so müsse der Reichsverweser zum ersten Volksverräter erklärt werden. Wolff wurde unterbrochen: Die Galerien spendeten Beifall. Eine vereinzelte Stimme in der Versammlung verlangte, den Redner zur Ordnung zu rufen. Wolff fuhr jedoch mit energischer Stimme fort: Dies gelte ebenso für alle Minister!

Nun aber schritt der linksliberale Präsident Theodor Reh ein: «Ich glaube, daß Herr Wolff jede Rücksicht überschritten und verletzt hat. Er kann den Erzherzog-Reichsverweser in diesem Hause nicht einen Volksvertreter nennen, und ich muß ihn deshalb zur Ordnung rufen ...» Dennoch, der Disput setzte sich in dieser Schärfe fort.

Wolff: «... ich für meinen Teil nehme den Ordnungsruf an und erkläre, daß ich die Ordnung habe überschreiten w o l l e n , daß er und seine Minister Verräter sind.»

Präsident: «Herr Wolff! Ich muß Ihnen das Wort entziehen.»

Wolff: «Gut, ich protestiere; ich habe im Namen des Volkes hier sprechen wollen und sagen wollen, wie man im Volke denkt. Ich protestiere gegen jede Proklamation, die in dieser Weise abgefaßt worden ist.»[16]

Uhlands Proklamation wurde von der Nationalversammlung angenommen. Insgeheim mußten jedoch viele Abgeordnete Wilhelm Wolff recht geben, er hatte ausgesprochen, was in Frankfurt offenes Geheimnis war. Der Reichsverweser mißbilligte die Reichsverfassung. Er hatte Heinrich von Gagern schon am 10. Mai zum Rücktritt veranlaßt und das stockkonservative Ministerium Grävell-Wittgenstein berufen, welches den Reichsverweser an Verfassungsfeindlichkeit sogar noch übertraf.

Frankfurt lag dem Zugriff konterrevolutionärer Armeen offen. Die Paulskirchenversammlung war hier ihres Bleibens nicht mehr sicher. Gleich nachdem Uhlands Proklamation angenommen worden war, verlangte die äußerste Linke, das Parlament möge unverzüglich nach Stuttgart übersiedeln, die Mehrheit lehnte dies jedoch ab. Vier Tage später, am 30. Mai, hatte sie ihre Meinung geändert. Zwar brachte Uhland auch jetzt noch Einwände vor, aber Ludwig Simon hielt ihm entgegen, in Frankfurt sei man von Gegnern umgeben und einem verfassungsfeindlichen Ministerium im eigenen Hause ausgeliefert. Das konnte niemand bestreiten, dennoch wurde die Übersiedlung nach Stuttgart nur mit einer knappen Mehrheit (71 zu 64 Stimmen) beschlossen.

So geschah kurz vor dem Ende ein neuer Anfang. Er war mit den feierlichen Zeremonien in den Maitagen 1848 allerdings nicht vergleichbar. Aber er stand auch nicht im Zeichen einer politischen Übereinkunft mit den verräterischen Fürsten, sondern er entsprang dem Bemühen um die Sicherung der parlamentarischen Demokratie und war Ausdruck der Treue zu sich selbst.

Der Umzug nach Stuttgart geht in aller Bescheidenheit und fast unbemerkt vonstatten, unter strapaziösen und komplizierten Bedingungen. Innerhalb weniger Tage müssen die Abgeordneten ihre Zelte in Frankfurt abbrechen. Umfangreiche Aktenbestände des Parlamentspräsidiums sind zu verfrachten. In der württembergischen Landeshauptstadt ist nichts vorbereitet. Die Versammlung braucht vor allem einen Sitzungssaal, außerdem gilt es, Logis zu finden. All dies nimmt genau eine Woche in Anspruch. Am Mittwoch, dem 30. Mai, hatte die Versammlung zum letzten Male in der Paulskirche getagt. Am Mittwoch, dem 6. Juni, versammeln sich die verbliebenen Abgeordneten in der württembergischen Kammer der Abgeordneten im Ständehaus, Kronprinzenstraße, zur 231. Sitzung der Nationalversammlung. Wie seinerzeit am 18. Mai in Frankfurt formieren sich die Parlamentarier zu einem feierlichen Zug vom Stuttgarter Rathaus in ihr Sitzungslokal. Wer jenes Ereignis des «Frankfurter Frühlings» vor einem Jahr miterlebt hat, der kann jetzt mit ansehen, wie wenig davon geblieben ist. Hatten sich damals Beobachter aus ganz Deutschland eingefunden, so säumen diesmal nur schaulustige Stuttgarter Bürger die Straßen, dem «Rumpfparlament» gleichsam die letzte Ehre erweisend.

Beim Namensaufruf melden sich 106 Abgeordnete, damit ist die Versammlung beschlußfähig. Obwohl das Parlament den Weg aus der unmittelbaren Reichweite der Konterrevolution wählte, mußte man sich fragen, warum es sich nicht direkt ins Aufstandsgebiet begeben hat.

Der Heidelberger Geschichtsprofessor Karl Hagen, ein Mitglied der äußersten Linken, hatte der Nationalversammlung nämlich bereits am 25. Mai eine Einladung seiner Heimatstadt überbracht. Aber die Mehrheit des Rumpfparlamentes entschied sich für Stuttgart, obwohl dies sogar weiter entfernt lag. Sie wollte sich in den Schutz der Verfassungsbewegung begeben, ohne sich dem Volksaufstand selbst anzuschließen. Württemberg hatte nach langem Hin und Her als einziger größerer deutscher Staat die Frankfurter Verfassung angenommen. Und an der Spitze der württembergischen Regierung stand einer der Ihrigen, der 55jährige frühere Stuttgarter Rechtsanwalt Friedrich Römer, Märzminister und liberaler Paulskirchenparlamentarier. Sein Name galt bis dahin in Frankfurt und Stuttgart als Symbol für eine gemäßigt-fortschrittliche, konterrevolutionären Bestrebungen abholde Politik.

Mitglieder der am 6. Juni 1849 vom Stuttgarter Rumpfparlament gewählten Reichsregentschaft

Franz Raveaux
Karl Vogt
Friedrich Schüler
Heinrich Simon
August Becher

Die Entscheidung für Stuttgart sollte sich allerdings bald als schlimmer Fehler in dieser Situation erweisen, denn mit der Verfassungsfreundschaft Württembergs war es bald vorbei. Preußen legte der dortigen Regierung nahe, daß der Nationalversammlung unverzüglich ein Ende bereitet werden müsse, was dem württembergischen König wie Musik in den Ohren klang.

Das Rumpfparlament hatte gleich in seiner ersten Sitzung

am 6. Juni eine Reichsregentschaft gewählt, also eine neue Reichsregierung, da das in Frankfurt verbliebene Kabinett Grävell-Wittgenstein mit der Konterrevolution paktierte. Die neue Behörde erließ unverzüglich einen Aufruf «An das deutsche Volk». Er war in gemäßigtem, aber selbstbewußtem Ton gehalten und führte zum ersten Zerwürfnis mit der Regierung Römer. Der Aufruf verlangte, alle deutschen Truppen, also auch die württembergischen, der neuen Reichsregentschaft zu unterstellen.

So gebot es die Reichsverfassung, und ein Kabinett, welches das Grundgesetz anerkannte, mußte sich dem beugen. Die Stuttgarter Regierung erließ jedoch eine Gegenproklamation. Und so ging es weiter ... Jeder Anordnung der Regentschaft folgte prompt eine Gegenorder. Die Reichsregierung mußte sich das gefallen lassen, hatte sie doch kein Mittel, sich durchzusetzen. Baden war nah und doch fern ... Am 9. Juni ernannte die Regentschaft den württembergischen Generalleutnant Eduard Miller zu ihrem «Reichsgeneral». Der aber antwortete höhnisch, er gehorche nur der Zentralgewalt in Frankfurt. Die Reichsregentschaft setzte Miller daraufhin ab, was die Regierung Römer als Einmischung in innere Angelegenheiten abtat. Aus den Freunden, die die Nationalversammlung in der Stuttgarter Regierung einst hatte, wurden jetzt ihre ärgsten Feinde.

Aus dem Aufruf der Reichsregentschaft vom 7. Juni 1849

An das deutsche Volk!
Die Zustände unseres Vaterlandes erheischen rasches Handeln. Es gilt, das Heiligste, die Freiheit und Ehre des deutschen Volkes, zu retten vor maßlosen Übergriffen der rohen Gewalt. Wir werden alle unsere Kräfte aufbieten, den Bürgerkrieg abzuwenden und auf friedlichem Wege die deutsche Einheit und Freiheit zu erreichen: wir werden aber, wenn es zur Erreichung dieses Zieles nötig ist, der Gewalt Gewalt entgegenstellen. Hunderttausende aus allen Teilen des Vaterlandes haben feierlich gelobt, Gut und Blut für die Reichsver-

fassung einzusetzen; wir werden sie auffordern, in jenem Falle ihr Manneswort zu lösen.
An Euch, deutsche Krieger, noch ein besonderes Wort! Das Gesetz gibt uns die Oberleitung der gesamten bewaffneten Macht Deutschlands; es überläßt uns die Ernennung der Oberbefehlshaber ...
Nachdem mit dem heutigen Tage der Befehl über die Reichstruppen, welche bisher der provisorischen Zentralgewalt verpflichtet waren, in unsere Hände übergegangen, wird jeder fernere Gehorsam gegen Befehle der bisherigen provisorischen Zentralgewalt als Treuebruch gegen das Gesetz und die deutsche Nation geahndet werden ...

Das Rumpfparlament wich dennoch nicht zurück. Es erließ das Gesetz über die Bildung einer deutschen Volkswehr, in die Männer zwischen 16 und 50 Jahren eintreten sollten. Freilich, der Aufruf wurde außerhalb Stuttgarts kaum noch gehört. Das württembergische Ministerium benutzte ihn aber als Vorwand, um endgültig mit dem Parlament zu brechen. Es verlangte jetzt, die Abgeordneten sollten sofort das Land verlassen. Das Rumpfparlament erlitt nunmehr dasselbe Schicksal wie die Berliner Versammlung in den Novembertagen 1848.

Schon zuvor waren die Parlamentarier in Stuttgart schikaniert worden. Plötzlich fand sich kein geeigneter Sitzungssaal mehr. Die Tagungsstätte der württembergischen Kammer war ihnen verwehrt worden. Sie mußten am 13. Juni in den Kolbschen Saal, eine bekannte Stuttgarter Gaststätte, ausweichen. Schon die darauffolgende Sitzung fand im Fritzschen Reithaus statt. So kam der denkwürdige 18. Juni heran.

Für drei Uhr nachmittags ist eine Sitzung des Rumpfparlamentes anberaumt worden. Zwei Stunden zuvor hat württembergisches Militär die Reithalle abgesperrt. Die Abgeordneten lassen sich jedoch durch diese Drohung nicht abschrecken. Durch eine friedliche Demonstration wollen sie den Zugang zur Tagungsstätte erzwingen. Gegen halb drei formieren sich die etwa hundert Abgeordneten mehrere hundert Meter vom Sitzungssaal entfernt zu einem Zug – an der Spitze der Präsident Löwe, Ludwig Uhland und der 67jährige Stuttgarter Abgeordnete Albert Schott, der Schwiegervater des Ministerpräsidenten Friedrich Römer. Die anderen folgen, die meisten von ihnen schweigend und bedrückt. Die Szene ist voller Spannung: auf beiden Seiten der Straße ein dichtes Spalier von Stuttgarter Bürgern, weiter vorne, kurz vor dem Sitzungssaal, versperrt Infanterie den Weg. In einer Seitenstraße hält sich Kavallerie bereit. Langsam schreiten die Abgeordneten auf die Absperrung zu. Ehe sie diese erreichen, tritt plötzlich ein Zivilist im schwarzen Anzug, mit Hut und weißer Binde, hervor, der Regierungsrat und «Zivilkommissär» Camerer. Die Nationalversammlung, erklärt er, dürfe auf Befehl seiner Regierung keine Sitzungen mehr abhalten. Kaum daß er diese Worte heraus hat, verschwindet er wieder hinter den dichten Reihen des Militärs.

Präsidenten der Frankfurter Nationalversammlung

Heinrich von Gagern (19. 5.–16. 12. 1848)
Eduard Simson (18. 12. 1848–11. 5. 1849)
Theodor Reh (12. 5.–30. 5. 1849)
Wilhelm Löwe (Stuttgarter Rumpfparlament) (6. 6. –18. 6. 1849)

Löwe protestiert, seine Worte werden von Trommelwirbel übertönt. Er setzt ein zweites Mal an – erneuter Trommelwirbel. In barschem Tone geben Offiziere den Infanteristen Befehl, den Zug auseinanderzusprengen. Aber diese machen wenig Anstalten. Da gellen die Kommandos der Kavallerie über die Straße: «Anreiten» und «Einhauen»! Rücksichtslos sprengen die Reiter auf die Abgeordneten los. Dem Präsidenten Löwe werden die Kleider zerrissen, um ein Haar wäre er umgeritten worden, ein jüngerer Abgeordnetenkollege konnte ihn gerade noch retten. Uhland wird verletzt, Ludwig Simon durch einen Säbelhieb getroffen. Abgeordnete und Stuttgarter Bürger flüchten vor den säbel- und lanzenschwingenden Reitern in die Seitenstraßen. Inzwischen ist auch der Sitzungssaal verwüstet worden. Äxte und Hämmer taten ihre Arbeit und zertrümmerten die Einrichtung. Tapeten und Verkleidungen wurden zerfetzt, die schwarz-rot-goldenen Farben buchstäblich in den Schmutz getreten.

Die vom Reithaus vertriebenen Abgeordneten haben sich nach fünfzehn Uhr noch einmal im Saal des Hotels Marquardt in der Königstraße versammelt. Schweigend und niedergedrückt hören die Parlamentsmitglieder den Bericht, den der Präsident über die vorausgegangenen Vorfälle erstattet. Die württembergische Regierung hat ihnen vorexerziert, wie die Konterrevolution ihre Macht gebraucht.

Die Hoffnung, der Reichsverfassung mit Gesetzen und Verordnungen und durch Anlehnung an angeblich verfassungstreue Regierungen Geltung zu verschaffen, war gescheitert. Der Weg nach Stuttgart hatte sich als Irrtum herausgestellt. Abends um sechs Uhr schließt Parlamentsvizepräsident Schoder die Sitzung – die letzte einer deutschen Nationalversammlung 1849. Der Versuch eines parlamentarischen Neubeginns in letzter Minute war gescheitert, noch ehe er richtig wirksam werden konnte. Er erlag der konterrevolutionären Attacke einer verfassungsfeindlichen Regierung. Aber er scheiterte auch an der eigenen Unzulänglichkeit, an der Halbheit der parlamentarischen Demokratie, am fehlenden Mut der meisten Parlamentarier zu wirklich revolutionären Konsequenzen.

«. . . lieber Kugeln als Worte schießen»

Präsident Löwe hatte die Abgeordneten ursprünglich eingeladen, sich eine Woche später, am 25. Juni, in Karlsruhe zu versammeln. Aber die Konterrevolution war schneller. Preußische Truppen hielten die Hauptstadt des revolutionären Baden am 25. Juni bereits besetzt, in dichtem Strom ergossen sie sich von Norden nach Süden über das schmale Land. Was auch sollte jetzt noch eine deutsche Nationalversammlung hier ausrichten? «Die Nationalversammlung müßte ... jetzt, im Augenblick der Entscheidung, unbedingt mit dem Strome schwimmen; dann ist sie überflüssig», schrieb eine bekannte demokratische Zeitung einen Tag vor dem beabsichtigten Zusammentritt in Karlsruhe. Es genüge daher vollkommen, wenn die Nationalversammlung «durch die einzelnen Abgeordneten, welche sich der Revolution unbedingt angeschlossen haben, auf dem Schauplatze derselben vertreten ist».[17]

So war es in der Tat. Eine ganze Reihe von Abgeordneten, vornehmlich der Linken, hatten bereits in den letzten Tagen und Wochen sozusagen nur noch mit einem Bein im Parlament gestanden. Ein Teil von ihnen entschloß sich, in der südwestdeutschen Aufstandsbewegung mitzuarbeiten. Der Rechtsanwalt August Culmann, der Redakteur Nikolaus Schmitt (beide aus Kaiserslautern) und der aus Speyer stammende Notar Joseph Reichard (alle drei Fraktion Donnersberg) wurden in die pfälzische provisorische Regierung gewählt, die nach dem Abfall von Bayern gebildet worden war – eine gemäßigt kleinbürgerlich-demokratische Regierung. Schmitt und Reichard hatten daneben auch noch der Nationalversammlung bis zum 13. Juni angehört. Mit großer Aufopferung arbeitete der Altenburger Rechtsanwalt Alfred Erbe (gleichfalls Donnersberg) – bis zum 6. Juni in Stuttgart anwesend – in den Organen der pfälzischen Aufstandsbewegung mit. Erbe wurde Zivilkommissar in den Kantonen Kandel und Germersheim, so nannten sich die mit umfassenden Vollmachten ausgestatteten regionalen Beauftragten der neuen Regierung. In dieser Funktion wirkte er bis zum Einrücken der Preußen unermüdlich für die Sache der Revolution.

Aus dem Bericht des Abgeordneten Erbe über seine revolutionäre Tätigkeit als Zivilkommissar in der Pfalz

Mein Bureau, auf welchem stets 8–10 Expedienten beschäftigt waren, war von früh 5 Uhr bis abends 9 Uhr stets so belagert von Menschen, daß ich kaum Zeit zu einem kurzen Mittag-

essen hatte. Der Natur der Sache nach mußte ich a l l e Geschäftskreise leiten und ordnen, die Finanzen, die Polizei, die Justiz, die Verwaltung, das Gemeindewesen, das Militärwesen etc. etc., außerdem mußte ich für Abhaltung zahlreicher Volksversammlungen sorgen, die Redaktion bewachen, die Postverbindungen überwachen etc., kurz, mein Leben war von Krieg und Frieden gemischt und gänzlich ruhelos. Trotz aller Reaktion, trotz aller Widerspenstigkeit der Beamten und Pfaffen gelang es mir aber, während meiner dreiwöchentlichen Amtstätigkeit vom 1.–19. Juni das Volk und sogar die Beamten größtenteils soweit für mich zu gewinnen, daß man mir vertrauensvoll begegnete, meinen Rat und Hilfe suchte und meine Anordnungen gern und willig befolgte ...

Am Kampf der Pfälzer gegen die preußische Armee nahm auch der bekannte Mainzer Demokrat Franz Zitz teil. Er hatte als einer der namhaftesten Vertreter der äußersten Linken vom ersten Tage an der Paulskirchenversammlung angehört, war aber schon am 1. März 1849 aus dem Parlament ausgeschieden. Er wollte, wie er später an einen Bekannten schrieb, «lieber Kugeln als Worte schießen».[18] Gemeinsam mit seinem Freund, dem 26jährigen Redakteur Ludwig Bamberger, sammelte er in seiner Heimat Rheinhessen Arbeiter, Bauern und Studenten, die bereit waren, die Revolution in der Pfalz zu verteidigen. An der Spitze von etwa 1200 Mann zogen Zitz und Bamberger in den pfälzischen Aufstand. Das rheinhessische Freikorps tat sich vor allem in den Kämpfen bei Kirchheimbolanden hervor.

Natürlich beteiligte sich ein großer Teil der Linken auch persönlich an der Bewegung in Baden. Viele von ihnen kamen aus diesem Gebiet, einem Zentrum des demokratischen Kampfes. Hier hatten die Kandidaten der Linken zwei Drittel der Wahlen zur Frankfurter Nationalversammlung gewonnen. Auch in der badischen Aufstandsbewegung nahmen Donnersberg-Vertreter wichtige Posten ein, allen voran der 36jährige Mannheimer Rechtsanwalt Lorenz Brentano.

Brentano, einer der Führer der badischen Aufstandsbewegung, war eine äußerst widerspruchsvolle Persönlichkeit. Im Vormärz hatte er als Anwalt politisch Verfolgte vor Gericht verteidigt. In der Paulskirche war er während der denkwürdigen Sitzung vom 8. August 1848 mutig gegenüber militanten preußischen Monarchisten für das Ansehen des bekannten badischen Revolutionärs Friedrich Hecker eingetreten. Er galt im Frühjahr 1849 in Baden als der populärste Vertreter der Paulskirchenlinken.

An der Spitze der badischen Revolutionsregierung tat er jedoch genau das Gegenteil von dem, was das Volk von ihm erwartete. Er zögerte vor jeder Entscheidung, verhandelte insgeheim mit dem geflohenen Großherzog und versuchte, viele derjenigen aus der Aufstandsführung abzuschieben, die es mit der Revolution wirklich ernst meinten.

Neben Brentano wirkten noch weitere Donnersberg-Vertreter in der badischen Führung: seine beiden «Minister»-Kollegen Maximilian Werner, ein 34jähriger Advokat aus Oberkirch, und der 60jährige Konstanzer Regierungsbeamte Ignaz Peter, ferner der Gymnasialdirektor Carl Damm aus Tauberbischofsheim als Präsident des neuen badischen Landesparlamentes. Sie alle waren gemäßigte Republikaner und keine wirklichen revolutionären Führer, wie es not getan hätte. Aber ihr Engagement verdient dennoch große Anerkennung, denn in der letzten Stunde der Revolution wuchsen sie über den Parlamentarismus hinaus und unterstützten das Volk unmittelbar.

Drei Abgeordnete vom Donnersberg müssen vor allen anderen erwähnt werden: Da war der knapp 30jährige Friedrich Martiny. Ehemals Stadtrichter im westpreußischen Friedland, hatte er vor 1848 wenig praktische politische Erfahrungen gesammelt. Die Revolution wurde für ihn zur großen Bewährungsprobe. In der Paulskirche zählte er zu den entschiedensten Gegnern einer Kompromißpolitik mit den Liberalen. Im Juni 1849 trat er mit den Worten «Ich will die Revolution» aus dem Parlament aus. Er ging nach Baden, Brentano versuchte ihn zunächst auszuschalten, dennoch wurde er Generalauditor, das heißt Vorsitzender der obersten Militärjustizbehörde in der badischen Revolutionsarmee. Dort bewährte er sich als revolutionärer Demokrat.

Ähnlich verhielt es sich mit Friedrich Wilhelm Schlöffel

(1800–1870). Er war Unternehmer, Besitzer einer Papierfabrik in Schlesien, stand aber stets auf der Seite des Volkes. Wegen revolutionärer Tätigkeit war er bereits vor 1848 gerichtlich verfolgt worden. Einer seiner Fraktionskollegen in der Paulskirche schrieb später, Schlöffel sei der radikalste Mann des ganzen Parlamentes gewesen. Dessen Sohn Gustav kämpfte 1848 an der Seite der Berliner Arbeiter. Im Frühjahr 1849 gingen beide nach Baden, Friedrich Wilhelm Schlöffel wurde Oberkriegskommissar in der Revolutionsarmee, verantwortlich für Versorgung und Nachschub. Er blieb auf diesem Posten, solange es die Lage erlaubte. Seinen Sohn hatte er während des badischen Aufstandes im Gefecht bei Waghäusel am 21. Juni durch eine preußische Kugel verloren.

Ein besonderer Platz in der Geschichte der Paulskirchenversammlung und des Verfassungsaufstandes gebührt Wilhelm Adolf von Trützschler (geboren 1818). Er entstammte einer Familie, der überwiegend Hofbeamte und Gutsbesitzer angehörten. Aber er selbst war «dünkelfrei und ein Verächter des Stolzes auf Reichtum, Rang und hohe Geburt»,[19] wie ein Zeitgenosse schrieb. Trützschler wurde Jurist. Als Assessor arbeitete er in Zwickau und Dresden. Er brach radikal mit den politischen Anschauungen und Vorurteilen seiner Klasse und wurde ein revolutionärer Demokrat. Das Parlament bedeutete ihm stets Instrument zur Durchsetzung der Interessen des Volkes. «Das Volk will selbst herrschen, es will sich nicht mehr von andern regieren lassen, sondern es hat seine Macht selbst in die Hand genommen und führt selbst die Zügel, die früher ein anderer leitete»,[20] hatte er gleich in der ersten großen Debatte der Nationalversammlung Ende Juni 1848 erklärt. Dabei blieb es für ihn.

Trützschler sammelte die Konsequentesten seiner Fraktion um sich. Er wurde Führer des entschiedenen Flügels der äußersten Linken. Während sich die Gemäßigten des Donnersberg im April 1849 vorübergehend mit den Gagern-Liberalen zusammentaten, verließen Trützschler und eine Reihe seiner politischen Freunde das Parlament, um die Aufstände der Verfassungsbewegung, die zu dieser Zeit im Südwesten ausbrachen, zu unterstützen. Die Aufforderung des «Reichsregenten» Karl Vogt, auf die revolutionäre Bewegung in der Pfalz «mäßigend» einzuwirken, lehnte er ab. Er trat in den

Dienst der badischen Revolutionsregierung, wurde Regierungsdirektor im Unterrheinkreis Mannheim. Er blieb auf seinem Posten, bis die Preußen in die Stadt einrückten. Am 22. Juni geriet er in Gefangenschaft.

Zu diesem Zeitpunkt beginnt im Südwesten die allerletzte Phase im Kampf des Volkes gegen die Konterrevolution. Am 23. Juli fällt die badische Revolutionsfestung Rastatt. Die Konterrevolution hat Baden «befriedet», die Revolution in Deutschland ist erstickt. Überall, wo sich das Volk noch einmal erhoben hatte, werden jetzt Standgerichte gebildet. Die Revolutionäre sind der Rache der Sieger ausgeliefert. Am 13. August 1849 wird auch Trützschler in Mannheim der Prozeß gemacht. Seine Richter sind verbissene Konterrevolutionäre, sie wollen keine Gnade walten lassen.

Ein Staatsanwalt namens Ammann hält sein Plädoyer. Es wimmelt von Wörtern wie Majestätsverbrechen, Aufruhr, Hochverrat und dergleichen. Trützschler habe zwar nicht mit der Waffe gekämpft, aber die Befehle der Revolutionsregierung ausgeführt. Dafür müsse nach Standrecht die Todesstrafe verhängt werden. Trützschler wendet ein, daß ihn das Standrecht kaum treffen könne, weil es in Baden faktisch erst nach dem 22. Juni in Kraft getreten sei. Am 9. Juni war das Standrecht lediglich für die Pfalz verkündet worden. Trützschlers Verteidiger macht darauf aufmerksam, daß dieser auf dem Boden der Reichsverfassung gehandelt hat. Die Richter schenken alldem kaum Beachtung. Sie verlassen nach Schluß der Verhandlungen noch einmal für fünf Minuten den Saal, doch das Urteil dürfte bereits festgestanden haben.

Nach dem Wiedereintritt des Gerichts verkündet der Vorsitzende den Spruch: Wilhelm Adolf von Trützschler wird wegen revolutionärer Tätigkeit zum Tode durch Erschießen verurteilt. Das Urteil soll am darauffolgenden Tage vollstreckt werden. Trützschler nimmt es gefaßt hin. Ihm bleiben nur wenige Stunden. Es werden die schwersten seines Lebens. Er übersteht sie als aufrechter und mutiger Mann. Zum letzten Male kann er seine Frau sehen. Um halb elf Uhr abends sagt er ihr Lebewohl. Er schreibt mehrere Abschiedsbriefe. Danach schläft er noch einige Stunden. Am 14. August wird er um drei Uhr geweckt. Eine schwarze Kutsche bringt ihn auf ein einsames Gelände vor die Stadt, auf die Wiese beim neuen Friedhof am Neckar. Hier fällt er wenig später unter den Kugeln eines Exekutionskommandos.

Dem mutigen Revolutionär konnten auch seine Gegner den Respekt nicht versagen. «Es ist», schrieb einer von ihnen nach dem Tode Trützschlers, «sicherlich keine Parteilichkeit im Spiel, wenn ich aus langer Beobachtung und aus innigster Überzeugung beteure, daß die deutsche Revolution kein edleres Opfer aus ihrer Mitte herausgeholt als Trützschler . . .»[21]

Abschiedsbriefe Adolf von Trützschlers

Mannheim, 13. August 1849,
abends halb 9 Uhr

Meine teuren Eltern!

Wenn Ihr diese Zeilen erhaltet, bin ich nicht mehr. Meine Frau wird Euch und meinen Kindern die letzten mündlichen Grüße bringen, und es ist mir ein Trost, daß ich dies weiß, ein Trost, den sie mir durch ihre ungeheure Aufopferungsfähigkeit gebracht hat, da ich stets in sie drang wegzugehen. Jetzt ist es mir lieb, daß sie geblieben ist.

Ich weiß, daß Euer Herz gebrochen ist durch meinen Tod, aber nehmt die Überzeugung als Stärkung Euerer Kraft, daß ich geglaubt habe, recht zu handeln und daß kein falsches, selbstsüchtiges Motiv mich geleitet hat.

Meine Frau müßt Ihr, wenn Ihr meinen letzten Wunsch erfüllen wollt, so stellen, daß das traurige Gefühl der Abhängigkeit sie nicht drückt, ich kenne sie; es hat nie ein aufopferungsfähigeres Weib gegeben, und an mir hat sie getan, was ihr nimmermehr vergolten werden kann; nichts auf Erden hat mich so bewegt als der Abschied von ihr.

Meine Kinder grüßt herzlich von mir; meine Frau wird ihnen den Segen des Vaters geben; dem Max bestimme ich meinen Siegelring, der Elisabeth die Uhr, die ich jetzt trage, dem Oscar die andere. Euch und meiner Frau gebe ich nichts zum Andenken: Ihr werdet mich so nicht vergessen. Ich wünsche dringend, daß meine Kinder, wenn sie erwachsen sind, nach Amerika gehen; es ist besser als hier zu sterben.

Böhme, der sich mir als treuer Diener bewährt hat, verlaßt nicht, denn er war mir mehr wie Diener, er war mir Freund. Unterstützt ihn sowie auch Marien! Grüßt Senfts, meine Freunde und Bekannten, auch die alte Marthe recht herzlich von mir und verzeiht Eurem treuen

Adolf

Meine innig geliebte Gattin!
Ich habe an die Eltern geschrieben. Du erhältst den Brief. An Dich ist es mir unmöglich, lange Zeilen zu richten. Ich bitte Dich, meinen Kindern den Segen zu bringen, Deine Eltern und Verwandten herzlich zu grüßen und meiner zu gedenken. Ich habe Dir noch tausend Dank zu sagen für Deine aufopfernde Liebe, die niemand genug erkennen kann. Lebe wohl! Dein Ring folgt mir ins Grab. Morgen früh noch eine Zeile von der letzten Stunde von deinem treuen

Adolf

Soeben, früh 3 Uhr, werde ich geweckt, um den letzten Gang anzutreten. Ich habe ruhig geschlafen und bin bereit und gefaßt und mutig wie immer. Lebe wohl! Noch einmal den Segen meinen Kindern! Mein Herz denkt nur an Dich und Deine Zukunft. Es lebe Deutschland! Es lebe in Freiheit! Gott mit Dir!

Trützschler

Als Wilhelm Adolf von Trützschler erschossen wurde, lag das Ende der Frankfurter Nationalversammlung bereits fast zwei Monate zurück. Doch eine Parlamentsgeschichte wäre unvollkommen, würde sie nicht auch den Blick nach außen wenden. Die Teilnahme der Paulskirchenlinken an den Verfassungsaufständen zeigte das Parlament und die Parlamentarier in der Bewährung. Der Weg Wilhelm Adolf von Trützschlers und seiner Freunde aber gibt ein hervorragendes Beispiel, zu welcher Reife und politischen Konsequenz bürgerlich-demokratische Parlamentarier 1848/49 in Deutschland gelangten. Gerichtliche Verfolgung und Maßregelungen mannigfacher Art waren der Preis, den ihnen die siegreiche Konterrevolution auferlegte. Vielen Vertretern der Paulskirchenlinken blieb nur der Weg in die Emigration, vornehmlich in die Schweiz und die USA, wo sie sich unter schwierigen Bedingungen eine neue Existenz aufzubauen versuchten.

Wegen revolutionärer Tätigkeit wurden folgende Abgeordnete der äußersten Linken in Abwesenheit zum Tode verurteilt:

Ludwig Simon
Hugo Wesendonck
Hans Alfred Erbe
Nikolaus Schmitt
Franz Zitz
Joseph Martin Reichard
Friedrich Schüler
August F. Culmann
Friedrich Wilhelm Schlöffel

Georg Herwegh

Achtzehnter März

(1873)

Achtzehnhundertvierzig und acht,
Als im Lenze das Eis gekracht,
Tage des Februar, Tage des Märzen,
Waren es nicht Proletarierherzen,
Die voll Hoffnung zuerst erwacht
Achtzehnhundertvierzig und acht?

Achtzehnhundertvierzig und acht,
Als du dich lange genug bedacht,
Mutter Germania, glücklich verpreußte,
Waren es nicht Proletarierfäuste,
Die sich ans Werk der Befreiung gemacht
Achtzehnhundertvierzig und acht?

Achtzehnhundertvierzig und acht,
Als du geruht von der nächtlichen Schlacht,
Waren es nicht Proletarierleichen,
Die du, Berlin, vor den zitternden, bleichen
Barhaupt grüßenden Cäsar gebracht
Achtzehnhundertvierzig und acht?

Achtzehnhundertsiebzig und drei,
Reich der Reichen, da stehst du, juchhei!
Aber wir Armen, verkauft und verraten,
Denken der Proletariertaten –
Noch sind nicht alle Märze vorbei
Achtzehnhundertsiebzig und drei.

Der auf bürgerlich-revolutionärem Boden wurzelnde Parlamentarismus von 1848/49 hatte eine Niederlage erlitten, sein Erbe aber blieb lebendig. Die Erinnerung an die Revolution von 1848/49 und auch an das Wirken der Paulskirche belebte in den folgenden Jahren und Jahrzehnten die Bewegung für den gesellschaftlichen Fortschritt in Deutschland und vermittelte ihr gleichzeitig inhaltliche Impulse.

Wie der Parlamentarismus der Revolutionszeit selbst, so stand jedoch seine historische Fernwirkung im Widerstreit unterschiedlicher Klasseninteressen und verschiedenartiger Auslegung. Die Erinnerung an die Paulskirche und an die Reichsverfassung von 1849 war gleichsam das Banner, um das sich fortschrittliche bürgerliche Liberale in den sechziger Jahren des 19. Jahrhunderts in ihrem Kampf gegen den Bismarckschen Bonapartismus scharten.

Und auch der Kampf bürgerlich-liberaler und kleinbürgerlich-demokratischer Kräfte um die demokratische Ausgestaltung des Reiches nach 1871 orientierte sich vorwiegend an den Jahrzehnte zuvor von der Paulskirchenversammlung verabschiedeten bürgerlichen Grundrechten.

Aber fast immer ging die Berufung der Nachgeborenen auf das Erbe ihrer liberalen Väter mit der Glorifizierung und Verabsolutierung des Parlamentarismus von 1848/49 einher, mehr und mehr auch mit der Betonung von dessen antidemokratischer Komponente. Das geschichtlich Bedeutsame jenes Parlamentarismus und seiner Tradition lag jedoch vor allem in seiner revolutionären Bestimmung und in seiner positiven Stellung zum Fortschrittsprozeß, das heißt zur bürgerlichen Umwälzung.

Daher konnte sich die Arbeiterklasse als entschiedenste Kraft im Kampf für den gesellschaftlichen Fortschritt mit Recht auf das Erbe jenes Parlamentarismus berufen. Anknüpfend an Marx und Engels, die den Parlamentarismus stets unter dem Aspekt seiner progressiven historischen Aufgabenstellung beurteilte, hoben die Vertreter der revolutionären deutschen Arbeiterbewegung die feste Verwurzelung des Parlamentarismus von 1848/49 im Prozeß der revolutionären Umgestaltung hervor.

In einer denkwürdigen Reichstagsdebatte anläßlich des 50. Jahrestages der Revolution wies August Bebel die einseitige

Inanspruchnahme des parlamentarischen Erbes durch einen nationalliberalen Politiker wie Rudolf von Bennigsen zurück. Bebel charakterisierte die Paulskirche als eine Frucht der Revolution. Diejenigen, die diese negierten, hatten kaum ein Recht, jene in Anspruch zu nehmen. Franz Mehring präzisierte diesen Gedanken in der «Neuen Zeit» folgendermaßen: «Wie damals (1848 – G. H.) fast nur Proletarier auf den Barrikaden gekämpft haben, so hält heute fast nur noch das Proletariat die bürgerlichen Ideale gegenüber der noch ungebrochenen Macht des Königs und Junkertums.»[22]

Am Ende des 19. Jahrhunderts hatten die Ideale der bürgerlichen Revolution in Deutschland nur noch eine dauerhafte Chance im Zeichen des Kampfes gegen den Imperialismus, für eine sozialistische Perspektive des deutschen Volkes. Dies zeigte sich auch in den folgenden Jahrzehnten an der Stellung der verschiedenen Klassen zum bürgerlichen Erbe von 1848. Auf der Suche nach historischer Legitimität beriefen sich die deutsche Bourgeoisie und die sie vertretenden Parteien zwar an wichtigen Wendepunkten der Geschichte wiederholt auf die Paulskirche, so 1918 bei der Gründung der Weimarer Republik wie auch 30 Jahre danach der BRD. Aber diese Berufung entsprang nicht der Suche nach einem revolutionären Vorbild; sie stand vielmehr unter einem antirevolutionären Vorzeichen und diente der Stabilisierung des bürgerlich-parlamentarischen Systems vor allem gegenüber den revolutionären Kräften. Indessen entwickelte die Arbeiterklasse schrittweise ein Geschichtsbild, das auch die kritische Bewahrung des parlamentarischen Erbes von 1848/49 einschloß. Dies offenbarte sich besonders anläßlich der Jubiläen der Revolution. Die konstruktiv-kritische Bewahrung und Bearbeitung des fortschrittlichen bürgerlichen Erbes war zugleich eng verknüpft mit dem Ringen der revolutionären Arbeiterpartei um die Lösung wichtiger Lebensfragen des deutschen Volkes, wie die Schaffung einer antifaschistischen Volksfront und der Entwicklung einer revolutionären Bündnispolitik. Der 100. und der 125. Jahrestag boten die Gelegenheit zu vielfältigen Veranstaltungen und Veröffentlichungen, die die aktive Auseinandersetzung mit der Geschichte der Achtundvierziger Revolution und ihrer Nationalversammlung belegen. Zudem diente die Bewahrung dieser progressiven bürgerlichen Tradition der Gewinnung fortschrittlicher bürgerlicher Kräfte für den Kampf um Frieden, Demokratie und sozialen Fortschritt, etwa in der Paulskirchenbewegung der fünfziger Jahre. Das Erbe des bürgerlichen Parlamentarismus ist im Geschichtsbild unserer Gesellschaft in einem neuen Sinne aufgehoben.

Anhang

Anmerkungen

Der Weg zur Paulskirche

1 Zitiert nach Schilfert, Gerhard, Sieg und Niederlage des demokratischen Wahlrechts in der Revolution 1848/49, Berlin 1952, S. 46.
2 Dokumente zur deutschen Verfassungsgeschichte, hrsg. v. E. R. Huber, Bd. 1, Stuttgart 1961, S. 263.
3 Verhandlungen des deutschen Parlaments. Offizielle Ausgabe. Mit einer Einleitung über die Entstehung der Vertretung des ganzen deutschen Volkes, 1. Lieferung, Frankfurt a. M. 1848, S. VIII.
4 Ebenda.
5 Ebenda, S. IX.
6 Ebenda.
7 Zitiert nach Freyer, Ulrich, Das Vorparlament zu Frankfurt a. M. im Jahre 1848, Phil. Diss. Greifswald 1913, S. 26.
8 Verhandlungen des deutschen Parlaments, S. 1.
9 Ebenda, S. 5 ff.
10 Marx/Engels, Werke, Bd. 5, Berlin 1959, S. 4.
11 Verhandlungen des deutschen Parlaments, S. 23.
12 Ebenda, S. 7.
13 Ebenda, S. 84.
14 Vgl. ebenda, S. 158.
15 Blum, Robert, Briefe und Dokumente, hrsg. v. S. Schmidt, Leipzig 1981, S. 172.
16 Verhandlungen des deutschen Parlaments, S. 172.
17 Ebenda, S. 172 f.
18 Vgl. Hildebrandt, Gunther, Parlamentsopposition auf Linkskurs. Die kleinbürgerlich-demokratische Fraktion Donnersberg in der Frankfurter Nationalversammlung, Berlin 1975, S. 39.
19 Ebenda, S. 39 f.
20 Vgl. die populärwissenschaftliche Schriftenreihe «Die Paulskirche», Frankfurt a. M. 1923 ff. (Beitrag über den badischen Aufstand).
21 Bundesarchiv, Außenstelle Frankfurt am Main (im folgenden: BAF), ZSg. 1/N 148, Nachlaß Pagenstecher, Pagenstecher an seine Frau v. 19. 4. 1848.

22 Vgl. Verhandlungen des deutschen Parlaments, S. 514 ff.
23 Ebenda, S. 213.
24 BAF, DB 51, Nr. 1, o.P.
25 Vgl. Blum, Robert, Briefe und Dokumente, S. 68.
26 Ebenda, S. 67.
27 Verhandlungen des deutschen Parlaments, 2. Lieferung, S. 371.

Ein Parlament konstituiert sich

1 Stenographischer Bericht über die Verhandlungen der deutschen constituirenden Nationalversammlung zu Frankfurt am Main, hrsg. v. F. Wigard, Frankfurt a. M. 1848/49 (im folgenden: StB), I, S. 4.
2 Marx/Engels, Werke, Bd. 8, Berlin 1960, S. 45 f.
3 Zentrales Staatsarchiv, Außenstelle Merseburg (im folgenden: ZStAM) Königliches Hausarchiv, Corr. U, Bl. 159–161 (Bericht v. 24. 5. 1848).
4 Arnold Ruge, Briefwechsel und Tagebuchblätter 1825–1880, hrsg. v. P. Nerrlich, Bd. 2, Berlin 1886, S. 53.
5 BAF, ZSg. 1 N 96, Nachlaß Giesebrecht, Giesebrecht an seine Frau v. 16. 5. 1848.
6 Zitiert nach Wentzcke, Paul, Ideale und Irrtümer des ersten deutschen Parlaments (1848–1849), Heidelberg 1959, S. 63.
7 Ebenda.
8 Opposition in der Paulskirche. Reden, Briefe und Berichte kleinbürgerlich-demokratischer Parlamentarier 1848/49, hrsg. u. eingel. v. G. Hildebrandt, Berlin 1981, S. 2.
9 Ebenda, S. 26.
10 Marx/Engels, Werke, Bd. 8, S. 42.
11 Opposition in der Paulskirche, S. 26.
12 Zitiert nach Neue Rheinische Zeitung Nr. 6, 6. 6. 1848.
13 Opposition in der Paulskirche, S. 26 f.
14 Ebenda, S. 27.
15 Lexikon zur Parteiengeschichte, hrsg. v. D. Fricke u. a., Leipzig 1984, S. 646.
16 Vgl. StB, I, S. 164.
17 Neue Rheinische Zeitung Nr. 7, 7. 6. 1848.
18 Ebenda Nr. 2, 3. 6. 1848.
19 StB, I, S. 28.
20 Ebenda, S. 155.
21 Ebenda, S. 59.
22 Ebenda, S. 110.
23 Ebenda, S. 111.

24 Ebenda, S. 114.
25 Neue Rheinische Zeitung Nr. 12/13, 13. 6. 1848.
26 Der Zeitbote aus dem Erzgebirge Nr. 29, 28. 6. 1848.
27 Zitiert nach Hildebrandt, Gunther, Parlamentsopposition auf Linkskurs, S. 31.
28 Breslauer Zeitung Nr. 133, 1. Beil., 9. 6. 1848.
29 Deutsche Zeitung Nr. 136, 16. 5. 1848.
30 BAF, ZSg. 1/N 22, Nachlaß Smidt, Smidt an H. Smidt v. 1. 6. 1848.
31 StB, I, S. 358.
32 Ebenda, S. 359.
33 Ebenda, S. 414.
34 Staats- und Gelehrtenzeitung der Hamburgischen unparteiischen Correspondenten Nr. 150, 24. 6. 1848.
35 Deutsche Zeitung Nr. 169, 19. 6. 1848.
36 StB, I, S. 397.
37 Laube, Heinrich, Das erste deutsche Parlament, Bd. 1, Leipzig 1849, S. 288 f.
38 StB, I, S. 522.
39 Ebenda.
40 Ebenda, S. 621.
41 ZStAM, Königl. Hausarchiv, Corr. U, Usedom an Friedrich Wilhelm IV. v. 22. 6. 1848.
42 Frankfurter Oberpostamts-Zeitung Nr. 179, 27. 6. 1848.
43 StB, II, S. 844.
44 Frankfurter Oberpostamts-Zeitung Nr. 213, 31. 7. 1848.
45 Zitiert nach Valentin, Veit, Geschichte der deutschen Revolution von 1848–1849, Bd. 2, Berlin 1931, S. 137.

Die Paulskirche und die nationalen Revolutionen

1 StB, II, S. 1003.
2 Frankfurter Oberpostamts-Zeitung Nr. 182, 30. 6. 1848.
3 BAF, ZSg. 1/N 77, Nachlaß Deiters, Deiters an seine Frau v. 29. 6. 1848.
4 Zitiert nach Propyläen-Weltgeschichte, Bd. 6, hrsg. v. W. Goetz, Berlin 1931, nach S. 464.
5 Zitiert nach ebenda, Bd. 7, hrsg. v. W. Goetz, Berlin 1929, S. 23.
6 StB, I, S. 682.
7 Zitiert nach Valentin, Veit, Geschichte der deutschen Revolution, Bd. 2, S. 109.
8 Neue Rheinische Zeitung Nr. 81, 20. 8. 1848.
9 Marx/Engels, Werke, Bd. 4, Berlin 1959, S. 524.

10 Ernst Moritz Arndt, Polenlärm und Polenbegeisterung; in: Deutsche Zeitung, Beilage zu Nr. 111, 20. 4. 1848.
11 Frankfurter Oberpostamts-Zeitung Nr. 169, 17. 6. 1848.
12 StB, II, S. 1129.
13 Ebenda, S. 1128.
14 Ebenda, S. 1129.
15 Ebenda, S. 1188.
16 Ebenda, I, S. 672.
17 Deutsche Reichstagszeitung Nr. 38, 4. 7. 1848.
18 StB, II, S. 1559.
19 Ebenda, S. 1554.
20 Ebenda, S. 1546 f.
21 Ebenda, S. 1568.
22 Ebenda, S. 1438.
23 Neue Rheinische Zeitung Nr. 99, 10. 9. 1848.
24 Zitiert nach Kersten, Kurt, 1848 – Die deutsche Revolution, Berlin o. J., S. 291.
25 Frankfurter Oberpostamts-Zeitung Nr. 242, 1. 9. 1848.
26 StB, III, S. 1900.
27 Ebenda, S. 1917.
28 BAF, ZSg. 1/N 96, Nachlaß Giesebrecht, Giesebrecht an seine Frau v. 7. 9. 1848.
29 BAF, DB 51, Nr. 421, Bl. 417 v.
30 Neue Rheinische Zeitung Nr. 99, 10. 9. 1848.
31 StB, III, S. 2118.
32 Ebenda, S. 2122.
33 Ebenda, S. 2154.
34 BAF, FN 7, Jahn an H. v. Gagern, v. 13. 9. 1848.
35 Zitiert nach Vogt, Carl, Der achtzehnte September in Frankfurt a. M., im Auftrage des Clubs der Linken vom Deutschen Hofe und vom Donnersberg geschildert, 2. Aufl., Frankfurt a. M., 1848, S. 10.
36 Zitiert nach Duckwitz, Arnold, Denkwürdigkeiten aus meinem öffentlichen Leben von 1841–1866. Ein Beitrag zur bremischen und deutschen Geschichte, Bremen 1877, S. 89.
37 Mohl, Robert v., Erinnerungen, S. 95.

Die Paulskirche im Banne der zweiten Revolution

1 StB, III, S. 2186.
2 StB, IV, S. 2431.
3 Zitiert nach Opposition in der Paulskirche, S. 174.
4 StB, IV, S. 2416.

5 Ebenda.
6 Zitiert nach Parlamentsopposition auf Linkskurs, S. 148.
7 Zitiert nach Schmidt, Siegfried, Robert Blum, Vom Leipziger Liberalen zum Märtyrer der Demokratie, Weimar 1971, S. 241 f.
8 Zitiert nach ebenda, S. 252.
9 BAF, ZSg. 1/N 77, Nachlaß Brons, Brons an seine Frau v. 20. 11. 1848.
10 BAF, DB 54, Nr. 81 II.
11 Deutsche Zeitung Nr. 308, 20. 11. 1848.
12 StB, V, S. 3445 f.
13 Ebenda, S. 3470.
14 Neue Rheinische Zeitung Nr. 150, 23. 11. 1848.
15 StB, V, S. 3449.
16 BAF, FN 7, Nachlaß H. v. Gagern, Grumbrecht an H. v. Gagern v. 8. 12. 1848.
17 ZStAM, Rep. 75 B, Nr. 18, Camphausen an v. Bülow v. 15. 12. 1848.
18 Die Verhandlungen des Verfassungs-Ausschusses der deutschen Nationalversammlung, hrsg. v. J. G. Droysen, 1. Teil, Leipzig 1849, S. 838.

Eine Verfassung für Kleindeutschland

1 StB, VI, S. 4563.
2 Ebenda, S. 4565 f.
3 Ebenda, S. 4596.
4 Aktenstücke und Aufzeichnungen zur Geschichte der Frankfurter Nationalversammlung aus dem Nachlaß von Johann Gustav Droysen, hrsg. v. R. Hübner, Berlin und Leipzig 1924, S. 349.
5 BAF, Parlamentskorrespondenz der Zentren, Nr. 39, 22. 1. 1849.
6 Brandenburg, Erich, Untersuchungen und Aktenstücke zur Geschichte der Reichsgründung, Leipzig 1916, S. 179.
7 Vgl. Dokumente zur deutschen Verfassungsgeschichte, S. 298.
8 Vgl. StB, VII, S. 5542.
9 Mohl, Robert v., Erinnerungen, S. 157.
10 Zitiert nach Hildebrandt, Gunther, Parlamentsopposition auf Linkskurs, S. 185.
11 Vgl. Opposition in der Paulskirche, S. 265.
12 Reichsanzeiger der Deutschen Nr. 72, 23. 3. 1849.
13 StB, VIII, S. 5879.
14 Zitiert nach Botzenhart, Erich, Deutscher Parlamentarismus 1848–1850, Düsseldorf 1977, S. 691.
15 StB, VIII, S. 6030.

16 Ebenda, S. 6060.
17 Stadtarchiv Stralsund, Au 238, Nizze an Zober v. 28. 3. 1849.
18 StB, VIII, S. 6093.

Die letzten Monate:
Verspielte Chancen und gewonnene Einsichten

1 ZStAM, Rep. 75 B.
2 Zitiert nach Bernstein, Aaron, Revolutions- und Reaktionsgeschichte Preußens und Deutschlands von den Märztagen bis zur neuesten Zeit, Bd. 1, Berlin 1882, S. 263.
3 Zitiert nach StB, VIII, S. 6126.
4 Zitiert nach Simson, Eduard, Erinnerungen, hrsg. v. B. v. Simson, Leipzig 1900, S. 193.
5 Zitiert nach StB, VIII, S. 6128.
6 Neue Rheinische Zeitung Nr. 287, 2. 5. 1849.
7 StB, VIII, S. 6131 f.
8 Neue Deutsche Zeitung Nr. 87, 13. 4. 1849.
9 BAF, LPC v. 17. 4. 1849.
10 StB, IX, S. 6397.
11 Ebenda, S. 6422.
12 Ebenda, S. 6396.
13 Ebenda, S. 6447.
14 Ebenda, S. 6503.
15 Ebenda, S. 6749.
16 Ebenda.
17 Neue Deutsche Zeitung Nr. 148, 24. 6. 1849.
18 Opposition in der Paulskirche, S. 351.
19 Hofmann, Julius, Deutschlands Klage um seinen Volkstribun, Freiheitskämpfer und Märtyrer Adolf v. Trützschler, Dresden 1850, S. 9.
20 StB, I, S. 414.
21 Zitiert nach Illustrierte Chronik, Jg. 1849, Bd. 2, S. 251.

22 Neue Zeit 1897/98, 1. Bd. Nr. 24, S. 739.

Das Zitat auf Seite 5 ist der «Neuen Rheinischen Zeitung» Nr. 243, 2. Ausgabe, vom 11. 3. 1849 entnommen.

Personenregister

Verzeichnis der Dokumente

Verzeichnis der Gedichte

Die Gedichte wurden entnommen aus:

Die Achtundvierziger. Ein Lesebuch für unsere Zeit, v. Bruno Kaiser, Berlin–Weimar 1965 – Seiten 9, 15, 43, 118, 126, 165, 205, 217, 291

Morgenruf. Vormärzlyrik 1840–1850, hrsg. v. Werner Feudel, Leipzig 1974 – Seiten 91, 105, 194, 251

Moritz Hartmann, Reimchronik des Pfaffen Maurizius, Frankfurt a. M. 1849 – Seiten 179, 214

Chronik
der Frankfurter Nationalversammlung

1848

März	Durch revolutionäre Erhebungen des Volkes in Wien, Berlin und den meisten anderen deutschen Staaten entstehen die politischen Voraussetzungen für die Wahl des ersten nationalen deutschen Parlamentes.
31. 3.—3. 4.	Tagung des Vorparlamentes in Frankfurt am Main.
April/Anfang Mai	Wahlen zur Frankfurter Nationalversammlung
18. 5.	Konstituierung der Frankfurter Nationalversammlung
19. 5.	Wahl Heinrich von Gagerns zum Parlamentspräsidenten
27. 5.	Beschluß über die Priorität der Nationalversammlung gegenüber den deutschen Einzelstaaten
Ende Mai/Juni	Konstituierung der wichtigsten Parlamentsfraktionen
19.—28. 6.	Debatte über die Einsetzung einer provisorischen Zentralgewalt
24. 6.	Antrag Heinrich von Gagerns, ein monarchisches Oberhaupt durch Parlamentsbeschluß zu berufen («kühner Griff»)
29. 6.	Wahl des österreichischen Erzherzogs Johann zum unverantwortlichen Reichsverweser
1. 7.	Bekräftigung des Herrschaftsanspruches über die tschechischen Länder
3. 7.	Beginn der Debatte über die Grundrechte
12. 7.	Einführung des Reichsverwesers in die Nationalversammlung
15. 7.	Konstituierung des ersten Reichsministeriums (Ministerium Leiningen)
21.—24. 7.	Polendebatte
24. 7.	Beschluß über die Einverleibung Posens in den Deutschen Bund

7. 8.	Debatte über die Amnestierung politisch Verfolgter
12. 8.	Beschluß über den Verbleib Südtirols beim Deutschen Bund
Ende August	Nachricht über den preußisch-dänischen Waffenstillstand von Malmö (26. 8.), der die revolutionäre Bewegung in Schleswig-Holstein gegenüber Dänemark preisgibt
Anfang September	Billigung des Waffenstillstandes durch das Ministerium Leiningen
5. 9.	Vorläufige Ablehnung des Waffenstillstandes von Malmö mit 238 gegen 221 Stimmen
	Rücktritt des Ministeriums Leiningen
	Vergebliche Versuche der Abgeordneten Dahlmann und Herrmann zur Neubildung einer Regierung
	parlamentarische Krise der Nationalversammlung
	Revolutionäre Unruhen und Erhebungen in Chemnitz, Köln, Berlin und Südbaden. — Beginn der «zweiten Revolution» in Deutschland
16. 9.	Ratifizierung des Abkommens von Malmö mit 257 gegen 236 Stimmen, Wiedereinsetzung des Reichsministeriums
17. 9.	Revolutionäre Volksversammlung auf der Pfingstweide bei Frankfurt am Main
18. 9.	Frankfurter Septemberaufstand, der durch preußische, österreichische und hessen-darmstädtische Truppen niedergeschlagen wird
	Belagerungszustand in Frankfurt am Main
9. 10.	Verabschiedung des restriktiven «Gesetzes betreffend den Schutz der konstituierenden Nationalversammlung»
12. 10.	Absendung einer vierköpfigen Abordnung der Linken unter der Führung Robert Blums nach Wien
19. 10.	Beginn der Debatte über die Reichsverfassung
20.—27. 10.	Debatte über den Umfang des Reiches (zu den §§ 2 und 3)
25. 10.	Eintritt von Robert Blum und Julius Fröbel in die revolutionären Streitkräfte von Wien und Teilnahme am Kampf gegen die kaiserlichen Truppen
27./28. 10.	Berliner Gegenparlament

9. 11.	Standrechtliche Erschießung Robert Blums in Wien
November	Vermittlungsversuche der provisorischen Zentralgewalt und der Frankfurter Nationalversammlung in Berlin
20. 11.	Mißbilligung des Steuerverweigerungsbeschlusses der Preußischen Konstituierenden Versammlung durch die Mehrheit des Frankfurter Parlamentes
Ende November	Gründung des Zentralmärzvereins durch demokratische und linksliberale Abgeordnete der Frankfurter Nationalversammlung
5. 12.	Oktroyierung der preußischen Verfassung und Auflösung der Berliner Nationalversammlung
	Auseinandersetzung zwischen Kleindeutschen (Gagern) und Großdeutschen (Schmerling) in der Paulskirche
15. 12.	Rücktritt Schmerlings als amtierender Präsident des Reichsministeriums
	Berufung Heinrich von Gagerns zum Ministerpräsidenten
18. 12.	Vorlage des Regierungsprogramms durch Heinrich von Gagern
	Wahl Eduard Simsons, kleindeutsche Richtung, zum Präsidenten der Frankfurter Nationalversammlung
20. 12.	Vorläufiger Abschluß der Grundrechtsdebatten

1849

11.–13. 1.	Beratung über das Programm Heinrich von Gagerns
15. – 23. 1.	Verfassungsdebatte über das Reichsoberhaupt
23. 1.	Zirkulardepesche über die Stellung Preußens zum Bundesstaat
28. 1.	Übergabe der Reichsverfassung (erste Lesung) an die Bevollmächtigten der deutschen Regierungen zur Stellungnahme
14. 2.	Konstituierung der interfraktionellen Vereinigung der Großdeutschen (Mainlust)
15. 2. – 1. 3.	Debatte über das Wahlgesetz (erste Lesung)
17. – 24. 2.	Konstituierung der interfraktionellen Vereinigung der Kleindeutschen (Weidenbusch)

23. 2.	Kollektivnote von 30 deutschen Einzelstaaten mit weitgehenden Änderungswünschen zur Reichsverfassung
4./9. 3.	Oktroyierung einer österreichischen Verfassung und Ablehnung des deutschen Bundesstaates durch die österreichische Regierung
21. 3.	Ablehnung des Antrages Welcker (sofortige en-bloc-Annahme der Reichsverfassung)
26. 3.	Koalitionsvereinbarung zwischen Heinrich von Gagern und Heinrich Simon zur endgültigen Verabschiedung der Reichsverfassung («Pakt Simon-Gagern»)
27. 3.	Schlußabstimmung und Verabschiedung der Reichsverfassung
28. 3.	Kaiserwahl
3. 4.	Ablehnung der Kaiserkrone durch den preußischen König Friedrich Wilhelm IV.
14. 4.	Zustimmende Note von 28 deutschen Klein- und Mittelstaaten zur Reichsverfassung
21. 4.	Endgültige Ablehnung der Reichsverfassung durch die preußische Regierung
22. 4.	Rücktritt des preußischen Bevollmächtigten bei der Zentralgewalt Camphausen
28. 4.	Einleitung der kleindeutschen Unionspolitik durch Preußen
Ende April/ Anfang Mai	Scheitern von Gesprächen zwischen Vertretern der Zentralgewalt und den Regierungen Preußens, Bayerns und Hannovers über die Reichsverfassung
seit Anfang Mai	Austritte liberaler und konservativer Abgeordneter aus der Paulskirche
Mai	Ausbruch der Volksaufstände zur Durchsetzung der Reichsverfassung in Sachsen, der Rheinpfalz, der preußischen Rheinprovinz und Baden
4. 5.	Ablehnung revolutionärer Mittel zur Verwirklichung der Reichsverfassung durch die Mehrheit der Nationalversammlung
9. 5.	Ablehnung des gemäßigt-liberalen Programms Heinrich von Gagerns durch den Reichsverweser
10. 5.	Rücktritt des Ministeriums Gagern
20./21. 5.	Massenaustritt liberaler Abgeordneter aus der Paulskirche
30. 5.	Beschluß über die Verlegung der Nationalversammlung nach Stuttgart

6. 6.	Eröffnung des Stuttgarter Rumpfparlamentes (vor allem demokratische und linksliberale Abgeordnete)
	Wahl der Reichsregentschaft
7. 6.	Aufruf der Reichsregentschaft an das deutsche Volk zur Treue gegenüber der Reichsverfassung
Anfang Juni	Nach der Niederschlagung der Verfassungsaufstände in Sachsen und in der Rheinprovinz bewaffnetes Vorgehen preußischer Truppen gegen die Erhebung in Südwestdeutschland
13. 6.	Verbot des Rumpfparlamentes durch die württembergische Regierung, vor allem auf Druck Preußens
18. 6.	Sprengung des Rumpfparlamentes durch württembergisches Militär im Zusammenhang mit dem Vordringen der preußischen Armee in Südwestdeutschland

Inhalt

Grund-Plan

Plätze sämmtli

1 Itzstein
5 Blum
28 Vogt
30 Brentano
65 Simon, Ludwig
67 Simon, Heinrich
68 Raveaux
80 Trützschler
100 Flottwell
158 Giskra
183 Hergenhahn
200 Somaruga
216 Lichnowsky
228 Beckerath
231 Mohl, R.
235 Beseler, Georg
352 Vincke
381 Radowitz
445 Schmerling
512 Jahn
542 Löwe/Calbe
595 Lassaulx
605 Mathy
610 Gagern, Max v.
620 Mittermaier

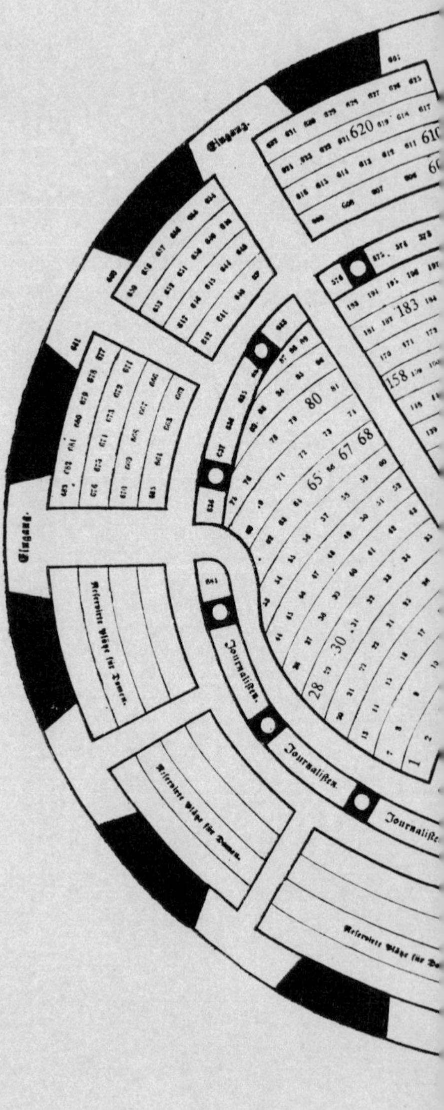